Zur schnellen Orientierung sind die im Text eingehend beschriebenen Städte, Schlösser und Klöster hier alphabetisch aufgeführt:

(Ein ausführliches Ortsverzeichnis finden Sie auf den Seiten 266–268)

In der Umschlagklappe: Karte des Loire-Tals

In der rückwärtigen Klappe: Stammtafel des Hauses Valois

Dune doulce et humble maniere.
De laage de dixhuit ans.

Deuant le roy on la mena.
Vngt ou deux de sa congnoissance.
Et alors elle sendina.
En luy faisant la reuerence.
Le roy par Jeu si alla dure.
ha ma mye ce ne suis Je pas.
A quoy elle respondit sure.
Cestes vous ne Je ne fauly pas

Wilfried Hansmann

Das Tal der Loire

Schlösser, Kirchen und Städte
im ›Garten Frankreichs‹

DuMont Buchverlag Köln

Einband Vorderseite: Schloß Chambord   Blick auf die Nordwestfront

Einband Rückseite: Schloß Saumur   Miniatur aus dem ›Kostbarsten Stundenbuch‹ des Herzogs von Berry (um 1410) von den Brüdern Limburg; die Szene der Weinlese von Jean Colombe (um 1480). Chantilly, Musée Condé

Einband innen: Loirelandschaft

Dem Titel gegenüber: Jeanne d'Arc wird in Chinon vor Karl VII. geführt. Miniatur einer Handschrift aus dem Jahre 1484. Paris, Bibl. Nationale

13. Auflage 1989
© 1976 DuMont Buchverlag, Köln
Alle Rechte vorbehalten
Satz: Boss-Druck, Kleve
Druck: Graphischer Großbetrieb Interdruck
Buchbinderische Verarbeitung: LVZ-Druckerei »Hermann Duncker«,
Leipzig – III/18/138

Printed in the German Democratic Republic   ISBN 3-7701-0780-2

Inhalt

Einführung

Durch das Orléanais

Durch das Blésois

Durch die Touraine

Einführung

Der Fluß

Die Loire ist mit 1012 Kilometern Frankreichs längster Fluß. Sie entspringt am Gerbier-de-Jonc, einer Vulkankuppe im südöstlichen Zentralmassiv. Nachdem sie sich mit dem Allier vereinigt hat, nimmt sie in nordwestlicher Richtung ihren Lauf in das Pariser Becken, das sie bald aber wieder in einer großen Südwestbiege bei Orléans verläßt, um dem Atlantischen Ozean zuzufließen, den sie westlich von Nantes erreicht.

Abwärts von Gien verbreitert sich das Tal der Loire beträchtlich, der Fluß gabelt sich häufig in den Aufschüttungen der Talsohle. Bei niedrigem Wasser in den Sommermonaten ist er im Ober- und Mittellauf von bescheidener Größe mit einer Wasserführung von 18 m³/sec. Doch kann er gewaltig anschwellen zur Zeit der Schneeschmelze im Zentralmassiv, bei Gewitter- und mediterranen Herbstregen. Es kommt vor, daß die Wasserführung in wenigen Stunden auf 8000–9000 m³/sec. ansteigt. Dann verlagern sich die Sandmassen des Flußbettes, die Flußrinne verändert sich. Deiche schützen das Land vor Überschwemmungen.

Für die Schiffahrt ist die Loire wegen der Sandbänke ungünstig. Bis ins 19. Jahrhundert wurde sie von kleineren Booten befahren. Seit dem Bau der Eisenbahn hat sie fast völlig ihre Bedeutung als Wasserstraße eingebüßt; erst von Angers abwärts ist sie auch heute noch schiffbar. So bietet die Loire – überraschend für den, der nur streng regulierte und wirtschaftlich genutzte Flüsse kennt – das Bild eines sich völlig selbst überlassenen Stromes von ursprünglicher Schönheit und Gemächlichkeit. Jede Spur menschlicher Belebung scheint sie verloren zu haben. »In ihrem von so vollendeter Zivilisation erfüllten Tal ist die Loire geheimnisvoll zum Urzustand zurückgekehrt.«[1] Gras, Schilf und niederes Buschwerk fassen sie ein, wildbewachsene Inseln oder trockene Sandzungen durchsetzen sie; mitunter meint man, ein verlandetes Binnengewässer vor sich zu haben (Farbt. 2). Auguste Rodin beschreibt die Loirelandschaft mit wuchtiger Bildhaftigkeit: »Die Loire, diese Pulsader unseres Frankreich! Strom des Lichtes, süßen glücklichen Lebens!... Wo findet man, außer in diesen Gegenden, solche beruhigende, stärkende Gleichmäßigkeit von Luft und Licht?

Dieses feine Grau, das süße Grau der Loire unterhalb der Wolken, die grauen Dächer der Stadt, die graue Brücke aus altem Stein ...

Glorreicher Tag. Loire aus Stahl, schimmernd in ihrer ganzen Breite. O vor allem die Jugend dieses Himmels! Seine Blumen, sein Blau und die süße Lustigkeit seiner weißen Bewohner, der Wolken!

Alles Glück meiner Vergangenheit kehrt mir zurück.

Dieser von Laub umschattete Weg, der uns entgegenkam, wendet sich mit seinen Bäumen wieder ab.

Die Loire verschwindet wie eine Schärpe, ein Silberband im Unterholz der Weiden und Pappeln, Grün im Vordergrund. Diese Festungen von Pappeln auf der Wiese! – Gelbes Moos tupft harmonisch hellgrauen Stein und Baum...

Schöne Ebene von so einfacher, so großer Ordnung! Das Grün nimmt stellenweise einen feierlichen Charakter an. – Ich finde diese Mischung und Harmonie in der Bevölkerung wieder, besonders bei den Frauen: in ihren Zügen und im Klang ihrer Sprache...

Die Vereinheitlichung der Landschaft durch den Nebel, in dem Wiesen und Bäume zerfließen, ist von gewaltiger Wirkung. Diese Basreliefs der Natur gefallen nicht Menschen, die kostbare Stoffe – Gold, Silber, Edelsteine – lieben, sie wenden sich an die Seele, den höheren Sinn, der die Geometrie der Formen wahrnimmt. Die Geometrie ist göttlich. Sie spricht zu unserem Herzen, denn sie ist das wesentliche Prinzip der Dinge...«[2]

Die Landschaften

Die Loire der Schlösser, Kirchen und Städte erstreckt sich auf etwa 300 Kilometern zwischen Gien im Osten und Angers, das an einem Nebenfluß liegt, im Westen. Orléanais, Blésois, Touraine, Anjou: So heißen die Provinzen, die die Loire in diesem Abschnitt durchfließt.

Um Orléans, dem geschichtsträchtigen Mittelpunkt des ORLÉANAIS, nennt man das breite Loiretal schlechthin »le Val« – das Tal. Nach Norden erstreckt sich die fruchtbare unendliche Beauce, nach Süden breitet sich das tiefe Waldgebiet der Sologne aus, ein beliebtes Jagdrevier der französischen Könige. In der feuchten Talniederung zwischen Gien und Orléans bestimmen Wiesen und Gemüsekulturen das Bild der Landschaft. Doch erschöpft sich darin nicht die Üppigkeit des Orléanais. Das milde Klima der Loire begünstigt gleichermaßen Gärtnereien, Baumschulen, Rosenfelder, Obstgärten und Weinberge.

Eine Landschaft des Übergangs zum anmutigen Park der Touraine ist das BLÉSOIS im Umkreis der Königsstadt Blois. Felder, die bis zum Horizont reichen, verschmelzen im Norden mit der Beauce. Durch die Wälder im Süden führt die Fahrt zu berühmten Schlössern: Chambord, Cheverny, Villesavin, Beauregard, Fougères-sur-Bièvre, Chaumont.

Zwischen Chaumont und Amboise verläuft die Grenze zur TOURAINE, der Heimat Honoré de Balzacs, der in Tours geboren wurde. In seiner ›Katharina von Medici‹

zitiert er den befreundeten Schriftsteller Léon Gozlan: »Es gibt in Frankreich eine Provinz, der man nie genug Bewunderung zollen kann. Dufterfüllt wie Italien, überblüht wie die Ufer des Guadalquivir und zudem schön durch ihre eigenartigen Züge, ist sie ganz und gar Französin und immer Französin gewesen, abweichend von unsern nördlichen Provinzen, die durch den Kontakt mit Deutschland bastardisiert worden sind, und unsern südlichen Provinzen, die im Konkubinat mit den Mauren, den Spaniern und allen Völkern gelebt haben, denen der Sinn danach stand; und diese reinblütige, keusche, tapfere und loyale Provinz ist die Touraine! Dort findet sich das historische Frankreich! Die Auvergne ist die Auvergne, die Languedoc ist nichts als die Languedoc; aber die Touraine ist Frankreich, und für uns ist der am meisten nationale Strom die Loire, die die Touraine durchfließt. Daher darf man sich nicht über die Fülle der Baudenkmäler in den Départements wundern, die den Namen und die Ableitung des Namens Loire übernommen haben. Bei jedem Schritt, den man in diesem Land der Bezauberungen tut, entdeckt man ein Bild, dessen Bordüre ein Fluß oder ein ruhiges Oval ist, das in seinen flüssigen Tiefen ein Schloß, dessen Türme, dessen Wald, dessen Wasserkünste spiegelt. Es konnte nicht ausbleiben, daß dort, wo das Königtum mit Vorliebe wohnte, wo es so lange Hof gehalten hat, sich auch die großen Vermögen, die durch Abkunft und Leistung Ausgezeichneten ansiedelten, und daß sie sich dort Schlösser errichteten, die groß sind wie sie selber.«[3]

Die Touraine ist eine Landschaft des leichten genußvollen Lebens. Das Licht ist weich, das Klima lieblich, die Natur spendet ihre Gaben in Fülle. »Im Grunde ist die Vorstellung, die der Ausländer sich vom liebenswerten, herausgeputzten, gastfreundlichen, allem Übermaß abholden, in der Lebenskunst erfahrenen Frankreich macht, das Bild der Touraine. Auf keine andere Provinz trifft es so gut zu wie auf dieses Land an der Loire, wo ein jeder geruhsam seine Tage verlebt und mit lächelndem Eigensinn den Geist, die Art und die Sitten einer Zeit aufrechterhält, die noch nicht der Geschwindigkeit, dem Geld und der Maschine hörig war.«[4] Kein Wunder, daß man hier in der französischsten aller Provinzen das reinste, anschaulichste Französisch spricht.

Geologisch ist die Touraine eine mäßig hohe Kreideplatte, in die sich die Loire und ihre Nebenflüsse eingesenkt haben. Die Hänge aus weichem kreidigen Tuffgestein eignen sich vorzüglich für den Wein- und Obstbau. Da das Gestein, aus dem auch die Bauwerke errichtet sind, ohne Mühe zu bearbeiten ist, haben die Bewohner ganze Höhlensysteme in die Felsen gehauen. Dort lagern bei gleichbleibender Temperatur die berühmten Weine. Vielerorts nutzen die Menschen aber auch die klimatischen Vorzüge der Höhlen für ihre eigenen Wohnzwecke. Es sind weder Elends- noch Notquartiere, die den Felsen abgewonnen wurden, sondern Behausungen von eigenem Reiz, im Winter warm, im Sommer kühl, die sich je nach Bedarf ohne besonderen Aufwand vergrößern lassen. Oft verbergen sie sich hinter anspruchsvollen Fassaden. Man wundere sich nicht, wenn plötzlich Rauch aus der Erde steigt; er kommt aus dem Kamin einer Felsenwohnung. Schon haben findige Innenarchitekten den ›Höhlenbewohner-Stil‹ kreiert.

Der Übergang ins ANJOU, das bei Candes beginnt, ist im Charakter der Landschaft nicht zu spüren. Weingärten und landwirtschaftlich genutzte Flächen bestimmen weiter das Bild. Auch hier finden sich die Felshöhlen, in denen die kostbaren Weine eingelagert sind. Stark macht sich das gemäßigte Klima des Atlantiks bemerkbar, das sogar das Wachstum von Palmen, Granatäpfeln, Feigen und Maulbeerbäumen ermöglicht. Das Loiretal verbreitert sich noch mehr, der Fluß dehnt sich stattlich aus und wird in seiner Wasserführung beständiger. Zahlreiche Nebenflüsse münden in die Loire und öffnen das Anjou zu den umliegenden Landschaften.

Das Tal der Loire in der Geschichte

An der Loire wurde schon eine blühende Landwirtschaft betrieben, als die Römer das Gebiet eroberten. Ihre Spuren begegnen uns von Orléans bis Angers.

Alle vier Provinzen hatten ihre große Epoche in der Geschichte. Am frühesten das Orléanais. Seine Metropole, Orléans, war die eigentliche Hauptstadt des westlichen Frankenreichs. Gerne hielten sich die Karolingerkönige hier auf, und noch für die nächsten Jahrhunderte war das Orléanais der wichtigste Stützpunkt der französischen Könige.

Die Blütezeit des Anjou kam im 12. Jahrhundert, als Heinrich Graf von Anjou aus dem Hause Plantagenet 1154 englischer König wurde. Von seiner Mutter besaß er die Normandie mit der Lehnshoheit über die Bretagne, von seinem Vater Anjou, Maine, Touraine, schließlich durch seine Ehe mit Eleonore, der geschiedenen Gemahlin Ludwigs VII. von Frankreich (vgl. S. 78), Poitou und Guyenne mit Gascogne als französische Kronlehen. Dazu kam England. Es entstand das angevinische Reich, das von England bis zu den Pyrenäen reichte und mehr als die Hälfte des französischen Territoriums umfaßte. Nur dreiviertel Jahrhundert hatte es Bestand. Doch reichte diese Zeit, um in ganz Westfrankreich einen neuen Baustil von höchster Kühnheit und Eleganz entstehen zu lassen, den sog. angevinischen oder auch Plantagenet-Stil. Wir werden ihm auf unserer Fahrt die Loire abwärts in vielen Bauwerken begegnen (Abb. 176). Anfang des 13. Jahrhunderts wurde das angevinische Reich durch Philipp II. August zerschlagen, der größte Teil des englischen Festlandbesitzes für die französische Krone zurückerobert.

Im 14. Jahrhundert lösten englische Erbansprüche auf den französischen Thron den Hundertjährigen Krieg aus, in dessen Verlauf zuerst der Südwesten, später der Norden des Landes ganz unter englischen Machteinfluß gerieten. Die Loire blieb französisch; hier konzentrierte sich der letzte Widerstand gegen die Engländer. Die Wende leitete ein lothringisches Bauernmädchen ein: Jeanne d'Arc, die Jungfrau von Orléans (Abb. 19, 20, 136), deren Heldentaten noch heute im Tal der Loire nationale Gefühle erwecken. Sie befreite das belagerte Orléans und brachte den unschlüssigen Dauphin dazu, sich in Reims als König von Frankreich krönen zu lassen.

Seit Ende des 15. Jahrhunderts erlebten die Touraine und das Blésois ihre große Zeit als Lieblingsprovinzen der Könige aus dem Hause Valois. Hier entstanden die berühmtesten und schönsten Schlösser, hier breitete sich zuerst die französische Renaissance mit ihrem glanzvollen Kulturleben aus. Noch in den Wirren der Religionskriege in der zweiten Hälfte des 16. Jahrhunderts fühlten sich die Könige an der Loire sicherer als in Paris. Erst unter Heinrich IV. aus dem Hause Bourbon verlor das Loiretal seine Bedeutung als die eigentliche Königslandschaft zugunsten der Ile de France.

Schlösser – Kirchen – Städte: ein Überblick

Mehr als dreihundert Burgen und Schlösser säumen die Ufer der Loire oder beherrschen ihr weiteres Umland; etwa hundert haben heute für Besucher ihre Tore geöffnet.[5] Nirgendwo sonst ist die Vielfalt der französischen Adelskultur, ihr Anspruch und ihre Wandlung in der Geschichte, anschaulicher als hier.

Aus dem 10. bis 12. Jahrhundert, als die Grafen im Land an der Loire untereinander um ihre Besitzungen stritten, haben sich Reste der Donjons erhalten, massive viereckige Türme, die herzuleiten sind aus der normannischen Festungsarchitektur. In diesen wehrhaften Donjons, die ganz für den Verteidigungsfall eingerichtet waren, spielte sich das höfische Leben ab, das keineswegs komfortabel gewesen sein kann. Reste des ältesten erhaltenen Donjons an der Loire (um 990) findet man in Langeais. Weniger zerstört sind die von Beaugency (Abb. 27), Montrichard und vor allem der von Loches (Abb. 98), an dem sich heute am besten die Lebensbedingungen in einem solchen Festungswerk ablesen lassen.

Seit dem 12. Jahrhundert erhalten Burgen mächtige Mauerringe, die durch runde oder eckige Türme verstärkt werden. Chinon (Abb. 135), Loches (Abb. 98), Montreuil-Bellay und Angers (Abb. 172) sind hierfür eindrucksvolle Beispiele.

Das ›klassische‹ Loire-Schloß des hohen und späten Mittelalters ist ein mit zahlreichen runden Türmen bewehrter Gebäudekomplex, der oft einen Innenhof umschließt und außen zumeist von einem Grabensystem umgeben ist. Der Gedanke an Verteidigung prägt die Bauformen. Wehrgänge mit Pechnasen ziehen sich außen unter den Dachtraufen entlang oder umschließen die Rundtürme, von denen einer manchmal die Funktion eines Donjons, eines letzten verteidigungsfähigen Zufluchtsorts, haben kann. Beispiele sind die Schlösser Sully-sur-Loire (Abb. 2), Chaumont (Abb. 60), Langeais (Abb. 129), Ussé (Abb. 131), Fougères-sur-Bièvre (Abb. 59), Le Plessis-Bourré (Abb. 169).

In gotischer Zeit erhalten einige Schlösser eine bis dahin unbekannte überreiche Dachzier aus Lukarnen und Schornsteinen; so das Schloß von Saumur (vgl. Einband-Rückseite). Diese Auffassung, daß ein Schloß nicht nur der Verteidigung zu dienen habe, sondern auch Verkörperung luxuriöser herrschaftlicher Lebensart sei, findet in der Renaissance ihren Höhepunkt, wobei in dieser Zeit der Gedanke an Verteidigung so gut wie keine

Rolle mehr spielt. Karl VIII., Ludwig XII. und Franz I. unternahmen Feldzüge nach Italien, um überkommene Ansprüche auf das Königreich Neapel und auf Mailand geltend zu machen. Der politische Erfolg war nicht von Dauer, der kulturelle Gewinn um so mehr. In Italien erlebten die Könige den Luxus des Hoflebens, die Eleganz der Umgangs- und Repräsentationsformen, die Schönheit der Renaissancebauwerke und der Gärten. Der Wunsch, dies alles auch zu Hause genießen zu können, bewog sie, italienische Handwerker und Künstler nach Frankreich zu holen. Seit etwa 1500 entstanden Schlösser, die alles bis dahin Gebaute an Reichtum und Glanz übertrafen.

Zunächst wurden italienische Formen noch zögernd aufgenommen. Zu diesem Vorspiel der französischen Renaissancearchitektur gehören Schloß Amboise (Abb. 64), der Flügel Ludwigs XII. am Schloß von Blois (Abb. 37) und Schloß Chaumont (Abb. 62). Es sind Bauwerke in herkömmlichem gotischen Stil; nur in einzelnen italienischen Ornamentmotiven oder in einer gewissen Tendenz zur Regelmäßigkeit zeigt sich der neue Formensinn.

Erst unter Franz I. erblühte an der Loire eine Renaissancearchitektur von wahrhaft königlichem Anspruch: beispielgebend der Flügel Franz' I. am Schloß von Blois (Abb. 35, 40) und Schloß Chambord (Abb. 44). Hier wurden die verbindlichen Formen der Renaissancebauweise an der Loire geboren: Regelmäßigkeit im Aufriß, klare Gliederung der Fassaden durch Pilaster und Gesimse. Daneben entfaltete sich »als Ausdruck einer Gesellschaft, die sich festlich darstellen und stilvoll genießen wollte, ... am Außenbau und vor allem in den Innenräumen eine glänzende Zierkunst – manchmal üppig und schwer, öfter leicht und schwebend, eine Ornamentik, die, nach den mannigfachen Zierweisen der romanischen Epoche und nach den Pflanzenkapitellen der gotischen Kathedrale, zum dritten Male das dekorative Genie Frankreichs offenbarte«.[6] Insgesamt gesehen wirkte hierbei stärker als Italien die heimische Tradition. Fast niemals wurden italienische Vorbilder sklavisch kopiert; »noch immer liebte man das steinerne Fensterkreuz und die Wendeltreppe des Mittelalters, das steile Dach und die vielen ›Lukarnen‹ (Dachfenster), die ganze bizarre Wildnis der Dachzone mit dem Gedränge der reich ornamentierten Türmchen, Giebel und Schornsteine.«[7]

In der Nachfolge dieser königlichen Bauten stehen die Schlösser Azay-le-Rideau (Abb. 101), Beauregard (Abb. 52), Ussé (Abb. 131), Villandry (Abb. 128), Villesavin (Abb. 55), Valençay (Abb. 92) und Serrant (Abb. 165). Ein Sonderfall, der offensichtlich unmittelbar venezianische Vorbilder widerspiegelt, ist Chenonceaux (Abb. 81).

Die Inneneinrichtung der Renaissanceschlösser folgt in der Regel ebenfalls der herkömmlichen Gestaltungsweise. Ein Saal hat z. B. einen holzvertäfelten Sockel, Wandteppiche mit großfigurigen Szenen darüber, eine geschnitzte und bemalte Balkendecke. Hauptstück der wandfesten Ausstattung ist ein prunkvoll verzierter Kamin, der bis unter die Decke reicht. Auch die Möbel bewahren die gotische Grundform. Nur die Ornamentik verwandelt sich italienisch. Es ist die gleiche, wie sie am Außenbau und in den Räumen erscheint: Medaillons mit Köpfen, Pilaster, Säulen, Arabesken, Grotesken, Putti, Delphine.

Eigentlich neue Errungenschaften der französischen Renaissance, die den Wunsch nach Annehmlichkeit und luxuriöser Entfaltung des Lebens besonders anschaulich zum Ausdruck bringen, sind die Galerie (Abb. 82, 83) als Schauplatz der höfischen Feste und der Garten (Abb. 128), ein Prunkteppich aus bunten Einzelfeldern mit all den Köstlichkeiten, die zur Vorstellung vom irdischen Paradies gehören.

Außer dem König bauten einflußreiche Beamte des Hofes. Auffallend, daß die schönsten Schlösser wie Azay-le-Rideau, Chenonceaux und das heute fast verschwundene Bury von Hofleuten errichtet wurden, die mit den königlichen Finanzen zu tun hatten.

Die große Zeit der Loire-Schlösser endete mit der Regierungszeit Franz' I. Nur noch wenige architektonische Glanzpunkte brachten das 17. und 18. Jahrhundert hervor: Cheverny (Abb. 56), den Flügel Gaston d'Orléans' am Schloß zu Blois (Abb. 42), Ménars (Abb. 33), Montgeoffroy (Abb. 168) als heute großartigstes Zeugnis der Adelskultur am Vorabend ihres Untergangs in der Französischen Revolution.

Nicht die Schlösser allein bezeugen den Reichtum des Loiretals als Kulturlandschaft, auch Kirchen und Klöster, insbesondere aus dem Mittelalter. In die Zeit Karls des

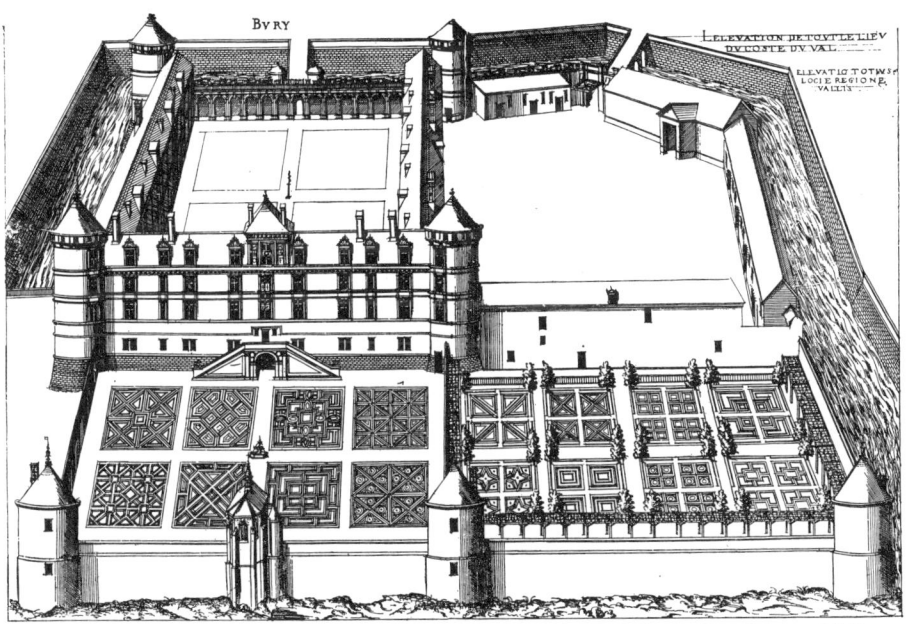

Bury, Ansicht des Schlosses nach Du Cerceau (1607). Eines der typischsten Renaissance-Schlösser an der Loire, heute bis auf Ruinenreste zerstört

Stachelschwein. Emblem Ludwigs XII.

Hermelin. Emblem der Anne de Bretagne und (mit anderer Devise) der Claude de France

Großen führt der älteste noch stehende Sakralbau Frankreichs, Germigny-des-Prés (Abb. 14). Aus romanischer Zeit sind herrliche Abteikirchen erhalten: Saint-Benoît-sur-Loire (Abb. 4) mit den Reliquien des hl. Benedikt, Saint-Aignan-sur-Cher (Abb. 90), Cunault (Abb. 161). Das mächtigste Frauenkloster Frankreichs war Fontevraud, das neben seiner Kirche (Abb. 157) das einzigartige Oktogon seines Küchengebäudes (Abb. 154) aus dem 12. Jahrhundert erhalten hat. Einige Wallfahrtsheiligtümer sind großartige Sakralarchitektur des hohen und späten Mittelalters: Le Puy-Notre-Dame, Candes (Abb. 150), Cléry-Saint-André (Abb. 24). Weitere Kirchen von Rang finden sich in den Städten.

Zu einer besonderen Gattung sakraler Kunst, der Wandmalerei, finden sich im Gebiet der Loire wichtige Zeugnisse aus romanischer Zeit. »Die Mannigfaltigkeit ihrer Formen und Inhalte berichtigt einen allzu starren Begriff vom Mittelalter: sie sind nicht nur von sakraler Ruhe, sondern manchmal von geradezu augenblickshafter Bewegtheit; sie führen nicht nur ehrwürdige Traditionen weiter, sondern wagen auch neuartige Themen.«[8] Unsere Fahrt führt zu den Beispielen Le Liget (Abb. 110), Saint-Aignan-sur-Cher (Abb. 89) und Tavant (Abb. 141, 142).

Die Städte mit den reichsten Schätzen an Bau- und Kunstdenkmälern sind Orléans, Blois, Amboise, Tours, Loches, Chinon, Saumur und Angers. Schon im städtebaulichen Bild all dieser Orte deutet sich eine lange Geschichte an. Loches (Abb. 98) und Chinon (Abb. 135) gehören zu den besterhaltenen Kleinstädten des Mittelalters in Frankreich, beide beherrscht von mächtigen Burg- und Festungsanlagen auf einem Bergrücken, an dessen Fuß sich die Häuser mit ihren reizvollen Gassen herandrängen. Alle vier Hauptstädte der Provinzen haben Kathedralen; darunter ragen die von Orléans (Abb. 17, 21) und Tours (Abb. 112) an Bedeutung hervor. Blois, Amboise, Saumur und Angers sind berühmt vor allem durch ihre Schlösser; Angers zudem durch die ›Apokalypse‹, die

Salamander. Emblem Franz' I.

Schwan, vom Pfeil durchbohrt. Emblem der Claude de France

vielleicht umfangreichste Folge von Bildteppichen, die im Mittelalter jemals auf einem Webstuhl entstand (Abb. 178–180).

Franz I. – Katharina von Medici – Diana von Poitiers

Drei Gestalten sind mehr als andere in der Welt der Renaissance-Schlösser an der Loire lebendig. Franz I. (Abb. 71) verkörpert die französische Renaissance schlechthin. »Von der immer jugendlich gebliebenen Erscheinung des Königs mit den großen lebhaften Augen und dem liebeskundigen Munde ging ein mitreißender Glanz aus. So sehr er den Krieg und das soldatische Leben schätzte, mit größerer Leidenschaft war er der Liebe und der Kunst zugetan. Für Bauten gab er ungeheure Summen aus, und er war es auch, der den alten Leonardo nach Frankreich berief. Als Wappentier wählte er den für unverbrennbar gehaltenen Salamander, passend zu diesem sich sinnentrunken verschwendenden Menschen. 27 der schönsten und elegantesten Frauen des Hofes, die petite bande, begleiteten ihn überallhin, als Augen- und Herzensweide, als Erquickung für Körper und Geist.«[9] Obgleich man ihm nachsagte, er habe ein Schweinsgesicht, wirkt er auf Frauen unwiderstehlich. Als er nach der Schlacht von Pavia Gefangener Kaiser Karls V. war, riefen die Spanierinnen: »Jesus! Wie schön ist er! Glücklich die Prinzessin, die sich die Freundin eines so noblen und schönen Prinzen nennen kann!«[10]

Franz I. schuf den französischen Hof, der Vorbild für alle anderen Höfe Europas wurde und der noch heute unsere Vorstellung von Höflichkeit bestimmt. Der König stilisierte die Frau zur Dame, den Mann zum Kavalier; er fügte den derben Freuden der Jagd die feineren der Feste und Bälle hinzu und brachte Geist und Gelehrsamkeit zur Herrschaft. Die Bedeutung des Hofes als dem Magnetfeld der Macht um den König wurde besonders anschaulich, wenn Franz I. seine Residenz wechselte. Ein Augenzeuge war der Bildhauer Benvenuto Cellini: Hinter dem König schleppe sich beständig ein Zug von zwölftausend Pferden her, und das sei das geringste, »denn wenn in Friedenszeiten der Hof ganz beisammen ist, so sind es achtzehntausend Mann, und darunter mehr als zwölftausend Berittene«[11].

Der königliche Mäzen im Kreise gebildeter Freunde – so wollte Franz I. von der Nachwelt gesehen werden. So stellte Geoffroy Tory ihn dar und hielt zugleich die Atmosphäre des Glanzes in der Umgebung des Königs fest (Farbt. 1).

Katharina von Medici (Farbt. 12 u. Abb. 77), die häßliche rachsüchtige Gemahlin, und Diana von Poitiers (Abb. 78), die liebreizende verführerische Mätresse Heinrichs II. (Abb. 72): Kein Thema hat im Zusammenhang mit den Loire-Schlössern von jeher stärker die Phantasie erregt als die Feindschaft dieser beiden Frauen, die sich nicht entladen konnte, solange der König zwischen beiden stand. Aus politischen Gründen verheiratete Franz I. seinen Sohn Heinrich mit der Medici-Tochter, die der französischen Krone eine Menge Geld brachte. Ihre Häßlichkeit störte wenig, denn Heinrich vergnügte sich ohnehin mit der schönen Diana, die schon die Liebe Franz' I. genossen hatte. Sie war 35, als der siebzehnjährige Heinrich für sie entbrannte. Mehr als zwanzig Jahre dauerte dieses Liebesglück, besaß Diana doch die Gabe, nicht zu altern. So blieb sie die ungekrönte Königin, der Heinrich nie eine Bitte versagte, während Katharina, die legitime Gemahlin, »ein Leben im Untergrund führte und wie eine Giftspinne auf der Lauer lag. Diana mischte sich auch in die große Politik ein, verlieh Staatsämter und entließ Staatsdiener, wie es ihr gefiel. Auch eine neue Steuerquelle entdeckte sie für den König, der wegen ihrer Verschwendungssucht immer finanzschwächer wurde: Für jede Glocke, die geläutet wurde, mußte Glockensteuer bezahlt werden! Die Steuer konnte unmöglich hinterzogen werden, da die Quelle des Geldsegens nicht zu überhören war. Bei der Kirche konnte sich die Göttin aber nicht noch unbeliebter machen, als sie ohnehin schon war. Der vorlaute Rabelais hat diese Steuer mit der Bemerkung kommentiert, der König habe alle Glöcklein des Landes am Hals seiner Stute aufgehängt.«[12] Erst als Heinrich II. nach einem Turnier an den Folgen eines Lanzenstichs gestorben war, konnte Katharina genüßlich an der Nebenbuhlerin Rache üben. Die Schlösser Chaumont und Chenonceaux erinnern hieran.

Unsere Fahrt zu den Kunststätten der Loire folgt dem Lauf des Flusses, wobei wir manchen Abstecher in die Seitentäler und in die weitere Umgebung machen müssen. Der Ausgangspunkt ist Gien. Wir beenden unsere Kunstreise in Angers, im Herzen des Anjou.

1 Antoine Macault liest Franz I. aus seiner Diodor-Übersetzung vor. Miniatur von Geoffroy Tory aus einer Handschrift des 16. Jahrhunderts. Chantilly, Musée Condé

3 TALCY   Blick über Schloß und Dorf
◁ 2 Das Tal der Loire bei Montjean
4 ORLÉANS   Stadtansicht mit Kathedrale

5   TALCY   Schloßhof mit Brunnen und Rosenstrauch der Cassandra

6 SAINT-BENOÎT-SUR-LOIRE   Blick aus dem Chorumgang der Abteikirche

7 SAINT-AIGNAN-SUR-CHER   Gewölbefresko ›Lamm Gottes‹ in der Krypta von Saint-Aignan ▷

8 ᴀᴍʙᴏɪꜱᴇ   Blick auf Schloß und Loire

9 Schloß ᴠɪʟʟᴀɴᴅʀʏ   Gemüsegarten im Stil der Renaissance

10 Schloß VILLANDRY Ziergarten mit Beeten, die die vier Charaktere der Liebe darstellen

11 Karl VII., Gemälde von Jean Fouquet

12 Katharina von Medici, 1555.
    Florenz, Museo Mediceo

13 Ball in einer Galerie am Hofe Heinrichs III. anläßlich der Hochzeit des Herzogs von Joyeuse mit
    Margarete von Lothringen 1581. Unbekannter Maler. Paris, Louvre

20 Schloß CHENONCEAUX

21 Schloß CHEVERNY Eingangsfront

22 Schloß AZAY-LE-RIDEAU

23 Schloß CHAUMONT Eingangsfront

30   SAUMUR   Blick über den Schloßhof auf die Stadt und die Loire

31   Schloß MÉNARS

32   LOCHES   Königliches Schloß

34 Schloß SAUMUR (vgl. Einband Rückseite)

◁ 33 ANGERS ›Johannes verschlingt das Buch‹, Detail aus einem Bildteppich der ›Apokalypse‹ im Schloß

35 Schloß USSÉ Blick vom Terrassengarten

Durch das Orléanais

Gien

Gien, bekannt durch seine Fayence-Manufaktur, ist die östlichste Schloßstadt des Loiretals. Ihren städtebaulichen Rang verdankt sie der ältesten Tochter König Ludwigs XI., Anne de Beaujeu, von der ihr Vater behauptete, sie sei die am wenigsten verrückte Frau, vernünftige kenne er nicht. Nach Ludwigs Tod übernahm Anne de Beaujeu die Regentschaft für ihren dreizehnjährigen Bruder, Karl VIII., bis dieser sich stark genug fühlte, selbst die Macht zu übernehmen. Anne zog sich mit ihrem Gemahl auf ihre Landgüter zurück, von ihrer Umgebung hochgeachtet. In Gien, das Ludwig XI. ihr geschenkt hatte, erbaute sie an der Stelle einer älteren Anlage das heutige Schloß, errichtete die Bogenbrücke über die Loire und gründete Klöster. Von der Brücke aus hat man den herrlichsten Blick auf die Stadt: dicht am Loire-Ufer eine lebendig strukturierte Häuserzeile, darüber der langgestreckte weniger gegliederte Komplex des Schlosses und der ehemaligen Kollegiatkirche mit ihrem wuchtigen Glockenturm (Abb. 3). Der Anblick dieses so ausgewogenen Ensembles von Gebäuden läßt vergessen, daß Gien im letzten Weltkrieg arg verwüstet wurde. Beim Wiederaufbau hat man sorgsam darauf geachtet, den spätmittelalterlichen Maßstab zu wahren, ohne im geringsten auf die Erfordernisse einer modernen Geschäfts- und Wohnstadt verzichtet zu haben.

Das SCHLOSS der Anne de Beaujeu, ebenfalls im Krieg beschädigt, ist ein zweigeschossiger uneinheitlicher Bau vom Ende des 15. Jahrhunderts mit dreigeschossigem kurzen Seitentrakt. Dem Hauptflügel ist stadtseitig ein eckiger Turm vorgesetzt, den Winkelpunkt der Flügel betont ein Rundturm. Die polygonalen Treppentürme der Hofseite gehen in ein viereckiges Obergeschoß über. Gemessen an den anderen Königsschlössern der Loire ist die Architektur bescheiden; nur im Zusammenklang mit den Häusern der Stadt gewinnt sie Unverwechselbarkeit. Um die eintönigen roten Backsteinwände gefälliger zu gestalten, sind ihnen als Schmuckelemente dunkle Ziegelrauten eingefügt, Werksteinquader beleben Fenster und Gebäudeecken. Das Rautenmuster wurde in Gien zu einem dekorativen Leitmotiv; auch an der benachbarten Kirche und an den Häusern unten in der Stadt klingt es allenthalben an.

Gien liegt inmitten der schönsten, schon von den Königen hochgeschätzten Jagd-reviere Frankreichs. So war es ein glücklicher Gedanke, im Schloß ein INTERNATIONALES MUSEUM FÜR JAGD UND FALKNEREI einzurichten, dessen Sammlung historischer Jagd-waffen einzigartig sein dürfte. Im großen Saal des Obergeschosses – er ist berühmt wegen seines offenen Dachstuhls aus Kastanienholz – überrascht eine Vielzahl von Werken des bedeutenden Tiermalers Ludwigs XIV., François Desportes. Zu seinen oft grausamen Kampfszenen zwischen Jagdhunden und wilden Tieren ließ er sich auf Jagdveranstaltungen des Königs anregen. Viele seiner packenden Hundestudien, von denen das Museum Beispiele besitzt, entstanden vor den Zwingern der königlichen Meute.

Die dem Schloß benachbarte ehemalige Kollegiatkirche SAINT-ÉTIENNE wurde 1514 geweiht. Von diesem Bau, den Anne de Beaujeu im Flamboyant-Stil errichten ließ, steht heute nur noch der Turm. Das Langhaus fiel der Französischen Revolution zum Opfer, ein Neubau des 19. Jahrhunderts wurde im Zweiten Weltkrieg zerstört und 1950/54 durch eine Ziegel-Halle des Chefarchitekten der ›Monuments Histori-ques‹, André Gélis, ersetzt, die außen wie innen Reminiszenzen an historische Archi-tektur wecken soll: Die Außengestaltung kontrastiert und harmonisiert zugleich mit dem Schloß, der dreischiffige Innenraum ist in moderne Formensprache übertragene Romanik. Als neue Kirchenpatronin hat man Jeanne d'Arc gewählt, die mehrmals in Gien weilte und von hier aus 1429 Karl VII. zur Krönung nach Reims führte. Ihr Leben stellen die Kapitelle der Mittelschiffsäulen dar.

Sully-sur-Loire

In Sully-sur-Loire trifft man auf der Fahrt flußabwärts auf das erste ›klassische‹ Loire-Schloß, ein mit mächtigen Rundtürmen bewehrtes Gebäude aus Kalkstein, das sich all-seitig im Wasser spiegelt (Farbt. 28 u. Abb. 2).

Ein Vorgängerbau und eine mehr als vierhundert Meter lange Steinbrücke über die Loire stürzten 1363 bei Sturm und starkem Hochwasser ein. Die Steine der Brücke verwendete man bei Wiedererrichtung des Schlosses. Seit dem 9. Jahrhundert besaßen es die Herren von Sully, nach ihnen ab 1408 die Herzöge de La Trémoïlle, seit 1602 bis 1962 die Herzöge von Sully und Grafen von Béthune-Sully. Heute gehört es dem Departement Loiret.

Bedeutendster Schloßherr war Maximilien de Béthune, Seigneur und Marquis de Rosny, Kämmerer, Geheimer- und Staatsrat, Bevollmächtigter Frankreichs, Groß-meister der Artillerie, Oberintendant des Festungswesens und der Finanzen (um nur einige Ämter zu nennen). Er kaufte das Schloß samt den zugehörigen Ländereien 1602. König Heinrich IV. erhob die Herrschaft 1606 zum Pair-Herzogtum und belohnte damit die Verdienste Sullys (so heißt Maximilien de Béthune in der französischen Geschichte), die er sich um das Königreich erworben hatte. »Er vereinigte in seiner Brust die Seele eines Bauern mit der eines Notars und schaffte das, was an den Ufern der Loire ebenso wie in ganz Frankreich bis dahin fehlte: eine Ordnung, die zum großen Teil weiter nichts ist, als die gesetzmäßige Ausführung des königlichen Willens.«[13] Sully – nach der Ermordung Heinrichs IV. im Jahre 1610 politisch kaltgestellt – lebte auf seinen Landgütern wie ein Grandseigneur, hielt sich eine Kompagnie von hundert Leibwachen und umgab sich mit einem kleinen Hofstaat, den er einer strengen Etikette unterwarf. Tallemant des Réaux berichtet, es habe bei Hofe fünfzehn oder zwanzig alte Pfauen gegeben und sieben oder acht alte Gefolgsleute von Stande, die auf ein Glockenzeichen hin sich aufgereiht hätten, um Sully Ehre zu bezeugen, wenn er spazieren gehen wollte. Dann seien sie ihm gefolgt. Bissig fügt der Schreiber hinzu: »Ich glaube, auch die Pfauen folgten ihm.«[14]

Sully gefiel sich darin, seine Pedanterie auf die Spitze zu treiben: So konnten ohne notariell beglaubigten Kontrakt keine Bäume gepflanzt, keine Möbelstücke angefertigt, keine Schloßgräben gereinigt werden. Sullys Arbeitseifer war grenzenlos. Unermüdlich schrieb er mit vier Sekretären an seinen ›Mémoires des sages et royales œconomies d'Estat domestiques, politiques et militaires de Henry le Grand‹. Ihre berühmteste Passage behandelt einen Plan zur Organisation Europas und zur Durchführung eines ewigen Friedens. Ungewöhnlich an diesen mehrbändigen Memoiren ist, daß sie in der zweiten Person abgefaßt sind, »und zwar – wie man heute sagen würde – von einem Redaktionskomitee, welches den Herzog anspricht und ihm über hundert Seiten hinweg unter barocken Höflichkeitsformeln sagt: All dies haben Sie bestanden, geleistet, ersonnen und erkannt. Folgende Worte haben Sie im Laufe Ihres langen Lebens gesprochen und angehört, und folgende Ergebnisse sind aus Ihrem Bestreben herangereift . . . Und Sully sitzt auf seinem vergoldeten Armsessel und hört sich im späten Licht seines hohen Alters diese wunderbaren Berichte an, von Zeit zu Zeit mit dem Nicken des Einverständnisses.«[15] Aus Furcht vor Indiskretionen ließ Sully sein Werk unter persönlicher Aufsicht in einem neuerrichteten Turm des Schlosses drucken. ›Erschienen zu Amsterdam‹ vermerkte er auf den Titelseiten.

Ältester Teil des SCHLOSSES ist der zur Loire hin gelegene hohe Donjon der Zeit um 1360 auf rechteckigem Grundriß, von dicken Rundtürmen an den Ecken eingefaßt; zwei der Türme haben ihre Wehrgänge und Pfefferbüchsen-Dächer eingebüßt (Abb. 1). Halbtürme (auch sie heute ohne Dächer) flankieren den hofseitigen Eingang, den ursprünglich eine Zugbrücke sicherte. Im Erdgeschoß liegen der Gardensaal*, die Küche und die Kapelle. Im Saal des oberen Geschosses führte Voltaire seine Tragödie ›Artémise‹ auf, als er, aus Paris verbannt, im Schloß Zuflucht gefunden hatte. Im kleinen Oratorium neben dem Saal ist eine Nachbildung des Grabmals Sullys (gest. 1641) und seiner zweiten Frau Rachel de Cochefilet in Nogent-le-Rotrou aufgestellt: Es birgt ihre sterblichen Überreste. Der Saal des Dachgeschosses mit Wehrgang erscheint wie ein Sakralraum durch seinen gewaltigen Dachstuhl aus Kastanienholz in der

---

* Gardensaal, weil er als Aufenthaltsraum der Wachen diente

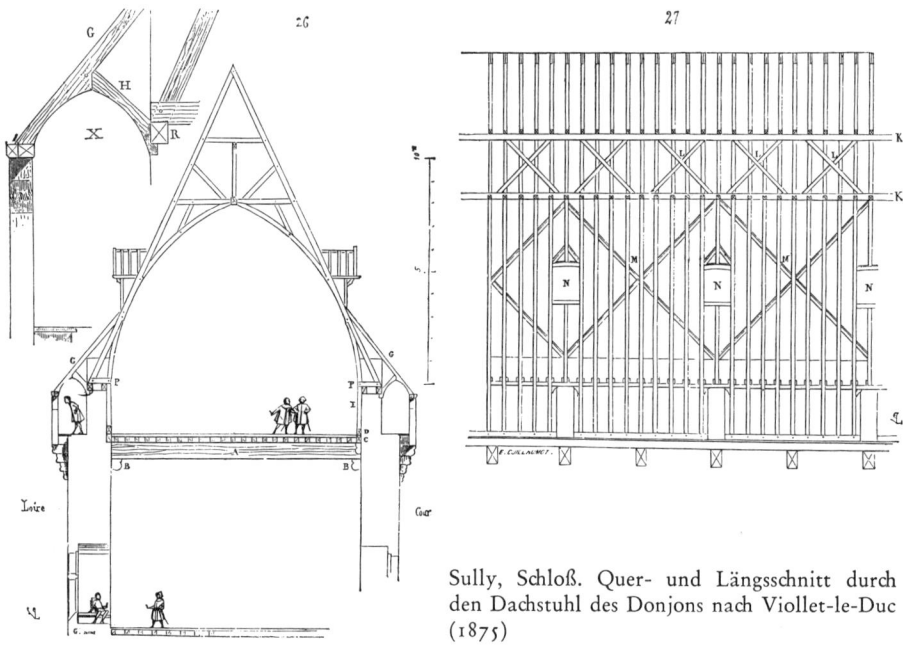

Sully, Schloß. Quer- und Längsschnitt durch
den Dachstuhl des Donjons nach Viollet-le-Duc
(1875)

Form eines umgedrehten Schiffskörpers. Dieser Dachstuhl gilt als der handwerklich
kunstvollste und schönste überhaupt, der aus dem Mittelalter erhalten ist. Die vier-
kantigen Balken sind nicht gesägt, sondern mit dem Beil aus dem Stamm herausgehauen,
sorgfältig vom Splint befreit, schließlich so verlegt, daß sie allseitig luftumströmt sind.
Dies erklärt, warum die Hölzer über sechshundert Jahre kerngesund blieben. Es existiert
noch die Rechnung aus dem Jahre 1363 für dieses Meisterwerk der Zimmermannskunst
und für die Dachstühle der vier Türme. Danach gestand der Zahlmeister des Schloßherrn dem Meister Tevenon Foucher fünf Fässer Wein zum Preis von acht écus und
vierundzwanzig écus Bargeld zu, jedoch nicht das sonst wohl übliche Mud (ca. 19
Kubikmeter) Getreide.[16]

Alte Ansichten zeigen den an den Donjon angrenzenden inneren SCHLOSSHOF vier-
seitig von Gebäudetrakten umschlossen, die teilweise heute verschwunden sind (Abb. 2).
Den Ostflügel bilden zwei unterschiedlich hohe Wohngebäude des 16. Jahrhunderts,
durch einen viereckigen Torturm verbunden. Das niedrige Gebäude wurde nach einem
Brand von 1918 wiederhergestellt. Das hohe Gebäude heißt das ›Kleine Schloß‹. Sully
ließ es umbauen. Im Erdgeschoß zeigt man sein Arbeitszimmer, wo er die Memoiren

schrieb, im Obergeschoß sein Schlafzimmer: beide Räume mit Kaminen, erneuerten Wandbespannungen und bemalten stark restaurierten Holzdecken.

Ursprünglich floß die Loire unmittelbar am Schloß vorbei. Zum Schutz gegen Hochwasser errichtete Sully den Damm, über den man heute das Bauwerk betritt. Um die Gräben zu speisen, wurde ein kleiner Fluß, die Sange, herangeführt.

Auch der äußere gleichfalls wasserumwehrte Schloßhof war einst mit Türmen, Mauern und Gebäudetrakten umgeben; bis auf Reste sind sie verschwunden. Die weitflächige Parkanlage, die auf Sully zurückgeht, läßt nur noch wenig von ihrer einstigen Konzeption erkennen. Eine weiße Marmorstatue des eigenwilligen und berühmtesten Schloßherrn auf Sully, ursprünglich für eine andere seiner Besitzungen, Schloß Villebon, geschaffen, gibt dem äußeren Schloßhof einen beziehungsvollen Akzent.

Saint-Benoît-sur-Loire

Auf dem anderen Ufer der Loire, von Sully aus über eine Dammstraße mit herrlichem Ausblick auf den Fluß und die weite fruchtbare Felderlandschaft zu erreichen, liegt die Abtei Saint-Benoît-sur-Loire, eine der berühmtesten romanischen Klosterkirchen Frankreichs, im Mittelalter eine der bedeutsamsten Stätten der klösterlichen Kultur (Abb. 4). Abt Léodebod von Saint-Aignan zu Orléans gründete 651 diese Abtei an einem Ort namens Fleury nach den Regeln des hl. Benedikt, der mit Recht als der geistige Vater des christlichen Abendlandes gilt. Seine Reliquien und die seiner Schwester Scholastika überführten die Mönche des Klosters wenige Jahre später vom Monte Cassino in Italien nach hier, um sie vor den Entweihungen durch lombardische Eroberer zu retten. Dieser überaus kostbare Reliquienschatz zog Jahrhunderte lang die Wallfahrer an und verhalf dem Kloster zu hohem Ansehen. In der Zeit Karls des Großen entstanden unter Abt Theodulf die Klosterschulen von Fleury, deren geistiger Einfluß sich über die ganze christliche Welt verbreitete. Zum Lehrprogramm gehörten Theologie und die sieben freien Künste (Grammatik, Rhetorik, Logik, Arithmetik, Geometrie, Musik und Astronomie). Außerdem gab es Lehrmeister für Ackerbau, Handwerk, Medizin und bildende Kunst. Noch heute bewundern wir die kunstvoll illuminierten Handschriften jener Zeit aus dem Skriptorium des Klosters.

Saint-Benoît wurde oft von Bränden heimgesucht, doch immer wieder entstanden die Baulichkeiten neu. Von den mittelalterlichen Anlagen ist heute nur die ABTEIKIRCHE erhalten. Die Klostergebäude verschwanden nach der Auflösung des Konvents während der Französischen Revolution. 1944 fand sich erneut eine Gemeinschaft von Benediktinern zusammen, und 1959 erhielt Saint-Benoît den Rang einer Abtei zurück.

Vom Fluß aus überschaut man die breit und massig gelagerte Kirche am besten. Sieht man von zahlreichen Erneuerungen und Restaurierungen ab, so sind folgende Bauperioden zu unterscheiden: Aus der ersten Hälfte des 11. Jahrhunderts stammt der einzigartige Eingangsbau; das Querhaus mit dem Vierungsturm und der Chor mit einer Krypta entstanden 1067–1108, das basilikale Langhaus 1150–1218.

Der EINGANGSBAU (Abb. 5) gilt als Schöpfung Gauzlins, der zu den namhaftesten Äbten des Klosters zählt. Man nimmt an, daß dieser Bauteil bei seinem Tode 1030 unvollendet war, zumal das ganze Kloster 1026 durch Feuer verwüstet wurde. Jedenfalls ist der Eingangsbau Gauzlins Idee. In seiner Lebensbeschreibung liest man, der Baumeister habe ihn gefragt, was für ein Werk er errichtet wissen wolle. »Ein solches, das für ganz Gallien ein Beispiel ist«, habe er geantwortet.[17] Es entstand eine Architektur, zu der es in der gleichzeitigen romanischen Baukunst nichts Vergleichbares gibt. Ihrerseits jedoch wirkte sie beispielgebend.[18] Das kubische Gebäude ist zweigeschossig auf annähernd quadratischem Grundriß. Sein ursprüngliches zweites Obergeschoß ließ Franz I. 1527 zerstören, um die Mönche zu bestrafen, weil sie den Kardinal Duprat nicht empfangen wollten, dem der König die Würde eines Titularabtes von Saint-Benoît zugesprochen hatte. Im 17. Jahrhundert erhielt der Eingangsbau sein heutiges Zeltdach mit Glockenstuhl und Laterne. An drei Seiten öffnet sich das Erdgeschoß durch jeweils drei Arkaden mit eingezogenen Bögen auf Halbsäulen. Vier mächtige gleichfalls von Halbsäulen besetzte Pfeiler teilen den Raum in neun Joche mit Kreuzgratgewölben auf. »Ein gewaltiger Hochwald aus Stein«, so umschreibt Henri Focillon den Eindruck, den die Pfeiler und die vielfältigen Durchblicke hervorrufen.[19] Immer noch rätseln die Bauforscher, warum die beiden westlichen Pfeiler aus der Achse vorspringen. Das wesentlich höhere Obergeschoß, ein Kultraum mit drei Altarnischen in der Ostwand, gleicht im Grundriß dem Erdgeschoß, unterschiedlich gegenüber unten sind die Arkaden und Pfeiler durchgeformt.

Von jeher ist die Schönheit des Mauerwerks aus sorgfältig behauenen Quadersteinen bewundert worden. Gauzlin ließ sie nach seiner Lebensbeschreibung auf der Loire aus den Steinbrüchen des Nivernais heranschaffen.

Herrliche *Kapitelle* sind der besondere Schmuck der Räume. Unten zum Beispiel wechselt praller Akanthus mit phantastischen Tiergestalten und Figurenszenen ab: Man erkennt die Flucht nach Ägypten, das Jüngste Gericht, die apokalyptischen Reiter, St. Martin, wie er seinen Mantel teilt oder von Engeln in die himmlische Glorie erhoben wird (Abb. 7). Solche Szenen sollten die Pilger belehren und ihnen wichtige Heilstatsachen vor Augen führen. Die Figuren sind der Kapitellform eingepaßt, wirken archaisch, wie erstarrt. Die Binnenmodellierung verrät jedoch das Gespür der Bildhauer für ornamentale Wirkung, etwa im rhythmischen Fluß der Gewänder. Wenigstens einen der Meister kennen wir: VNBERTVS ME FECIT (Unbertus hat mich geschaffen) ist einem der Kapitelle an der Vorderfront eingemeißelt.

Die gleiche Sorgfalt der Bauausführung wie außen begegnet im INNEREN. Der weiße rötlichschimmernde Stein, das helle Licht des Loire-Tals und der gleichmäßige Rhythmus der Wandgliederung prägen das Bild dieses in den Dimensionen gewaltigen Raumes, der für eine Benediktinerkirche typisch ist. Architektonisch am interessantesten ist der Chor. Die Seitenschiffe des Langhauses führen in einen Umgang (Farbt. 6 u. Abb.

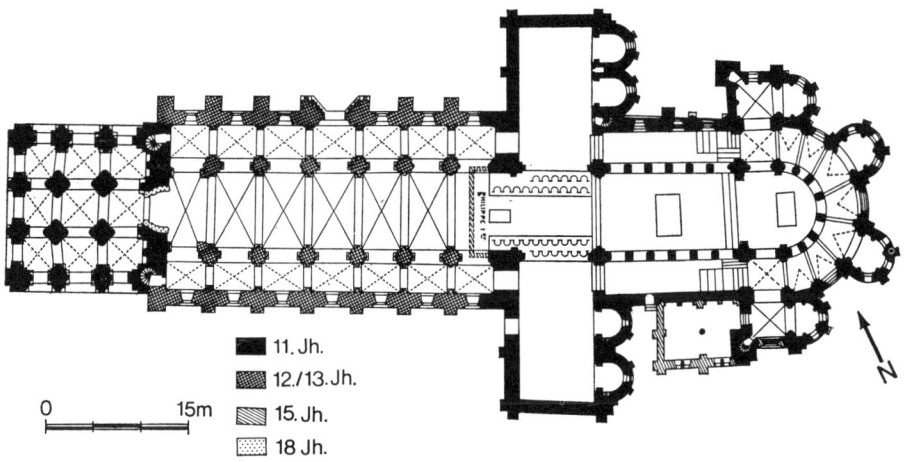

11. Jh.
12./13. Jh.
15. Jh.
18 Jh.

0   15m

Saint-Benoît-sur-Loire, Grundriß der Abteikirche

11) um den Langchor (Unserer lieben Frau geweiht) und das erhöhte halbrunde Chorhaupt mit Vorjoch (St. Benedikt geweiht). Solche Umgänge sind für Wallfahrtskirchen charakteristisch und haben ihren Sinn bei Prozessionen. An den Umgang schließen seitlich der Hauptachse zwei dreiviertelrunde Kapellen an. Zwei weitere Kapellen mit halbrunden Apsiden sind seitlich neben dem Vorjoch der Hauptapsis angeordnet. Die Schönheit des Chorraumes beruht auf seiner differenzierten Gliederung mit dem Motiv des Rundbogens: zuunterst majestätische Arkaden auf hohen Säulen, durch die das Licht vom Umgang her mittelbar hervorkommt; darüber ein kleingliedriges Blendtriforium als plastisch strukturierendes Band; zuoberst unter den Ansätzen der Tonnengewölbe und der Chorhauptkalotte ein Kranz großer Rundbogenfenster in hellstem Licht. Die auffallend nüchternen Mauerflächen zwischen Arkaden und Triforien im Langchor wie auch die Gewölbe waren ursprünglich sicher mit Malereien ausgefüllt.

Den Hauptaltar im Langchor umgibt als besondere Kostbarkeit ein jetzt wiederhergestellter reichgemusterter Marmorfußboden, der nach Grabungen von 1958/59 zu einem Vorgängerbau gehörte und in den heutigen Chor übernommen wurde. Man hat lange geglaubt, daß der Boden aus Italien stamme und ein Geschenk des Kardinals Duprat aus der Zeit um 1535 sei; er fügte ihm nur einige Schmuckelemente hinzu.

Aus der gleichen Zeit wie der Chor, dessen Altäre 1108 geweiht wurden, stammt das Querschiff. An jedem seiner Arme liegen östlich zwei halbkreisförmige Kapellen (die des Südarms erneuert). Das Langhaus des späten 12. und frühen 13. Jahrhunderts zeigt mit seinen spitzbogigen Arkaden und Rippengewölben den Übergang zur Gotik.

Auch im Chor und im Querschiff ist eine große Anzahl von Kapitellen mit einprägsam erzählenden Szenen erhalten (Abb. 9), die ein lebendiges Bild der romanischen Vorstellungswelt vermitteln. Gegenüber denen des Eingangsbaus erscheinen viele

47

stilistisch weiterentwickelt und erinnern an die gleichzeitige berühmte Kapitellplastik in den Kirchen des benachbarten Burgund. Neben Ereignissen aus dem Alten und Neuen Testament sind Begebenheiten aus dem Leben des hl. Benedikt dargestellt. Einige Kapitelle tragen Inschriften, in denen stets der Name eines Mönchs wiederkehrt: HVGO. Man sieht, wie er in Begleitung des hl. Benedikt vor der Jungfrau Maria niederkniet, oder wie er sich mit seiner Familie Christus empfiehlt. Einmal nennt er sich mit vollem Namen, Hugo de Sancta Maria, und man vermutet, daß er diese und eine Reihe weiterer Kapitelle geschaffen hat. Jedenfalls dürfte er eine höchst ichbewußte Persönlichkeit gewesen sein. Selten begegnet man in der Kunst des Mittelalters einem so ausgeprägten Bedürfnis nach Selbstdarstellung.

Aus der Zeit um 1200 stammt das NORDPORTAL des Langhauses mit seinem bedeutenden Zyklus frühgotischer Skulpturen. Schlecht erhalten und kaum noch zu deuten sind die sechs Gewändefiguren (auf der rechten Seite innen: Abraham). An ihnen ließen 1562 in den Religionskriegen die Soldaten des Prinzen Condé, des Führers der Calvinisten, ihre Zerstörungswut aus. Gut erhalten ist das Figurenprogramm der Bogenzone. Im Tympanon thront segnend die Majestas Domini mit aufgeschlagenem Buch, umgeben von den Evangelisten, die von ihren Symboltieren inspiriert werden (Abb. 6). Dieser Typus der Majestas Domini ist aus Handschriftenillustrationen vertraut, als Tympanonschmuck jedoch selten (ein verwandtes hiervon wohl abhängiges Beispiel weist die Prioratskirche Saint-Pierre-le-Moutier im Nivernais auf[20]). Die Archivolten zeigen innen Engel mit Leuchtern, Weihrauchfässern und -gefäßen; außerdem Apostel. Auf dem Türsturz, seit der Renaissance von einem Korbbogen unterfangen, ist in drei Szenen die Translation der Reliquien des hl. Benedikt und seiner Schwester Scholastika dargestellt (Abb. 6): Links legen Mönche die Gebeine aus einem aufgebrochenen Sarkophag in einen Korb. In der Mitte sieht man, wie die Reliquien (die des hl. Benedikt in einem Schrein, die der hl. Scholastika in einem Reliquiar) Tote zum Leben erwecken. Rechts erwarten die Mönche von Fleury die Ankunft der Brüder, die den Schatz auf ihren Schultern tragen.

Noch heute ruhen die Reliquien St. Benedikts in der KRYPTA unter dem Chor (Abb. 10). Gedrungene Rundpfeiler, im Halbkreis aufgereiht, grenzen zwei Umgänge um einen ausgehöhlten mächtigen Mittelpfeiler ab, der den 1964 neugestalteten Schrein mit den Gebeinen aufnimmt.

Ein kleiner zweischiffiger Raum im Anschluß an die Krypta gilt als der älteste erhaltene Bauteil der Kirche überhaupt. Man datiert ihn ins 10. Jahrhundert.

An alter Ausstattung ist wenig erhalten. Nur erwähnt seien das Chorgestühl von 1413 und das Grabmal Philipps I. aus dem 13. Jahrhundert. Berühmt ist der winzige *Mumma-Schrein* (Abb. 8) aus Holz mit vergoldeten getriebenen Kupferplatten, den man 1642 unter dem Hauptaltar fand. Der Mumma-Schrein – so genannt nach dem Namen der Stifterinschrift – ist eines der seltenen Stücke merovingischer Kunst und stammt aus der Gründungszeit des Klosters (2. H. 7. Jh.). Zwölf primitive wie gebannt scheinende Gestalten auf den Dachflächen stellen vielleicht die Apostel dar.

Germigny-des-Prés

Germigny-des-Prés, unscheinbar wie sein Nachbardorf Saint-Benoît-sur-Loire, hat eine äußerlich schmucklose und in den Abmessungen bescheidene KIRCHE, die auf den ersten Blick zusammen mit einem dichtbewachsenen Vorplatz und dem Pfarrgarten dahinter nichts mehr zu sein scheint als der idyllische Mittelpunkt des Ortes (Abb. 14). Doch hat diese Kirche in der europäischen Architekturgeschichte einen außergewöhnlichen Rang. Abt Theodulf von Fleury (Saint-Benoît-sur-Loire) – gebürtiger Spanier, Bischof von Orléans, Kanzler und Berater Karls des Großen, Dichter und Förderer aller Künste – errichtete sie als Oratorium seiner privaten Villa und weihte sie wahrscheinlich am 3. Januar 806. Nachdem Theodulf 818 Opfer einer Palastintrige geworden war, begann der Bau zu verfallen. Vermutlich bei einem Normanneneinfall in der zweiten Hälfte des 9. Jahrhunderts wurde die Villa in Brand gesteckt. Die Kirche blieb zwar beschädigt stehen, doch vergaß man ihre Bedeutung. Im 15. Jahrhundert wurde sie durch ein Langhaus und kleinere Anbauten erweitert. Erst im 19. Jahrhundert erkannte man ihre Einzigartigkeit und versuchte ihren ursprünglichen Zustand wiederherzustellen. Zwar ist die Bausubstanz seit dieser Zeit stark erneuert, die architektonische Idee im wesentlichen aber zurückgewonnen.

Theodulf errichtete einen Zentralbau auf einem Grundrißquadrat von 10,40 Metern Seitenlänge. Jeder Seite waren ursprünglich leicht hufeisenförmige Konchen vorgelegt, wobei die östliche Chorkonche noch von kleineren Nebenapsiden begleitet war, die nicht wiederhergestellt worden sind (man hatte sie bereits im 19. Jahrhundert vermu-

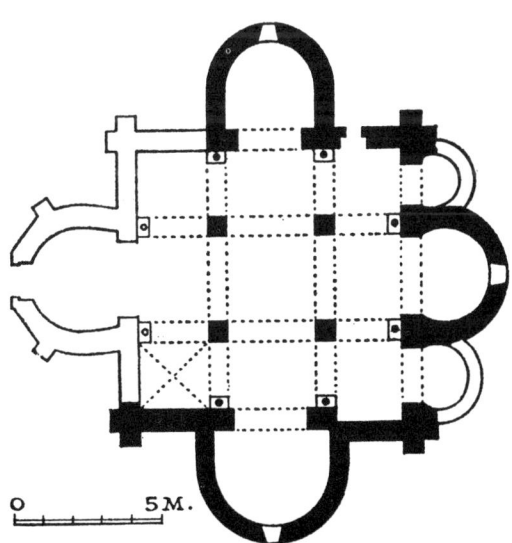

Germigny-des-Prés, Grundriß der Kirche (ursprünglicher Zustand)

O   5 M.

49

tet; 1930 fand man bei einer Grabung ihre Fundamente[21]). Die Westapsis und die angrenzenden Mauern mußten dem Langhaus weichen.

Vier Pfeiler grenzen im INNEREN einen Mittelraum ab, den eine erneuerte Kuppel auf hohen von Arkaden durchbrochenen Mauern überdeckt (Abb. 12). Darüber ist der zentrale Turm errichtet. Die Kreuzarme haben Tonnengewölbe, die niedrigen Eckräume Kuppeln und Kreuzgratgewölbe. Den Raumeindruck bestimmen die klaren Linien der Pfeiler und Bögen. Man meint, so formuliert Wilhelm Messerer, sich in lauter einzelnen Kammern oder Zellen zu befinden, »von der niedrigen bauchigen Apsis bis zu steilen Schächten, von denen jede ihre eigene Höhe und Gestalt hat ... Alles ist klein, aber nicht eigentlich eng; nichts Massiges ist in den Mauern und Pfeilern. Dem, der in der Kirche herumgeht, bietet sich ein unaufhörlicher Wechsel der Durchblicke ... Die symmetrischen Entsprechungen der Raumteile nimmt man erst im Nacheinander wahr; dann zeigt sich eine Ordnung um die Mitte der Quadratseiten und um die Mitte des Ganzen herum, die als steiler, lichter Schachtraum angelegt ist.

Die Kleinheit und die Vielteiligkeit der Kirche werden durch die Details noch betont. Die raumtrennenden Bögen werden von kaum mannshohen Säulen mit starker Entasis getragen, die hoch auf Wandvorlagen angebracht sind; nur halbmannshoch ist der Kranz der Säulen, der in der Hauptapsis nicht die Wand, sondern eine selbständig wirkende Reihe von Bögen trägt, also wie jene Säulen als selbständiges Schmuckstück sich darstellt. Die vier schlanken Pfeiler um den Mittelraum tragen nach den verschiedenen Seiten verschiedene Kämpferprofile, werden also in dieser Hinsicht gar nicht als zusammenhängende Körper aufgefaßt.«[22]

Es sei ein Bauwerk von so wunderbarer Ausführung, heißt es in den Annalen von Fleury aus dem 9. Jahrhundert, daß ihm in ganz Neustrien[23] kein anderes gleichkomme.[24] Formale Vorbilder dürften byzantinische Kreuzkuppelkirchen sein, wahrscheinlich durch westgotische Rezeptionen in Spanien, der Heimat Theodulfs, vermittelt. Die Annalen von Fleury überliefern, daß die Kirche als Nachahmung der Aachener Pfalzkapelle Karls des Großen angesehen wurde, mit der sie gestalterisch jedoch nur den Zentralbaucharakter gemeinsam hat. Diese zeitgenössische Interpretation ist aufschlußreich, denn sie sagt etwas über den hohen Anspruch des Bauherrn aus: Er macht seine enge Bindung an den kaiserlichen Hof durch Bauformen des Kaisers sichtbar und sucht an der Würde, die sie bekunden, teilzuhaben. Weiter berichten die Annalen von Fleury, Theodulf habe, bestrebt, die Aachener Pfalzkapelle noch zu übertreffen, das Innere kostbar mit Blumen, Stuck, Mosaiken und einem Marmorfußboden ausstatten lassen, so daß sich die Augen der Schauenden kaum hätten satt sehen können. Nur weniges ist erhalten geblieben, an Stuck zum Beispiel symmetrische Stauden mit breiten büschelartigen Blättern in Nischen und gespinsthaft verwobene Rosetten in den Fensterlaibungen der Hauptapsis oder ein schönes Rosettenband über den oberen Arkaden dieses Raumes.

Um 1840 beobachtete man, wie Kinder mit Mosaiksteinchen spielten, die sie sich aus der Kirche mitgebracht hatten. Man forschte nach und entdeckte unter mehreren

Tünchschichten einen Teil der Mosaikausstattung aus der Zeit Theodulfs. Heute gibt nur noch das *Mosaik* in der Kalotte der Hauptapsis einen Eindruck davon, welche Pracht Theodulf entfalten ließ (Abb. 13). Dieses Mosaik – das einzigerhaltene aus karolingischer Zeit – ist zwar restauriert, dürfte aber kompositorisch und stilistisch dem ursprünglichen Zustand nahekommen. Dargestellt ist die Bundeslade des Alten Testaments, auf der zwei goldene Engel stehen. Zwei weitere monumentale Engel flankieren die Bundeslade und weisen auf sie hin. Zwischen ihnen erscheint die rechte Hand Gottes. Die Farben sind tiefes Blau in starkem Kontrast mit Gold; demgegenüber treten Purpur und Grün zurück. Die lateinische Inschrift des Mosaiks besagt: »Hier siehe das heilige Orakel und die Cherubim und das Leuchten der Arche des Gottesbundes. Und wenn du bei dieser Betrachtung den Herrn des Donners zu rühren versuchst, so füge deinen Gebeten auch Theodulf ein.« Stilistisch ist das Mosaik am engsten mit römischen Mosaiken des 8. und 9. Jahrhunderts, aber auch mit zeitgenössischer Miniaturmalerei der Schule von Fleury verwandt.

Die übrigen Mosaikfunde hat man im 19. Jahrhundert zerstört, geringe Reste in den Blendarkaden der Hauptapsis ausgenommen: Stauden auf hohen Stengeln, die – wie auch die Stauden aus Stuck in den Nischen – aus der islamischen Kunst herzuleiten sind. Theodulf wird sie aus seiner spanischen Heimat gekannt haben. Die verlorenen Mosaikteile, vor der Zerstörung wenigstens in Aquarellzeichnungen festgehalten, schmückten die Wand über dem Hauptapsisbogen (Pflanzenwerk) und das Tonnengewölbe vor der Apsis (zwei Cherubim); schließlich sind Mosaike (darunter weitere Cherubim) in der Kuppel überliefert. Hier las man die Inschrift in silbernen Buchstaben: »Diesen Tempel habe ich, Theodulf, zur Ehre Gottes geweiht; jeder, der an diesen Ort kommt, möge meiner gedenken.«[25]

Die Deutung des Bildprogramms führt auf den Bauherrn zurück. Theodulf gilt als Verfasser der ›Libri Carolini‹, die sich gegen den byzantinischen Bilderkult richteten und jede Darstellung Christi und der Heiligen ablehnten. Nur die Bundeslade machte eine Ausnahme als von Gott und dem Heiligen Geist inspiriert. Sie wird »zum Zeugnis eines über jede bildliche Definition erhabenen Gottes, der nur in seiner Schöpfung in Erscheinung tritt. Sie verdrängt und ersetzt im Apsismosaik von Germigny-des-Prés folgerichtig eine Komposition der Majestas Domini. Zugleich aber erweitert sich die Darstellung der Lade durch die flankierenden Engel, Pflanzenstauden in Mosaik und Stuck sowie die beiden Cherubim im Vorchor in einem ganz bestimmten Sinne, so nämlich, wie in der Vulgata nach dem 1. Buche der Könige das Allerheiligste im Salomonischen Tempel ausgestattet ist: der Kirchenbau wird als ein ›Neuer Tempel‹ ausgezeichnet.«[26]

Nur selten lassen sich an der Form und am Gehalt eines mittelalterlichen Bauwerks der individuelle Anspruch und die geistig-theologische Vorstellung des Auftraggebers so unmißverständlich erkennen wie hier, wobei man nicht übersehen darf, »daß Germigny-des-Prés kein offizieller Kirchenbau war, sondern ein privates Oratorium, in dessen Ausstattung einem persönlichen testamentum Ausdruck gegeben werden sollte.«[27]

Châteauneuf-sur-Loire

In Châteauneuf-sur-Loire erweiterte der Staatssekretär Ludwigs XIV., Louis Phélypeaux de la Vrillière im 17. Jahrhundert die Gebäude eines älteren Schlosses, von dem
noch Gräben und Befestigungsmauern erhalten sind. Das ›kleine Versailles‹ de la
Vrillières verschwand 1803 bis auf die Wirtschaftsgebäude, die Orangerie, die Pavillons des Vorhofes und einen Achteckbau mit kuppeliger Haube (Abb. 16), heute ein
Teil des Rathauses, das mit einem MUSEUM DER LOIRE-SCHIFFAHRT aufwartet. Eine großzügige gestufte Terrasse mit Kanal, Freitreppe und Brücke führt vom ehemaligen
Schloßplatz hinunter zur Loire-Niederung und in den Park, den zu besuchen insbesondere im Frühsommer viel Genuß bereitet, wenn seine verschwenderischen Rhododen-
dron-Kulturen blühen.

Die Kirche SAINT-MARTIAL, um 1600 errichtet, bewahrt in einer Arkade ihres Langhauses das prachtvolle MARMORGRABMAL des Louis Phélypeaux de la Vrillière (Abb. 15),
der 1681 starb. Er hat das Werk wohl selbst noch um 1675 in Rom bei Domenico Guidi
in Auftrag gegeben (ein kleines Tonmodell der Statue bewahrt die Skulpturengalerie
Berlin-Dahlem). 1686 traf es zu Schiff in Châteauneuf ein. Der Grandseigneur ist kniend
auf einer Tumba in Lebensgröße dargestellt, eingehüllt in den Mantel des Ordens vom
Heiligen Geist. Ein Engel zu seiner Seite offenbart ihm die himmlische Herrlichkeit.
Besonders der virtuose Faltenwurf der Gewänder und die minuziöse Schilderung der
Details wie Spitzen und Bordüren fesseln an diesem Werk, das ganz aus der Fülle und
dem theatralischen Geist des römischen Barock geschaffen ist. Karyatiden als Toten-
gestalten flankieren in der Bogenlaibung die Hauptgruppe. Nach einer glänzend gelun-
genen Wiederherstellung sieht man dem Grabmal heute kaum mehr an, daß es zusammen mit der Kirche im letzten Weltkrieg stark beschädigt wurde.

Orléans

»Paris ist Frankreichs Kopf, Orléans Frankreichs Herz« – eine Redensart, wie sie nicht
besser den Rang dieser Stadt in der Geschichte Frankreichs ausdrücken könnte. ›Gena-
bum‹ hieß die Siedlung in gallischer Zeit. Die Römer nannten die Stadt ›Aurelianis‹ –
Orléans. Unter den Merowingern wurde sie zu Beginn des 7. Jahrhunderts Königsstadt,
eigentliche Hauptstadt des westlichen Frankenreiches. Auch die Karolinger schätzten
sie. Unter Bischof Theodulf (um 800), dem Erbauer von Germigny-des-Prés, wurde
Orléans zu einer Stadt des Geistes – lange bevor unter Philipp dem Schönen 1305 die
berühmte Universität gegründet wurde. »Orléans, Stadt ohnegleichen, Inbegriff Frankreichs«, schwärmten die deutschen Scholaren, die hierherzogen, um die Rechte zu studieren (Farbt. 4).

»Der wirtschaftliche Wohlstand der Stadt stand ihrem geistigen Ruf in nichts nach.
Dank ihrer vorzüglichen Lage an der Stelle, wo die Loire von Paris aus am günstigsten

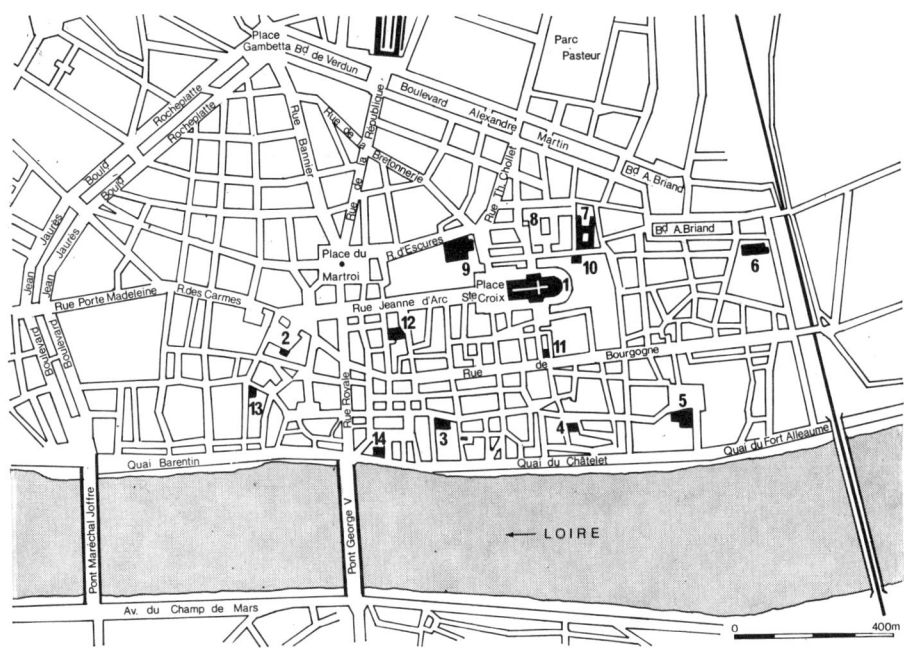

Stadtplan von Orléans

1 Kathedrale 2 Turm von Saint-Paul 3 Saint-Donatien 4 Saint-Pierre-le-Puellier 5 Saint-Aignan 6 Saint-Euverte 7 Lycée Jeanne d'Arc mit der Krypta von Saint-Avit 8 Campo Santo 9 Hôtel de Ville 10 ehem. Bischofspalais 11 Bibliothek der alten Universität 12 Hôtel des Créneaux (Museum der Schönen Künste) 13 Hôtel Toutin 14 Maison de la Coquille

zu erreichen ist, an der Schwelle Burgunds und des Berry, wimmelte es in der Stadt von Kaufleuten aus den verschiedensten Provinzen. Die Gesellschaft der die Loire benutzenden Händler hatte hier ihren Sitz. In Orléans nahm man das Schiff, um in die Bretagne, die Touraine oder ins Anjou zu reisen ... Im 18. Jahrhundert entstanden große Manufakturen, von denen einige noch bestehen. Hinter seiner leicht schläfrigen Außenseite verbarg Orléans vor dem Krieg eine rege Industrie und Geschäftigkeit. Am Eingang zum Garten Frankreichs bot es zum anderen köstliche Produkte feil, namentlich seine eingemachten Quitten, die schon Rabelais gepriesen hat. Seit dem Zweiten Weltkrieg wird Orléans mehr und mehr zur Industriestadt, und der wirtschaftliche Aufschwung ist beachtlich. Die Stadt wächst immer mehr in den weiteren Vorortbereich von Paris hinein.«[28]

Seit mehr als fünfhundert Jahren feiert Orléans alljährlich am 7. und 8. Mai ein Fest zur Erinnerung an die glorreichste Begebenheit seiner Geschichte: die Befreiung im Hundertjährigen Krieg durch Jeanne d'Arc, die Jungfrau von Orléans. Paris und Zweidrittel des Landes waren in der Hand der Engländer, Orléans nicht. So begannen die feindlichen Truppen im Herbst 1428 mit seiner Belagerung. Getreu ihrem göttlichen Auftrag, Orléans zu befreien und den König in Reims krönen zu lassen, rückte Jeanne d'Arc an der Spitze eines kleinen Heeres am 29. April 1429 in die Stadt. Die Truppenführer spotteten: »Dieses Schäfermädchen von 17 Jahren kann weder lesen noch schreiben und will einen Kampf führen können!« Aber Jeanne überzeugte sie. Eine feindliche Stellung nach der anderen fiel. Die Jungfrau wurde an der Schulter von einem Pfeil getroffen, doch die Heiligen erschienen ihr und halfen, die Schmerzen zu überwinden. Sie warf sich von neuem in die Schlacht, ergriff ihre Standarte (Abb. 20), die die Engländer in Panik versetzte. Am Ende kapitulierten sie.

Die Stadt ist an das Nordufer der Loire herangebaut. Anstelle der ehemaligen halbkreisförmigen Stadtmauer in der Ausdehnung des 16. Jahrhunderts verlaufen heute breite Boulevards. Städtebauliche Schwerpunkte sind die Place du Martroi, in gallorömischer Zeit ein Friedhof außerhalb der Stadt, und die Kathedrale.

Die PLACE DU MARTROI, auf die von Süden die nach dem englischen König Georg V. benannte Brücke über die Loire und in der Verlängerung die Rue Royale zuführt, bezeugt die Verbundenheit der Stadt mit Jeanne d'Arc. In der Mitte des Platzes steht seit 1855 ihr *Reiterstandbild*, geschaffen von dem Bildhauer Denis Foyatier (Abb. 19). Sie ist dargestellt, wie sie mit erhobenem Blick Gott dankt für ihren Sieg, ein gesenktes Schwert in der ausgestreckten Rechten haltend. Am Sockel des Denkmals sind Reliefs von Vital Dubray mit Szenen aus dem Leben Jeanne d'Arcs angebracht.

Denkmal und großzügig umbauter Platz sind gut in ihren monumentalen Maßen aufeinander bezogen. Die Gebäude an der Westseite wurden 1940 durch Bomben zerstört, doch durch Neubauten ersetzt, die das historische Platzbild nicht beeinträchtigen. An der Einmündung der Rue Royale errichtete der Herzog von Orléans 1759 die sogenannte Kanzlei, ein Archivgebäude, mit giebelgekrönter Fassade (1940 stark beschädigt). Ein gleiches Gebäude als Gegenstück auf der östlichen Seite, die Chambre de Commerce, stammt von 1865.

Die Rue Royale wurde um 1755 unter Ludwig XV. im Zusammenhang mit der Brücke (heute ›Pont George V‹) angelegt und einheitlich mit Arkadenhäusern bebaut. 1940 größtenteils zerstört, entstanden sie neu im alten Stil.

Eine Schöpfung des 19. Jahrhunderts ist die Rue Jeanne d'Arc, die von der Rue Royale (und von dieser angeregt) auf die Turmfront der Kathedrale zuführt (Abb. 17). Orléans war von jeher stolz auf dieses historisch so bedeutungsvolle Bauwerk, und man glaubte, daß es im Gefüge der Stadt nicht genügend zur Geltung komme. Deshalb entschloß man sich 1840 zu dieser Straße mit ihren gleichförmigen Häusern in strenger Gliederung, die nichts anderes sein sollten als perspektivische Kulisse. Aber schon damals hat man vor ihrer kalten Großartigkeit geschaudert. Es gibt wenige Kathedralen in Frankreich, die so sehr als Denkmal nationaler Geschichte geachtet sind wie die KATHEDRALE SAINTE-CROIX, deren Ursprung ins 4. Jahrhundert reicht. Man muß das besondere Schicksal dieses Sakralbaus vor Augen haben, bevor man sich von der Äußerung Marcel Prousts, Orléans habe die häßlichste Kathedrale Frankreichs, verwirren läßt.

Um 375 errichtete der hl. Evortius als Bischof von Orléans die erste Kirche für die noch junge Christengemeinde. Fundamente dieses Baues, eine dreischiffige Basilika mit Querschiff und Apsis, wurden 1937 ergraben; sie sind unter dem heutigen Chor sichtbar und zugänglich. Als der hl. Evortius diese Kirche weihen wollte, erschien über ihm die Hand Gottes und segnete dreimal das Gebäude, die Menge und den Zelebranten. Der Bischof unterbrach sofort die Weihezeremonie, weil Gott sie selbst vollzogen hatte. So kommt es, daß alle Nachfolgebauten als »Tempel, von der Hand Gottes geweiht«, niemals von Menschenhand konsekriert worden sind. Auch im heutigen Bau sucht man vergebens die Weihekreuze an den Wänden. Im Schlußstein des Chorhaupts ist die segnende Hand Gottes zur Erinnerung an das Wunder gemalt.

In der Zeit Bischof Theodulfs (um 800) fügte man an die erste Basilika einen Rundbau an, dessen Boden mit einem Mosaik geschmückt war. Einige Fragmente davon sind noch an Ort und Stelle zu sehen. Hier wurde 848 Karl der Kahle, ein Enkel Karls des Großen, zum König der Westfranken gekrönt.

989 zerstörte ein Feuer Stadt und Kirche. König Robert der Fromme und Bischof Arnoul I. sowie ihre Nachfolger errichteten bis ins 12. Jahrhundert hinein einen gewaltigen Neubau in der Art einer Pilgerkirche mit Chorumgang, Chorkapellen, drei-

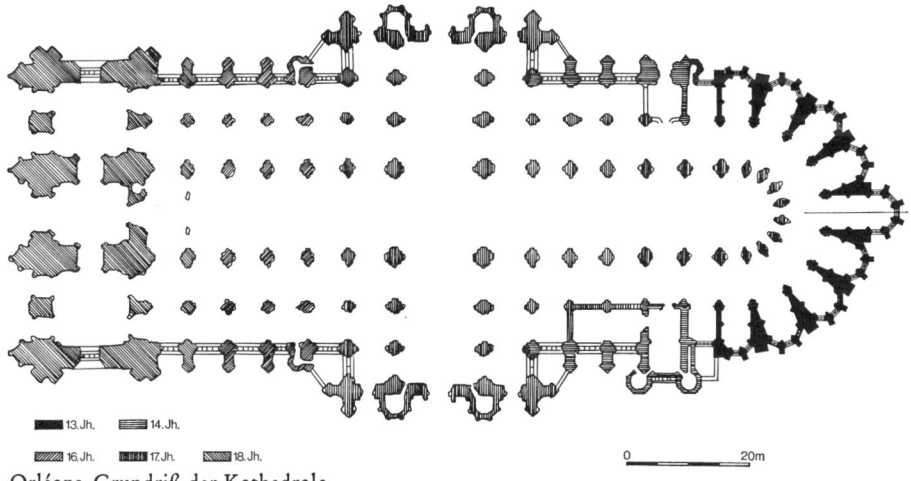

13. Jh.   14. Jh.

16. Jh.   17. Jh.   18. Jh.   0   20m

Orléans, Grundriß der Kathedrale

schiffigem Langhaus und Doppelturmfront im Westen. Es war zu seiner Zeit eines der größten Gotteshäuser Frankreichs. Doch hatte man unsolide gebaut. Erst zeigten sich Risse, dann stürzten 1278 und 1286 beträchtliche Teile ein, so daß eine Wiederherstellung nicht mehr lohnend erschien.

Schon bald, am 11. September 1287, wurde der Grundstein zur heutigen Kathedrale gelegt, bei der man alle neuen Erfahrungen in der Technik des Bauens und Wölbens nutzte. Angefangen wurde mit dem Chorhaupt und den Chorkapellen, wobei die alte Kirche (westlich vor dem neuen Chorhaupt gelegen) noch stehen blieb und weiterverwendet werden konnte. 1329 war der gotische Chor vollendet (Abb. 21).

Doch dann unterbrach der Hundertjährige Krieg den Fortgang der Arbeiten. Als Jeanne d'Arc am 29. April 1429 in der Stadt erschien, mußte sie noch das romanische Langhaus durchschreiten, um im gotischen Chor zu beten. Erst nach Beendigung des Krieges entstanden das Querschiff (1511 mit dem Vierungsturm vollendet) und anschließend vier Joche des Langhauses bis zur Westfassade des romanischen Baus.

1568, in den Religionskriegen, zerstörten die Calvinisten die noch unvollendete Kathedrale bis auf den Chor, einige Seitenkapellen und zwei Joche des Langhauses. Dreißig Jahre blieb das Bauwerk als provisorisch hergerichtete Ruine stehen, bis Heinrich IV. sie 1599 besuchte. Man überzeugte den König, der wieder zum Katholizismus übergetreten war, daß er keinen besseren Beweis für die Aufrichtigkeit seiner Konversion erbringen könne, als für den Wiederaufbau der von seinen ehemaligen Glaubensgenossen zerstörten Kathedrale im Herzen seines Königreiches zu sorgen. Und er versprach für sich und seine Nachfolger, »der Kirche Sainte-Croix ihren alten Glanz zurückzugeben«.

1601 legte er den Grundstein zur Rekonstruktion, in die man stehengebliebene Teile einbezog. Vom Chor, der 1632 fertig war, blieben die Chorkapellen des 13. und 14. Jahrhunderts erhalten. Der Hochchor wurde ganz im Flamboyant-Stil erneuert, wobei die noch stehenden Langhausjoche des 16. Jahrhunderts als Vorbild dienten.

Von 1627 bis 1690 arbeitete man am Querschiff, das auf Befehl Ludwigs XIV. in »gotischer Ordnung« zu errichten war. Die Entwürfe stammten von dem Jesuiten Étienne Martellange. Er versah die Querschiffassaden in klassizistischer Weise mit säulen- und giebelumrahmten Portalen. Darüber gestaltete er sonnenförmige Fensterrosetten, in deren Zentren der Kopf Ludwigs XIV. als Sonnengott, umgeben von der Devise des Königs NEC PLURIBUS IMPAR (keiner kommt ihm gleich), eingefügt wurde. Die Giebel erhielten Maßwerkfenster, als Flächenschmuck wurden Maßwerkarkaden und Vierpässe verwendet, hinzu kamen als Eckbetonungen polygonale Türme, so daß die Fassaden nach einer zeitgenössischen Äußerung »als genügend gotisch« erschienen.

Für die 1767 begonnene Westfront mit der dreijochigen Eingangshalle und den beiden Türmen sammelten die Architekten des Königs Bauformen gotischer Kathedralen in Frankreich und kompilierten sie zu neuer klassizistisch abgeklärter Wirkung (Abb. 17). 1793 war die Westfront vollendet. Dann verhinderte die Französische

1 SULLY-SUR-LOIRE Schloß (14.–17. Jh.)

2 SULLY-SUR-LOIRE Gesamtansicht des Schlosses

4 SAINT-BENOÎT-SUR-LOIRE Blick auf die Abteikirche (11.–13. Jh.) ▷

3 GIEN Blick auf das Schloß (E. 15. Jh.) und die ehem. Kollegiatskirche

13   GERMIGNY-DES-PRÉS   Apsismosaik der Kirche

14   GERMIGNY-DES-PRÉS   Blick aus dem Pfarrgarten auf die Kirche

17 ORLÉANS Westfront der Kathedrale (18. Jh.) ▷

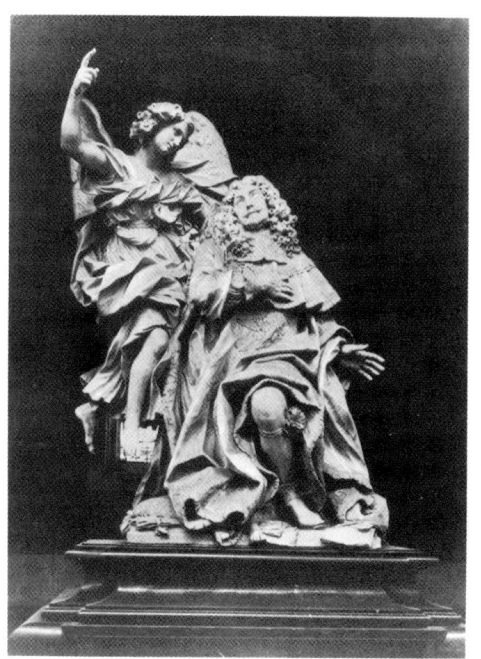

15 CHÂTEAUNEUF-SUR-LOIRE, Kirche Saint-Martial Grabmal des Louis Phélypeaux de la Vrillière (gest. 1681) von Domenico Guidi

16 CHÂTEAUNEUF-SUR-LOIRE Blick auf das Rathaus mit Turm des ehem. Schlosses

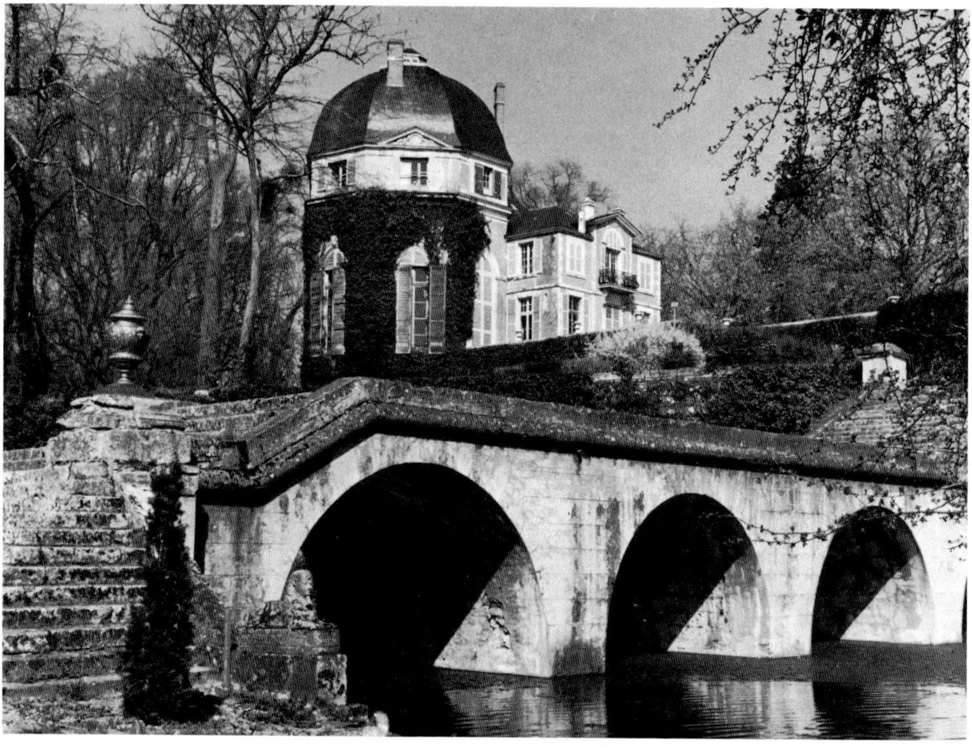

19 ORLÉANS Reiterstatue der Jeanne d'Arc auf der
›Place du Martroi‹ (1855)

20 Jeanne d'Arc Zu ihren Lebzeiten gefertigte
Skizze im ›Registre du Parlement de Paris‹. Paris,
Bibl. Nationale

◁ 18 ORLÉANS Blick über die Brücke Georgs V. auf die Stadt

21 ORLÉANS Chor der Kathedrale (voll. 1329)

22 ORLÉANS Hôtel Toutin (voll. 1540)

23 Ehem. Stiftskirche, Kenotaph Ludwigs XI. (1622)   24 Ehem. Stiftskirche Notre-Dame (14./15. Jh.)

25 Ehem. Stiftskirche Notre-Dame, Gewölbe der Jakobuskapelle (1515/18)

26 Schloß (14./15. Jh.)

27 Donjon (E. 11. Jh.)

29 Inneres der Kirche Notre-Dame (1. H. 12. Jh.;
   Gewölbe 17. Jh.)

28 Rathaus (1526)

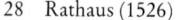

30 TALCY Schloßhof

31 TALCY, Schloß Außenfront des Donjons (15./16. Jh.)

32 TALCY, Schloß ›Großer Salon‹

33 MÉNARS Blick über die Loire auf das Schloß (17./18. Jh.)

34 MÉNARS Sphinx auf einer Rampenmauer, angeblich mit den Porträtzügen der Madame Dubarry

Revolution, die wiederum Zerstörungen brachte, den endgültigen Abschluß der Bauarbeiten. Erst 1829 waren die westlichen Teile des Langhauses mit der Turmfront verbunden. 1858 erneuerte Émile Boeswillwald den Dachreiter auf der Vierung nach dem Vorbild der Kathedrale von Amiens. 1944 zerstörten Bomben die Turmbekrönungen, die heute in alter Form erneuert sind.

Einzigartig an diesem Bauwerk ist, daß auch im Zeitalter des Barock mit seinen an der Antike orientierten Bauideen die gotische Tradition nicht abbricht, sondern neu interpretiert wird. Gotik – in Frankreich geboren und zu höchster Vollendung erblüht – läßt sich hier verstehen als Symbol nationaler Kontinuität.

Das Raumbild der fünfschiffigen Basilika mit seinen strengen und klaren Linien erscheint wie aus einem Guß, und man mag nicht so recht an die Dramatik einer siebenhundertjährigen Baugeschichte glauben. – An Ausstattung blieb nicht allzuviel erhalten.

In der Achskapelle des Chores (Chapelle de Notre-Dame de la Compassion) steht auf dem Altar eine *Pietà* aus Marmor von Michel Bourdin (1623).

Aus dem frühen 18. Jahrhundert ist das ungewöhnlich reiche *Chorgestühl* erhalten, das zu den besten Schnitzarbeiten der französischen Hofkunst gehört. J.-M. Degoullons führte es 1702–06 nach Entwürfen von Charles Le Brun und Jacques Gabriel aus. Medaillons mit Szenen aus dem Leben Jesu wechseln ab mit Gehängen aus Gegenständen des christlichen und jüdischen Kults. Auftraggeber war der kunstsinnige Bischof von Orléans, Kardinal Pierre du Cambout de Coislin (1666–1706), dessen Porträt im Chorumgang hängt; es wird Hyacinthe Rigaud zugeschrieben.

Zu den großen Ereignissen, die in der Kathedrale gefeiert wurden, gehören die Selig- und Heiligsprechung Jeanne d'Arcs 1909 und 1920. An der Nordseite des Chores hat man ihr eine Kapelle gewidmet. Ihre *Marmorstatue* auf dem Altar von André César Vermare (1912) zeigt sie triumphierend, getragen von Leoparden – Symbole für das besiegte England. Vermare schuf 1927 die lebensnahe Marmorstatue des Kardinals Touchet, Bischof von Orléans (1894–1926), der seitlich neben dem Altar in ewiger Anbetung vor der Heiligen kniet. Für ihre Kanonisierung hatte er sich glühend eingesetzt. Sein Wunsch war, vor dem Altar beigesetzt zu werden.

In der SAKRISTEI ist ein kleiner, doch erlesener Kirchenschatz zu sehen, darunter Krümmen von Bischofsstäben, Ringe, Altargeräte und Gewandfragmente, die aus Gräbern in der Kathedrale stammen.

Die übrigen Kirchen der Stadt stehen an Bedeutung weit hinter der Kathedrale zurück. Von SAINT-PAUL blieben nach der Zerstörung von 1940 nur der italienisch anmutende Turm aus dem Jahre 1627 und die Kapelle Notre-Dame-des-Miracles von 1627 stehen. Sie bewahrt eine Schwarze Madonna des 16. Jahrhunderts. Ein älteres Gnadenbild, das schon im 5. Jahrhundert als wundertätig verehrt wurde und dem sich auch Jeanne d'Arc befohlen hatte, verbrannten 1562 die Hugenotten. Man hat es der Wunderkraft der Schwarzen Madonna zugeschrieben, daß ihr die deutschen Fliegerbomben nichts anhaben konnten, die rings um die Kapelle einschlugen.

SAINT-DONATIEN, die Pfarrkirche des altertümlichen Quartier du Châtelet, und SAINT-EUVERTE am Ostrand des alten Orléans sind ursprünglich mittelalterliche Gründungen. Sie wurden jedoch in den Kriegen des 15. und 16. Jahrhunderts zerstört und verändert wiederaufgebaut.

SAINT-PIERRE-LE-PUELLIER, im Kern aus dem 12. Jahrhundert, ist profaniert. SAINT-AIGNAN (Anianus), eine ehemalige Klosterkirche, erinnert an den Bischof Orléans', der die Stadt 451 vor dem Hunnenkönig Attila rettete. Von einer 1029 geweihten Kirche, die Robert der Fromme über dem Grab des Heiligen errichten ließ, blieb die Krypta erhalten, die größtenteils sogar ins 9. Jahrhundert zurückreicht. Grabungen brachten bemerkenswerte Kapitelle zutage. Die heutige Kirche ist ein Neubau im Flamboyant-Stil aus der Zeit nach der Befreiung Orléans' durch Jeanne d'Arc 1429, nachdem der romanische Vorgänger mehrfach im Hundertjährigen Krieg zerstört worden war. Aber auch der Neubau blieb nicht lange heil. In den Religionskriegen des 16. Jahrhunderts rissen die Calvinisten das Langhaus nieder. Nur das Querschiff und der Chor mit Kapellenkranz sind erhalten.

Von der Kollegiatskirche SAINT-AVIT, die 1428 unterging, ist unter dem Lycée Jeanne-d'Arc in der Rue Dupanloup die Krypta aus der Zeit um 1000 erhalten geblieben.

Der Bestand an nennenswerten Profanbauten ist ebenfalls nicht mehr groß. Das RATHAUS in der Nähe der Kathedrale war ursprünglich der Palast des Vogts von Orléans, Jacques Groslot. Um 1550 errichtet, zeigt es im lebendigen Wechselspiel von Ziegel und Werkstein sowie in den Kreuzstockfenstern noch deutlich spätgotische Baugewohnheiten. Eine großzügige Freitreppe führt zu schönen Renaissance-Portalen. Im 19. Jahrhundert wurde das Gebäude stark restauriert und durch Seitenflügel erweitert. Auch veränderte man die Freitreppe, um sie wirkungsvoll mit einer Statue der Jeanne d'Arc zu schmücken, der Bronzereplik einer Marmorplastik im Museum von Versailles, geschaffen von der Prinzessin Marie d'Orléans. Ihr Vater, König Louis-Philippe, schenkte die Replik der Stadt. – Im Garten hinter dem Rathaus sind die Überreste der Kapelle Saint-Jacques vom Ende des 15. Jahrhunderts aufgestellt.

Der CAMPO SANTO, ein alter längst aufgelassener Friedhof nördlich der Kathedrale, wurde um 1500 mit einer spitzbogigen Galerie eingefaßt.

Der ehemalige BISCHOFSPALAST aus dem 17. Jahrhundert in der Rue Dupanloup ist heute Städtische Bibliothek. Vom Garten aus, den noch ein Stück der gallo-römischen Stadtmauer begrenzt, bietet sich ein prachtvoller Blick auf den benachbarten Chor der Kathedrale.

Von der einst berühmten UNIVERSITÄT, die in der Französischen Revolution unterging, steht nur noch an der Rue de Bourgogne die Bibliothek mit einem zweischiffigen gewölbten Saal aus dem 15. Jahrhundert. Die Präfektur gegenüber ist in einem ehemaligen Benediktinerkloster des 17. Jahrhunderts untergebracht.

Zwei wichtige Gebäude der Renaissance sind heute Museen: Das HÔTEL DES CRÉNEAUX, bestehend aus einem älteren Teil des 15. Jahrhunderts mit Glockenturm an der Place de la République und einem Trakt mit gleichmäßiger Fassade des frühen 16. Jahrhunderts zur Rue Sainte-Catherine, beherbergt das MUSEUM DER SCHÖNEN KÜNSTE. Es besitzt eine reiche Sammlung von Porträts und Kupferstichen. – Das HÔTEL CABUS gegenüber in der Rue Sainte-Catherine stammt aus der Zeit um 1550. Bis auf die Fassade mit ihrer eleganten Gliederung wurde das Gebäude im Krieg zerstört und wiederaufgebaut als HISTORISCHES MUSEUM.

Einen wenigstens flüchtigen Blick verdient in der Rue Notre-Dame-de-Recouvrance das HÔTEL TOUTIN (vollendet 1540) mit seiner Arkadengalerie im Innenhof, eine der schönsten Renaissance-Schöpfungen im Orléanais (Abb. 22). Hinzuweisen bleibt ferner auf die Renaissance-Häuser an der Place du Châtelet nahe dem Fluß, insbesondere auf die Maison de la Coquille, benannt nach einer großen Muschel im Fassadendekor.

Die BRÜCKE GEORGS V. (Abb. 18) – ihre Benennung nach dem König von England erinnert an die englisch-französische Waffenbruderschaft 1914/18 – ist heute die älteste Verbindung der Stadt mit dem anderen Loire-Ufer. Sie entstand in der Mitte des 18. Jahrhunderts. Als sie fertig war, gab es Zweifel an ihrer Haltbarkeit. Doch nachdem Madame de Pompadour über die Brücke gefahren war, machte ein Spottvers die Runde: »Unsere Brücke ist fest gebaut, sie hat die schwerste Bürde Frankreichs tragen können« – eine Anspielung auf die Verschwendungssucht der Mätresse Ludwigs XV. zu Lasten der Untertanen.

Cléry-Saint-André

Wie eine Kathedrale ragt die ehemalige Stiftskirche NOTRE-DAME-DE-CLÉRY, eine der bedeutendsten Sakralbauten Frankreichs im Flamboyant-Stil, über die niedrigen Häuser des Dorfes Cléry-Saint-André (Abb. 24). Eine Wallfahrtskirche des 13. Jahrhunderts zu Ehren Mariens wurde 1428 im Hundertjährigen Krieg von den Engländern zerstört. Karl VII. und Graf Dunois, der Großbastard von Orléans und Waffengefährte der Jeanne d'Arc, begannen 1449 den Wiederaufbau. Ludwig XI., ein großer Verehrer der Muttergottes, förderte ihn nach Kräften, hatte er dies doch 1443 als Dauphin bei der Belagerung von Dieppe gelobt, wenn er – wie geschehen – über die Engländer siegen würde. Auch als König schenkte er der Kirche und den Stiftsherren seine Gunst. Jedesmal vor wichtigen Entscheidungen kam er hierher, um zur Gottesmutter zu beten. Den größten Maler und den bedeutendsten Bildhauer seines Reiches, Jean Fouquet und Michel Colombe, beauftragte er, sein Grabmal für die Kirche zu entwerfen. 1483 wurde er hier beigesetzt.

Die KIRCHE ist eine siebenjochige Basilika mit nicht vortretendem Querschiff, zweijochigem Chor mit 5/8-Schluß und Chorumgang. Vom Vorgängerbau blieb an der Nordseite der Turm aus dem Anfang des 14. Jahrhunderts vor den Zerstörungen der Engländer verschont. Baumeister waren seit 1449 Pierre Chauvin, der im Dienst des Herzogs von Orléans stand, und Pierre Le Paige, der um 1460 die Arbeiten übernahm und 1485 zu Ende führte.

Der INNENRAUM – fast 80 Meter lang und 27 Meter hoch – wirkt durch die Leichtigkeit seines Aufrisses, die Harmonie der spitzbogigen Arkaden, Profile und Wandvorlagen, die sich zu den Kreuzrippen der Gewölbe auseinanderfächern. Die Spitzbogenfenster mit Flamboyant-Maßwerk, die – bis auf das Achsfenster im Chor – ihre ursprünglichen Glasmalereien verloren haben, lassen heute ein zu helles Licht in den Raum. Die Wandflächen über den Mittelschiffarkaden dürften mit Wandteppichen geschmückt gewesen sein.

Wichtigstes Ausstattungsstück ist das *Kenotaph Ludwigs XI.* (Abb. 23) unter der östlichsten Arkade auf der Nordseite des Langhauses. Es wurde auf den ehemaligen Marienaltar mit dem Gnadenbild vor einem Lettner ausgerichtet; daher seine schräge Anordnung. Auf einer Marmorplatte, die auf vier Säulen ruht, kniet der König in Lebensgröße, die Madonna anbetend. Vier Putten mit Kartuschen umgeben ihn. »Ich fand, daß er das Aussehen eines Gauners hat, und dessen Eigenschaften hatte er wohl auch«[29], bemerkte der Fabeldichter Jean de la Fontaine über die prachtvolle Marmorstatue. Sie ist ein Werk des Bildhauers Michel Bourdin aus Orléans, 1622 vollendet, und ersetzt die ursprüngliche Bronzestatue, die der König noch selbst in Auftrag gegeben hatte, die aber 1562 von den Hugenotten zerstört wurde.

Die Gebeine Ludwigs XI. und seiner Gemahlin Charlotte von Savoyen, ebenfalls von den Hugenotten geschändet, ruhen nahe dem Kenotaph in einem Grabgewölbe. – In der angrenzenden Gruft ist Tanneguy du Chastel bestattet. Er wurde 1477 bei der Belagerung von Bouchain durch einen Kanonenschuß getroffen, als er und Ludwig XI., der sich auf ihn gestützt hatte, die Einschläge der Artillerie beobachten wollten. Der Wunsch des Sterbenden war, vor einem Marienbild begraben zu werden. Der König belohnte seine Treue, indem er als Grabstätte diesen Platz neben seiner eigenen wählte. – An der Südseite des Langhauses deckt eine Platte das Herz Karls VIII.

Das Alter des *Gnadenbildes* auf dem Hauptaltar des 19. Jahrhunderts, eine thronende Muttergottes mit dem Jesuskind auf dem Schoß aus Eichenholz, ist umstritten. Einige halten es für eine Plastik des 12. Jahrhunderts, die nach der Überlieferung 1280 bei Feldarbeiten gefunden wurde, andere für eine Neuschöpfung nach den Zerstörungen der Hugenotten Ende des 16. Jahrhunderts. Gleichviel. Alle Könige Frankreichs von Philipp dem Schönen bis zu Ludwig XIV. haben dem Gnadenbild ihre Reverenz erwiesen und vor ihm gebetet.

Eine Stiftung Heinrichs II. ist das reichgeschnitzte *Chorgestühl.* Auf Heinrich III. geht das mittlere Chorfenster zurück: Es zeigt im oberen Teil das Pfingstwunder, darunter, wie Heinrich III., umgeben von den Evangelisten, den Orden vom Heiligen Geist begründet.

Ursprünglich hatte die Kirche zehn Kapellen, von denen nur wenige erhalten sind. Die dreijochige JOHANNES-KAPELLE an der Südseite des Langhauses mit herrlichen Maßwerkfenstern ist die Grablege des Grafen Dunois (gest. 1468) und mehrerer Mitglieder seiner Familie. Mit dem Bau der Kapelle beauftragte Dunois 1463 Simon du Val. Der

Strebepfeiler des Langhauses, der in den Raum einbezogen werden mußte, zwang den Baumeister, die Scheitellinie des Gewölbes zickzackförmig zu verziehen.

Kostbarer noch ist die zweijochige JAKOBUS-KAPELLE, errichtet 1515–18 vom Kirchendekan Gilles de Pontbriant und seinem Bruder François, dem Oberhofmeister Franz' I., die hier ihre letzte Ruhestätte fanden. Sie ließen den Raum mit einem verschwenderischen Rippengewölbe überspannen (Abb. 25). Die Gewölbekappen sind schmuckvoll skulptiert: Pilgerstäbe mit Bettelsäcken und Geißelstricke in Verbindung mit Hermelintupfen (Wappenzeichen der Anne de Bretagne) wechseln einander ab. Die Stäbe erinnern daran, daß die Kapelle die erste Station der Pilger aus Orléans auf ihrem Weg zum Wallfahrtsort Santiago de Compostela in Spanien war. Die Hauptschlußsteine zeigen das Allianzwappen Frankreich/Bretagne und das Wappen der Pontbriant. Motive aus den Wappen, darunter die Brücke als dem ›sprechenden‹ Symbolzeichen der Pontbriant, schmücken die Wände und setzen die dekorative Vielfalt des Gewölbes nach unten hin fort. Hinzu kommen die skulptierten Baldachine der Grabnischen. – Einige *Plastiken* in der Kapelle sind beachtenswert: Hl. Jakobus, Patron der Pilger, Holz gefaßt, 16. Jahrhundert; hl. Sebastian, Holz gefaßt, 17. Jahrhundert; die Jungfrau Maria, Stein, 17. Jahrhundert.

Das schönste PORTAL in der Kirche ist das zur Sakristei, die ehemals ebenfalls eine Grabkapelle war. Einige der vegetabilen Ornamentformen am Portal scheinen den Jugendstil vorwegzunehmen. Hinter einer Fensteröffnung über dem Portal liegt das Oratorium Ludwigs XI., von wo aus er der Messe beiwohnte, ohne vom Volk gesehen zu werden.

Beaugency

Beaugency ist eine reizvolle stille Kleinstadt, die auf der Fahrt abwärts der Loire einen kurzen Aufenthalt verdient. Ihre Baudenkmäler sind rasch besucht. Die meisten säumen die Place de Saint-Firmin, benannt nach einer Kirche des 16. Jahrhunderts, die der Französischen Revolution zum Opfer fiel. Nur noch der Turm beherrscht den Platz. Eine Statue der Jeanne d'Arc erinnert an die Befreiung der Stadt aus der Hand der Engländer durch die Jungfrau 1429. Mächtig ragt über die niedrigen Häuser der Block des DONJONS vom Ende des 11. Jahrhunderts (Abb. 27), den die Barone von Landry errichteten. Auch ›Tour de César‹ genannt, gilt er als eines der schönsten Beispiele der mittelalterlichen Festungsbaukunst in Frankreich. Lisenen gliedern die hohen Mauerflächen. Das Innere und der obere Abschluß sind zerstört.

Das benachbarte SCHLOSS (Abb. 26) mit Teilen des 14. und 15. Jahrhunderts gelangte 1442 an den Grafen Dunois, den Bastard von Orléans. Dieser ließ den dreigeschossigen Flügel erbauen, der heute als Heimatmuseum dient. Einziger Schmuck des Gebäudes ist ein polygonaler Treppenturm, den Jean II. de Longueville, ein Nachfolger Dunois', hinzufügen ließ.

Die Kirche NOTRE-DAME, gegenüber dem Schloß, die ehemals zu einer Augustiner-Abtei gehörte, stammt aus der 1. Hälfte des 12. Jahrhunderts. Obgleich durch ein zu niedriges Holzgewölbe des 17. Jahrhunderts in seiner Wirkung beeinträchtigt, ist der Innenraum einer der eindrucksvollsten seiner Art im Orléanais (Abb. 29). Mächtige niedrige Säulen bestimmen den Rhythmus des basilikalen fünfjochigen Langhauses, an das ein nicht vortretendes Querschiff und ein zweijochiger halbrund geschlossener Umgangschor mit drei Kapellen anschließen. Das Chorrund umgrenzen schlankere Säulen mit gestelzten Bögen, über denen sich ein Band gekuppelter Blendarkaden hinzieht und in echten Triforien im Bereich der Chorjoche fortsetzt.

1152 war die Kirche Schauplatz eines nationalen Konzils, das die Ehescheidung zwischen König Ludwig VII. und seiner Gemahlin Eleonore von Aquitanien sanktionierte. Vierzig Bischöfe versammelten sich unter dem Vorsitz des Erzbischofs von Bordeaux als dem Vertreter des Papstes in dem gerade neuerrichteten Gotteshaus. Eleonore heiratete Heinrich von Anjou, den späteren englischen König Heinrich II. Plantagenet, dem sie große Gebiete des französischen Kronlehens zutrug: ein Keim für den Hundertjährigen Krieg zwischen Frankreich und England im 14. und 15. Jahrhundert.

In der Rue du Puits-de-l'Ange steht noch ein Haus des 12. Jahrhunderts, die MAISON DES TEMPLIERS, mit rundbogigen Arkaden im Obergeschoß. – Reichster Profanbau in der Stadt ist das RATHAUS (Abb. 28), das Charles Viart 1526 errichtete. Seine Fassade, im 19. Jahrhundert restauriert, überrascht mit einem wahren Repertorium an Zierformen der Renaissance auf engstem Raum. Im Ratssaal zeigt man schöne Wandteppiche des 17. Jahrhunderts. – Ein Rest der mittelalterlichen Stadtbefestigung ist der Uhrturm mit Tordurchfahrt in der Nähe des Rathauses.

Durch das Blésois

Talcy

Es sei das am wenigsten prunksüchtige Schloß der Loire, doch von allen spräche es am meisten zum Herzen, bemerkt Jacques Houlet in einer Würdigung von Talcy.[30] Ob man im Schloßhof steht, sich im Wirtschaftshof oder in den Räumen umschaut, immer drängt sich die Vorstellung auf, die Bewohner hätten dieses Schloß gerade erst verlassen, so vollständig scheint alles erhalten. Kein Restaurator hat die Abnutzungsspuren, die sie hinterließen, beseitigt. Kein Möbelstück wirkt museal arrangiert wie in den meisten anderen Loire-Schlössern, die unbewohnt sind. Wer sein Bild vom gutsherrlichen Leben früherer Jahrhunderte sucht, findet es nirgends so anschaulich wie hier (Farbt. 3, 5).

Das SCHLOSS – weit abseits vom Fluß in der fruchtbaren Beauce gelegen und mit den Häusern des Dorfes die Durchgangsstraße säumend – verdankt seine Gestalt einem Finanzmann aus Florenz, der sich in Frankreich niedergelassen hatte und im Dienst Franz' I. stand: Bernard Salviati, ein Verwandter der Medici. 1517 kaufte er Gebäude und Ländereien, deren Geschichte sich bis ins 13. Jahrhundert zurückverfolgen läßt. »Von bürgerlicher Herkunft, war er bemüht, als Edelmann aufzutreten – die Urkunden bezeichnen ihn als ›Handelsmann‹. Er erhielt die Genehmigung, sein Schloß mit ›Mauern, Türmen, Zinnen, Schießscharten, Zugbrücken, Vorwerken, Wällen und anderen Verteidigungsanlagen‹ eines festen Hauses zu versehen, allerdings unter dem Vorbehalt, daß er trotz der genannten Befestigungen sich weder ›Schloßherr‹ nennen, noch die Gerichtsbarkeit ausüben, noch das Recht Wachen zu stellen sich anmaßen darf ... Der Geschäftsmann Salviati dachte bestimmt niemals daran, Belagerungen durchzustehen. Er machte von seinen Rechten nur in bescheidenem Maße Gebrauch. Der Verteidigungsapparat der Fassade trat nicht in Erscheinung, es sei denn in den fünf Schießscharten eines Wehrganges und in Pechnasen von schönster dekorativer Wirkung. Es ist wahrscheinlich, daß, um die Genugtuung zu haben, als Mann von Schwert oder Adel zu gelten, irgendeine großzügige finanzielle Gegenleistung erfolgte.«[31]

Salviatis älteste Tochter Cassandra ging durch ihre Liebesromanze mit dem Dichter Pierre de Ronsard in die französische Literaturgeschichte ein. Auf einem Ball im Schloß zu Blois begegneten sich die beiden zum erstenmal, und in zahlreichen Gedichten besang Ronsard ihre Schönheit.

Im Laufe der Jahrhunderte wechselten die Schloßbesitzer häufig, doch alle gaben sich Mühe, den Charakter des Bauwerks der Salviatis zu erhalten. Die letzte Besitzerin, Mademoiselle Valentine Stapfer, hütete bis ins hohe Alter den Schatz an Möbeln, Tapeten und Hausrat wie ein nationales Gut. Nach ihrem Tode verkauften die Erben den gesamten Besitz an den Staat, wobei sie vertraglich festlegten, daß die klassifizierten Möbel niemals aus dem Schloß herausgenommen werden dürfen.

Erstaunlich ist, daß sich der Italiener Salviati ein ganz und gar französisches Landschloß in herkömmlichen Formen errichtete – ohne die geringsten Anklänge an die italienische Renaissance, die doch zu Beginn des 16. Jahrhunderts den Franzosen als der Inbegriff an Vornehmheit galt.

Man betritt den Schloßhof durch einen mächtigen DONJON aus dem 15. Jahrhundert mit polygonalen Ecktürmen und einem Wehrgang (Abb. 31), den Bernard Salviati nach 1520 anlegen ließ. Am hofseitigen Treppenturm blieb er unvollendet. Der Donjon, ein Süd- und ein Ostflügel – beide aus dem 16. Jahrhundert – begrenzen den HOF (Abb. 30), »dessen höchste Eleganz darin besteht, daß er dem Hof eines großen Gutes ähnelt.«[32] Den Flügel neben dem Donjon öffnen im Erdgeschoß flachbogige Arkaden einer Galerie, und Zwerchgiebel fassen die Arkaden optisch zu Paaren zusammen. Anspruchslos dagegen wirkt der Ostflügel. Doch der berühmte runde Ziehbrunnen des Hofes mit seiner charmanten Schieferhaube auf drei Säulen und der Rosenstrauch der Cassandra – sorgsam gehegtes Symbol ihrer Liebesbeziehung zu dem Dichter Ronsard – lenken den Blick von der nüchternen Wandfläche ab. Ein zweites Rundbecken neben dem Brunnen diente als Wasserreservoir. Ursprünglich war auch die Westseite des Hofes von einem Gebäudeflügel abgeschlossen; er brannte samt einem Eckturm am Donjon im 16. Jahrhundert ab und wurde nicht wieder aufgebaut.

Nur auf die besonderen der mehr gediegenen als luxuriösen Räume sei aufmerksam gemacht. Der Rundgang beginnt im Gardensaal, einem rustikalen Raum mit Balkendecke und Kamin, an dem man Reste alter Bemalung gefunden hat. Vollständig erhalten aus der Zeit der Salviatis ist die gewölbte KÜCHE mit flachbogig geöffneter Feuerstelle einschließlich Backofen und Mechanismus für die Betätigung des Bratspießes. Auch eine Kühlkammer für das Fleisch ist vorhanden.

Man zeigt verschiedene Schlafzimmer mit Baldachinbetten, darunter Gemächer, in denen nach der Tradition Karl IX. und seine Mutter Katharina von Medici geschlafen haben. Die Räume sind mit Möbeln bestückt, die zum Teil jedoch dem 17. und 18. Jahrhundert angehören. Tatsächlich waren Katharina von Medici und ihr Sohn in Talcy. Jean Salviati, Katharinas Vetter und Freund, hatte 1562 im Schloß ein diplomatisches Treffen zwischen ihnen (Karl IX. war ein erst neunjähriger Knabe) und dem Prinzen Condé, dem Führer der gegnerischen Calvinisten, zustandegebracht.

Eine Tür am Kopfende des Bettes im Zimmer der Katharina von Medici führt unmittelbar in die Schloßkirche, heute die Pfarrkirche des Dorfes, die baulich mit dem Ostflügel des Schlosses verschmolzen ist.

Außergewöhnliche Räume sind der Speisesaal und der große Salon, beide im 18. Jahrhundert eingerichtet. Der SPEISESAAL hat einen Fußboden aus weißen Achteck- und kleinen schwarzen Quadratfliesen. Boiserie, Balkendecke und die vollständig erhaltene Möblierung sind ebenfalls weiß. Hierzu steht kühl in lebhaftem Kontrast die türkisgrundige mit indianischen Schlingblüten in Rot, Blau und Weiß bemalte Leinentapete. Selbst ein Wasserbehälter aus Kupfer samt Auffangbecken und ein mit Eis zu füllendes Kühlgefäß sind noch vorhanden. Eindrucksvoller wird man kaum nacherleben können, in welch kultiviertem Rahmen ein Gutsherr des 18. Jahrhundert speiste.

Der GROSSE SALON (Abb. 32) beansprucht das gesamte erste Obergeschoß des Donjons. Auch hier wieder die übliche Balkendecke, die dem Raum einen rustikalen Grundcharakter gibt. Erst die Ausstattung bewirkt die Noblesse des Raumbildes: auf dem Fliesenboden ein riesiger Savonnerie-Teppich, in den Boiserien der Wände Aubusson-Teppiche mit mythologischen Szenen (Tod der Eurydike, Venus und Adonis, Zephyr und Flora, Geburt des Bacchus), als besonderes Schmuckstück eine schwarz-goldene Lackkommode. Am meisten überrascht die Vielzahl erlesener mit rotem Satin bespannter Sitzmöbel, gruppiert um drei Spieltische. Fast alle Sitzmöbeltypen, die das 18. Jahrhundert kannte, sind vertreten: zwei Kanapees, eine Bergère, acht Fauteuils à la Reine, vier Cabriolets und zwei Stühle, jedes Stück mit der Signatur des führenden Pariser Kunstschreiners Jean-Baptiste Lebas. Die Spieltische – dreieckig, quadratisch oder aufklappbar – verraten die Funktion des Salons als Ort des geselligen Beisammenseins und der Zerstreuung.

Man darf nicht versäumen, einen Blick in den mit Nußbäumen bestandenen WIRTSCHAFTSHOF zu werfen. Gleich hinter der Mauer am Tor ist eine Pferdeschwemme angelegt, durch die man die Tiere trieb, um ihre Hufe vom Schmutz zu reinigen. In einer Scheune sieht man eine vollständig erhaltene Weinpresse des 17. Jahrhunderts, die noch heute betrieben werden könnte. Aus dem 16. Jahrhundert stammt das markanteste Bauwerk im Hof, ein zylinderförmiges Taubenhaus, von denen es nicht mehr allzuviele gibt. Die meisten verschwanden in der Französischen Revolution, galten sie doch als Symbole des verhaßten Adels, denn seit dem Mittelalter war es ein Privileg der Feudalherren, solche Taubenhäuser zu besitzen. In die dicke außen fast völlig geschlossene Mauer sind innen weit über tausend Nistplätze eingelassen, und mittels Leitern an einem Drehgestell kam man an die schmackhaften Tiere heran.

Der gesamte Schloßkomplex von Talcy ist an einer Achse aufgereiht: Sie führt von Süden als Allee auf den Donjon zu, durchläuft als Pflasterweg die Höfe und gliedert im Anschluß an den Wirtschaftshof ein stattliches Park- und Gartenareal. Ein Gittertor gibt den Weg zu einem mit regelmäßigen Baumreihen bepflanzten Waldstück frei. Dahinter erreicht man über eine halbkreisförmige Freitreppe den Garten. Er ist Lust-, Gemüse- und Obstgarten zugleich. Nach Norden begrenzt ihn ein Wald mit strahlenförmig angelegten Schneisen in die Beauce.

Ménars

Den eindrucksvollsten Blick auf Schloß Ménars – eines der wenigen Barockschlösser an der Loire – genießt man vom gegenüberliegenden Ufer des Flusses aus (Abb. 33). »Es ist schwer, sich ein Gebäude vorzustellen, das in seiner edlen Einfachheit besser der von seinen ersten Besitzern ausgewählten Lage entsprechen könnte: es ist das Spiel der Horizontalen. Die Wasserfläche des Flusses, die stufenförmig angelegten Gartenterrassen, die sanften Hänge, die doppelten Treppenläufe, die einen erhöhten und kräftigen Sockel schmücken, die Einteilung der Fenster, die großen Schieferdächer, alles wächst in musikalischer Harmonie zusammen.«[33] Genußvoll ist umgekehrt der Ausblick von der Terrasse des Schlosses über das Hauptparterre auf die Loire und den Wald von Chambord in der Ferne.

Die berühmteste Besitzerin war die Marquise de Pompadour, die Geliebte Ludwigs XV. Von bürgerlicher Herkunft, stieg sie dank ihrer körperlichen und geistigen Vorzüge zur wahren Herrscherin von Versailles empor. Der König nannte sie die entzückendste Frau Frankreichs, und fast zwanzig Jahre war sie ihm unentbehrlich, verstand sie es doch wie sonst niemand bei Hofe, ihm durch immer neue Vergnügungen die Langeweile zu vertreiben. Mit ihrer Leidenschaft für die schönen Künste und die Architektur stand sie den Fürsten des 18. Jahrhunderts nicht nach. Sie erwarb Schlösser, verschönerte und veräußerte sie oft wieder nach kurzer Zeit. Hauptsächlich richtete sie sich in der Nähe der königlichen Schlösser ein. 1760 kaufte sie Gut und Schloß Ménars, das Guillaume Charron nach 1637 errichtet, sein Neffe Jean-Jacques Charron erweitert und mit einem herrlichen Garten bereichert hatte. Die Pompadour hoffte hier einen ruhigen Altersitz zu finden, denn sie war achtunddreißig Jahre alt, herzkrank, die Treue des Königs zu ihr ließ nach, und dem Spott des Hofes fühlte sie sich immer weniger gewachsen.

Sie beauftragte den ersten Architekten des Königs, Jacques-Ange Gabriel – Schöpfer der Place de la Concorde in Paris und des Petit Trianon zu Versailles – Schloß Ménars umzugestalten und modisch einzurichten. Gabriel ließ die beiden äußeren ungleichen Trakte des Schlosses abbrechen und durch neue ersetzen, die in den Proportionen zum Mittelbau besser paßten. Er schuf die eingeschossigen Gebäude entlang dem Ehrenhof, die optisch den zweigeschossigen Hauptbau hervorheben sollen, zugleich aber kleine Wirtschaftshöfe verbergen. Das Gebäude an der Ostseite war die Conciergerie, das an der Westseite bewahrt noch heute die Küchen, die mit dem Schloß durch einen unterirdischen Gang verbunden sind. Schon am Schloß der Charrons waren die Ecken und Fenster mit Quadern und Keilsteinen ausgezeichnet – als lebendiger Kontrast zu den Putzflächen. Gabriel übernahm diese malerische Gestaltungsweise auch für seine Gebäudeteile (Farbt. 31).

Man beneidete Madame de Pompadour bei Hofe um ihren erlesenen Geschmack, wenn es galt, Appartements zu gestalten. So plante sie auch hier mit größter Sorgfalt. Heute geben in einigen Räumen nur noch Boiserien, Supraporten, Spiegelrahmen und

Marmorkamine – alles aus Überdruß an der Verspieltheit des Rokoko vornehm zurückhaltend verziert – eine Vorstellung vom eleganten Formensinn dieser Frau.

Den Zugang in die WOHNRÄUME des Erdgeschosses vermittelte in der Mitte des Haupttrakts das Vestibül, das auch als Speisesaal diente und sich ursprünglich nicht – wie heute – zum Garten, sondern auch zum Ehrenhof öffnete. Im anschließenden ›grand salon‹ waren die Wände mit gestickten Tapisserien verkleidet, die auf rotem Grund Blumengirlanden zeigten. Weiter ließ sich die Pompadour im Erdgeschoß einen salon de compagnie, eine chambre à coucher mit Bett ›en imperial‹, ein cabinet de toilette, ein boudoir und ein cabinet de travail einrichten. Im Boudoir bewahrte sie ihre schöne Porzellansammlung auf: fünf Chinavasen, auf vergoldetem Kupfer montiert, und achtundachtzig andere Gefäße aus chinesischem Porzellan. Nichts davon hat sich an Ort und Stelle erhalten.

Vier Jahre waren der Pompadour vergönnt, ihren friedlichen Landsitz zu genießen. Ein Zeitgenosse, Dufort de Cheverny, hat in seinen Memoiren vermerkt, sie sei alle drei Monate mit großem Aufwand nach Ménars gereist und habe eine Unsumme Geld verbraucht.[34] In Paris gehaßt, wurde sie hier von ihren Untertanen wegen ihrer Freigebigkeit geliebt.

Im Februar 1764 erkrankte sie an Lungenentzündung. »Meine Besorgnis ist groß«, schrieb der König an seinen Schwiegersohn. »Ich gestehe Ihnen, daß ich sehr wenig Hoffnung auf eine völlige Genesung habe und ein nahes Ende befürchte. Zwanzig Jahre Dankbarkeit, und eine so zuverlässige Freundschaft! Aber Gott ist der Herr!«[35] Am 15. April starb die Marquise in Versailles.

Erbe von Ménars war ihr Bruder Abel Poisson, Marquis de Marigny, der dank der Protektion seiner Schwester zum Oberintendanten der Schlösser Ludwigs XV. emporgestiegen war. Er nahm die Arbeiten am Schloß, die durch den Tod der Pompadour unterbrochen waren, wieder auf, ergänzte und gestaltete vieles neu. So verdoppelte er den Haupttrakt zum Hof hin durch einen eingeschossigen Terrassenbau und ersetzte die bereits schadhaften Flachdächer ›à l'italienne‹ auf den Außentrakten durch die heutigen ›à la française‹.

Neuer Architekt wurde Jacques-Germain Soufflot, der Erbauer des Pantheon in Paris, mit dem der Marquis befreundet war. Soufflot errichtete die ORANGERIE und daran anschließend den sog. TEMPLE D'AMOUR, einen kuppelgekrönten Rundbau mit kurzen seitlichen Anbauten, bossierten Säulen und Pilastern. In der Rotunde ließ Marigny eine Abundantia aufstellen, für die die Pompadour Modell gesessen haben soll. Das Original mußte später einer Statue Ludwigs XV. weichen; sie ist heute durch eine Venus ersetzt. Eine Kopie der Abundantia schmückt die Mitte des Gartenparterres, eine Neuschöpfung Marignys. Der Ziergarten der Madame de Pompadour lag nach zeitgenössischen Abbildungen tiefer. Abgestufte einfache Böschungen führten hinunter zur Loire. Marigny gestaltete einen großartigeren Abgang zum Fluß durch symmetrische Rampen. Von der einst stattlichen Zahl an Gartenplastiken, die der Marquis beschaffte, blieb nur weniges in Ménars, so die Büsten römischer Kaiser entlang der gartenseitigen Schloßfront. Zw

Sphingen auf den Rampenmauern am Fluß sind köstliche Huldigungen des Schloßherrn an die weibliche Galanterie. Angeblich tragen sie die Gesichtszüge der Madame
de Pompadour und der Madame Dubarry (Abb. 34).

Zu den intimsten Teilen des Parks gehört das langgestreckte von Bäumen eingefaßte
Wasserstück in der Nähe des Flußufers, im Volksmund »Bad der Pompadour« genannt.
Soufflot schuf 1771 am hangseitigen Ufer des Wasserstücks eine kleine meisterhafte
Architektur: eine gewölbte Grotte für einen Brunnen, geöffnet durch einen mittleren
Rundbogen und zwei niedrige rechteckige Durchlässe daneben. Zu dieser strengen, ganz
aus klaren Linien entwickelten Fassadenkomposition ließ sich Soufflot von dem Ita-
liener Andrea Palladio anregen.

Einen anderen Teil des Parks, den ›Bois bas‹, wandelte Marigny nach der damals auf-
kommenden Mode zu einem Garten im Stil ›anglo-chinois‹ um.

Nirgendwo an der Loire wird man eine prachtvollere durch Doppelreihen von Lin-
den gesäumte Allee finden als die sog. STUFENALLEE, die von der Ostseite des Schlosses
ausgeht. Madame de Pompadour plante sie anstelle einer älteren Ulmenallee und begann mit den Erdarbeiten. Der Bruder vollendete sie. Einen Kilometer lang begleitet
die Lindenreihe auf dem Uferhang die Loire, in der Mitte durch das Belvedere unterbrochen. Der Blick schweift über den Fluß bis hin nach Chambord.

Der Marquis de Marigny bewohnte Ménars hauptsächlich den Sommer über. Den
Winter verbrachte er in seinem Pariser Palais. Ungefähr 5 300 000 Livres, so schätzte
er, hatten seine Schwester und er zusammen für das Schloß aufgewendet, und er rühmte
sich, »eines der schönsten Güter im Königreich und sicherlich das angenehmste in Europa«
zu besitzen.[36] »Es würde ein Buch füllen, wollte man all die Reichtümer dieses zauberhaften Wohnsitzes beschreiben«, berichtet ein zeitgenössischer Besucher. »Alles, was
Kunst und Natur aufbieten konnten, findet sich an diesem paradiesischen Ort vereinigt.
Vier Stunden benötigen wir, um durch die einzigartigen Appartements zu gehen. Gemälde der größten Meister, Skulpturen aus Marmor und Bronze, antike Vasen, seltene
Bücher, Achate, Porphyre, Porzellane, alles dies ist dort zusammengetragen.«[37]

Nach dem Tode des Marquis 1781 verblaßte der Glanz von Ménars mehr und mehr.
Es gab Streitereien um das Erbe. Möbel und andere Kunstschätze mußten verkauft
werden, um die Renten bezahlen zu können, die Madame de Pompadour im Testament festgesetzt hatte. Noch im späten 19. Jahrhundert wurden die meisten Plastiken
des Gartens veräußert, die Marigny hatte aufstellen lassen; die kostbarsten gingen in
den Besitz von Mitgliedern der Familie Rothschild über. Seit 1939 gehört das Schloß
der ›Manufacture des Glaces et Produits chimiques de Saint-Gobain, Chauny et Cirey‹,
bekannter unter dem Namen ›Compagnie de Saint-Gobain‹, die es als Tagungsstätte
nutzt und für den Unterhalt sorgt. Die Handelsgesellschaft ist Nachfolgerin der ›Manufacture des Glaces‹, bei der Jacques-Ange Gabriel einst im Auftrag der Madame de
Pompadour die Spiegel und Fensterscheiben für das Schloß bestellte.

Den Park von Ménars, umgeben von einer 16 Kilometer langen Mauer, durchschnei-
det die Nationalstraße 152: Sie geht auf Madame de Pompadour zurück, die sie anlegen

ließ, um von Orléans aus ihren Besitz unbeschwerlicher erreichen zu können. Der Marquis de Marigny verlängerte die Straße bis Blois.

Blois

Blois ist Königsstadt, ihre Geschichte eng mit der ihres Schlosses verbunden. Alle Wandlungen der französischen Architektur von Ludwig dem Heiligen an bis zu Ludwig XIII. sind an diesem Bauwerk abzulesen. Stadtbeherrschend auf einer Erhebung zwischen den Tälern von Loire und Arrou errichtet, umschließt das Schloß einen unregelmäßigen viereckigen Hof (Abb. 36). Man betritt es von der Place du Château aus.

Ein langgestreckter Flügel aus Ziegel, mit reichem Werksteinzierrat durchsetzt, und ein rechtwinklig an seiner Nordwestseite angrenzender Gebäudetrakt bilden die Platzwand. Das äußerlich aufwandlose Eckgebäude ist der älteste Teil des Schlosses, im 13. Jahrhundert von den Grafen von Blois gebaut. Nachdem der letzte 1391 seinen einzigen Sohn und Erben verloren hatte, verkaufte er die mächtige Grafschaft an den Herzog Ludwig von Orléans, den Bruder Karls VI. Der älteste Sohn Herzog Ludwigs, Karl von Orléans, wurde – einundsiebzigjährig – Vater eines Sohnes, der als Ludwig XII. 1498 die Königswürde erlangte und seine Geburtsstadt Blois zur Residenz wählte.

Ludwig XII. begann sofort, das alte Schloß umzugestalten. Um 1500 ließ er den L-förmigen zweigeschossigen Flügel aus Ziegel und Werkstein errichten – mit seinen ausgewogenen Proportionen, dem Reichtum der Schmuckdetails in den spätesten Formen der Gotik und dem lebendigen Kontrast der Materialien eine Architektur, die nicht eindrucksvoller den Schönheitssinn des Bauherrn bezeugen könnte. Alle Pracht der Zierformen ist auf das rundbogige PORTAL zum Innenhof konzentriert, über dem in einer Nische der König lebensgroß zu Pferd erscheint (Abb. 38). Leider ist nicht die ursprüngliche Statue erhalten; sie wurde während der Französischen Revolution zerschlagen und 1857 durch die heutige ersetzt, die nicht genau dem in Abbildungen überlieferten Original entspricht. Auch das Stachelschwein – Symbol des Königs – zwischen den Initialen L (Ludwig) und A (Anne de Bretagne, Gemahlin des Königs seit 1499) unter der Nische ist nicht alt. Ursprünglich war hier eine lateinische Inschrift von 1498 mit überschwenglichem Lob auf den Herrscher angebracht: »Hier, wo durch ein günstiges Geschick Ludwig geboren wurde, nahm er mit würdevoller Hand das königliche Zepter. Glücklich der Tag, der strahlend die Nachricht von einem solchen König hervorbrachte. Gallien war eines so erhabenen Herrschers nicht würdig.«[38] Tatsächlich sollte Ludwig XII. seinem Nachfolger ein klug geführtes und friedliches Reich hinterlassen. Die königlichen Initialen und Wappen finden sich auch in den Giebelfeldern der Lukarnen, das Stachelschwein krönt die Fußgängerpforte neben der Durchfahrt.

Zwei ungleiche Treppentürme flankieren die HOFFRONT (Abb. 37). Im Erdgeschoß öffnet sie sich in einem Laubengang mit flachbogigen Arkaden, der sich in der ebenfalls von Ludwig XII. erbauten Galerie an der Südostseite entlang der Kapelle Saint-Calais fortsetzt. Ist die Außenfassade bei aller Vornehmheit abweisend repräsentativ, so wirkt die Hoffront wohnlich. Zwar ist auch sie noch im Stil der spätesten Gotik ausgeführt, doch meint man einen Hauch von italienischer Grandezza zu spüren, die Ludwig XII. auf seinen Feldzügen in Italien kennengelernt hatte. Unverkennbar von dort übernommen sind die Arabeskenfüllungen der Arkadenstützen, die Putti, Delphine, Adler, Masken, Füllhörner und vegetabilen Ornamente ihrer Kapitele.

Im INNEREN des Flügels ist kaum etwas aus der Zeit Ludwigs XII. erhalten. Hauptelemente der Raumgestaltung waren nach zeitgenössischen Quellen Wandtapisserien. Heute ist im Erdgeschoß das Museum für sakrale Kunst eingerichtet, im Obergeschoß befindet sich das Museum der Schönen Künste.

Auf Ludwig XII. geht auch die KAPELLE SAINT-CALAIS zurück (1508 geweiht). Ursprünglich bestand sie aus einem einschiffigen Langhaus und einem nur wenig kürzeren schmaleren Chor, der allein erhalten ist, jedoch im 19. Jahrhundert stark erneuert wurde. Das Kirchenschiff mußte im 17. Jahrhundert dem Gaston d'Orléans-Flügel des Schlosses weichen.

Man kann sich keinen kontrastreicheren Unterschied denken als den zwischen dem Flügel Ludwigs XII. und dem seines Nachfolgers Franz I. auf der Nordwestseite des Hofes, obgleich dieser Bauteil nur fünfzehn Jahre später errichtet wurde. Dort noch ein Verharren in herkömmlichen Formen und nur zögerndes Aufkeimen neuer Elemente, hier eine vollerblühte Renaissance-Architektur, von Italien zwar inspiriert, doch im Reichtum der Schmuckformen eigenständig entwickelt.

1515 bestieg Franz I. als Einundzwanzigjähriger den Thron. Er war verheiratet mit Claude de France, der Tochter Ludwigs XII. (eine berühmte Pflaumensorte, die Reineclaude, ist nach ihr benannt). Sie hatte Blois geerbt, und Franz begann sofort nach dem Tode seines Schwiegervaters mit den Arbeiten am Nordwestflügel, wünschte er doch eine prunkvolle Residenz, die er im Wechsel mit Amboise bewohnen wollte. Bis 1518 liegen Rechnungen vor, die einen zügigen Baufortgang dokumentieren. 1524 spätestens müssen die Arbeiten abgebrochen worden sein, denn Franz I. begann seinen Italienfeldzug, wurde 1525 bei Pavia gefangen, und in der Staatskasse war kein Geld mehr für Bauwerke. Skulpturen an Pilastern blieben unausgeführt und Nischen erhielten keine Statuen.

Als Architekt wird der Italiener Domenico da Cortona vermutet, der schon im Dienst Karls VIII. gestanden hatte und während der Bauzeit des Flügels in Blois ansässig war. Doch ist diese Zuschreibung umstritten. Als leitenden Maurermeister nennen die Quellen Jacques Sourdeau, der auch in Amboise und in Chambord arbeitete.

Der dreigeschossige FLÜGEL FRANZ' I. ist keine völlige Neuschöpfung, sondern er enthält frühere Gebäudeteile, die verwertet wurden. Eine dicke bis zum Dach geführte Mauer trennt die hofseitigen breiten Raumfluchten von den stadtseitigen schmaleren. Diese Mauer war ehemals die mittelalterliche Ringmauer der Grafenburg mit halbrunden Wehrtürmen, die im Grundriß ebenfalls noch zu erkennen sind. Nach dem Hof

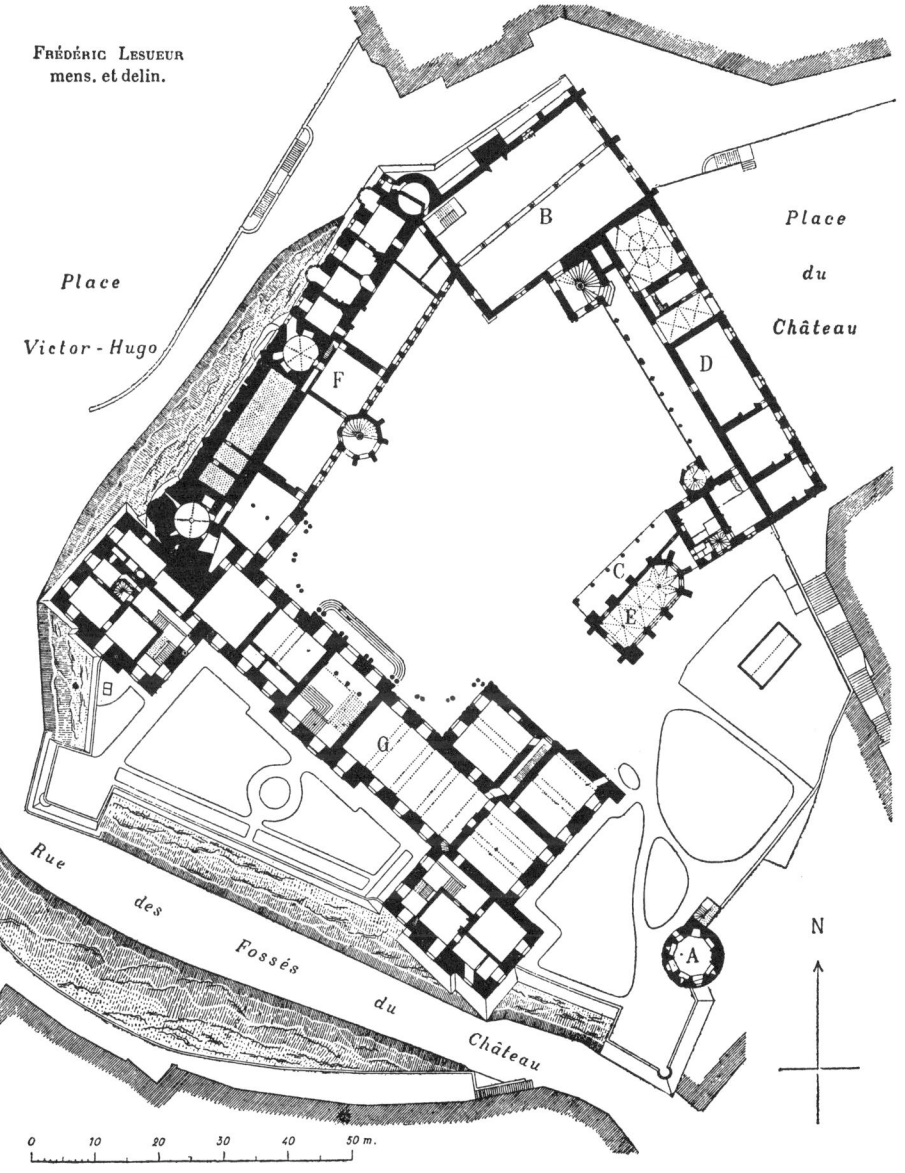

Blois, Grundriß des Schlosses (nach Lesueur)
A Foix-Turm   B Salle des États   C Galerie   D Flügel Ludwigs XII.   E Kapelle   F Flügel
Franz' I.   G Flügel Gaston d'Orléans'

zu waren an die Ringmauer zwei Trakte angebaut, die Franz I. zusammenfassen und mit der heutigen Hoffassade und dem berühmten achteckigen Treppenturm versehen ließ. Dieses nur eine Raumflucht breite Gebäude erschien noch während der Bauzeit zu wenig repräsentativ, und man beschloß, ihm eine zweite Raumflucht außerhalb der Ringmauer mit einer neuen Fassade vorzusetzen. Durch sie verlor das Schloß seinen Festungscharakter, und von ihren zahlreichen Loggien schweifte einst der Blick auf die herrlichen hangwärts in Terrassen gestuften Gärten aus der Zeit Ludwigs XII., die Jacques Androuet Du Cerceau in seinen ›Bâtiments‹ überliefert hat[39] (vgl. S. 107).

Die FASSADE (Abb. 35) ist auffallend ungleichmäßig gegliedert. Auch läßt sich kein Rhythmus in der Abfolge der Loggien, der einfachen und gekoppelten Pilaster erkennen. Mit verschieden breiten Achsen, die durch die Raumdisposition bedingt sind, erstreckt sich die Fassade von einem mittelalterlichen mit Galerien ummantelten Rundturm aus in die Länge und bricht unvermittelt ab. Die Loggien sind untereinander nicht verbunden, sondern lediglich tiefe Fensterumrahmungen. Hier und da springen Balkonerker, ein einzelner Balkon oder eine Kapellenapsis vor – Akzente, die die Fassade lebendig erscheinen lassen. Hinzu kommt eine Fülle an plastischem Zierrat, darunter die königlichen Embleme. »Der Teil, den Franz der Erste bauen ließ«, so beschrieb der Fabeldichter La Fontaine seinen Eindruck, »gefiel mir außen besser als die beiden anderen; er hat viele kleine Galerien, kleine Fenster, kleine Balkone, kleine Verzierungen, die unregelmäßig und ohne feste Ordnung angebracht sind. Das Ganze hat etwas Großartiges, das mir sehr gefällt.«[40]

Die Hoffassade erscheint auf den ersten Blick mit ihrer Pilastergliederung gleichförmiger als die Stadtfassade. Aber in Wirklichkeit ist auch sie ohne rhythmischen Zwang gestaltet. Schmuckelemente bereichern das Bild: das Salamander-Symbol als Flächenfüllung, ein filigranhaftes Dachgesims, Lukarnen. Über alles dominiert der brillante durchbrochene TREPPENTURM (Farbt. 26, Abb. 40). Honoré de Balzac beschreibt ihn in seiner ›Katharina von Medici‹ als einen maurischen Einfall, »ausgeführt von Riesen, ausgearbeitet von Zwergen; er verleiht dieser Fassade etwas Traumhaftes. Die Tribünen der Treppe bilden eine Spirale mit viereckigen Abteilungen, die an den fünf Mauerflächen jenes Turms haftet und von Zwischenraum zu Zwischenraum quer sich hindurchziehende Mauervorsprünge abzeichnet, die innen und außen von gemeißeltem Arabeskenwerk überzogen sind. Man kann diese schwindelerregende Schöpfung von genial erfundenen und feinen Einzelheiten voller Wunder, die den Steinen Sprache leihen, nur mit den reichen, tief eingeschnitzten Elfenbeinarbeiten aus China oder Dieppe vergleichen. Kurzum, der Stein ähnelt dort einer mit gedrehter Seide übersponnenen Spitze. Die Blumen, die Gestalten von Menschen oder Tieren steigen längs der Rippen auf, vervielfachen sich von Stufe zu Stufe und krönen diesen Turm mit einem Gewölbeschlußstein, auf dem die Meißel der Kunst des sechzehnten Jahrhunderts mit den naiven Bildschnitzern gerungen haben, die fünfzig Jahre zuvor die Gewölbeschlußsteine der beiden Treppen im Schloß Ludwigs XII. plastisch gestaltet hatten. Wie geblendet man angesichts dieser mit unermüdlicher Weitschweifigkeit immer aufs neue

35　BLOIS　Blick auf den Schloßflügel Franz' I. (um 1520)

36 BLOIS Gesamtansicht des Schlosses (13.–17. Jh.)

37 BLOIS Schloßflügel Ludwigs XII., Hofseite (um 1500)

38 Reiterstatue Ludwigs XII. (Kopie 1857)

39 ›Chambre du Roi‹ im Flügel Franz' I.

40 Treppenturm am Flügel Franz' I. (um 1520)

41 Kabinett mit Geheimschränken

42 Mittelrisalit des Gaston d'Orléans-Flügels, Hofseite (17. Jh.)

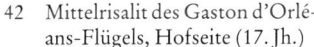

43 ›Salle des États‹ (1. H. 13. Jh.; Fassung 19. Jh.)

44 CHAMBORD Blick auf das Schloß (1. H. 16. Jh.) von Süden

45 CHAMBORD Blick auf die Nordwestfront des Schlosses

46 Kamine und Lukarne
   eines Turmhelms

47 Laterne

48 Amorette an einer
   Konsole

49 Unvollendeter
   Treppenturm

50 Nordturm des
   Donjons, Hofseite

51 Haupttreppe

52 BEAUREGARD Hauptfront des Schlosses (16./19. Jh.)

53 BEAUREGARD Porträtgalerie des Schlosses

54 BEAUREGARD ›Schellenkabinett‹ des Schlosses

55 VILLESAVIN Schloßhof

56 CHEVERNY Blick auf die Hauptfront des Schlosses (1. H. 17. Jh.)

57 CHEVERNY Treppenhaus des Schlosses

58 CHEVERNY Kamin im Königszimmer

59 FOUGÈRES-SUR-BIÈVRE Innenhof des Schlosses

60 CHAUMONT Blick über das Schloß (um 1500) auf die Loire

61 CHAUMONT Blick auf das Schloß von der Gegenseite

62 CHAUMONT Schloßhof ▷

63 Schloß ᴀᴍʙᴏɪꜱᴇ Leonardo da Vinci zugeschriebene Zeichnung (um 1518). Windsor Castle, Kgl. Bibliothek

64 ᴀᴍʙᴏɪꜱᴇ Blick auf das Schloß (um 1500) vom Ufer der Loire aus

65 Hubertus-Kapelle
des Schlosses

66 Portal der
Hubertus-Kapelle

67 Großer Saal im
Schloß

68 Schloß CLOS-LUCÉ
(E. 15./19. Jh.)

69 Schloß mit
Minimenturm

70 Aufgang im
Minimenturm

71 Franz I., Anonyme Zeichnung
(François Clouet?). Chantilly, Musée Condé

72 Heinrich II., Anonyme Zeichnung. Rennes,
Museum der Schönen Künste

73 Heinrich III., Anonyme Zeichnung. Paris,
Bibliothèque Nationale

74 Franz II., Zeichnung von François Clouet.
Paris, Bibliothèque Nationale

75   Karl VIII.

76   Anne de Bretagne

Diptychon im Schloß Langeais (E. 15. Jh.)

77   Katharina von Medici, Französisch, um 1570.
     Dresden-Pillnitz, Gemäldegalerie

78   Diana von Poitiers, Gemälde der Schule
     von Fontainebleau (2. V. 16. Jh.). Paris,
     Louvre

79 CHANTELOUP Pagode (1775–78)

entstehenden Formen auch sein möge, man merkt, daß es Franz I. für Blois ebenso an Geldmitteln gemangelt hat wie Ludwig XIV. für Versailles. Mehr als eine Gestalt zeigt ihr hübsches, feines Köpfchen, das aus einem kaum grob zugehauenen Block herausspringt. Mehr als eine phantastische Rosette ist lediglich durch ein paar Meißelhiebe in dem im Stich gelassenen Stein angedeutet worden; jetzt läßt die Feuchtigkeit darauf ihre grünlichen Schimmelpilze wachsen ... Der Reichtum der Gewänder der Edelherren, der Luxus der Prunkkleider der Damen mußten auf das wunderbarste mit dem schmuckhaften Aussehen dieser so seltsam bearbeiteten Steine harmonieren. Wenn der König von Frankreich von Stockwerk zu Stockwerk die herrliche Treppe seines Schlosses Blois hinabstieg, so gewahrte er eine größere Strecke jener schönen Loire, die ihm dort Neuigkeiten aus seinem gesamten Königreich zuträgt ... Wenn Franz I., anstatt sich in einer toten, düsteren Ebene und nur zwei Meilen von dort entfernt niederzulassen, Chambord als Zusatz zu jenem Schloß an der Stelle erbaut hätte, wo sich damals die Gartenanlagen erstreckten, auf denen Gaston sein Palais errichtete, so würde Versailles nie existiert haben und Blois wäre notwendigerweise die Hauptstadt Frankreichs geworden.«[41]

Vieles an den Fassaden und am Treppenturm ist im Laufe der Jahrhunderte mutwillig oder durch Verwitterung zerstört und vor allem im 19. Jahrhundert erneuert worden; das gleiche gilt für den Flügel Ludwigs XII. Doch ohne die Bemühungen der Restauratoren hätte die Architektur die ihr ursprünglich zugedachte Ausstrahlung verloren.

Im Erdgeschoß, das noch Teile der mittelalterlichen Anlage bewahrt, waren zweifellos Wirtschafts- und Diensträume untergebracht. Die luxuriösen GEMÄCHER DES KÖNIGS lagen im ersten und zweiten Stock.

Man wird nicht erwarten dürfen, hier noch bewegliche Ausstattungsstücke aus ursprünglichem Bestand vorzufinden, wurden sie doch schon im 16. Jahrhundert ständig ausgeräumt und mitgenommen, wenn der König seine Residenz verlagerte. Nur an wandfester Ausstattung ist einiges erhalten geblieben. Der Restaurator Duban versah im 19. Jahrhundert die Wände und Decken zusätzlich mit freierfundenen buntfarbenen Dekorationen, die die Räume zwar prächtig herausputzen, jedoch mit historischem Befund nichts zu tun haben. Dennoch ist diese Art der Ausmalung als Dokument für die Auffassung jener Zeit von Denkmalpflege zu respektieren. Duban veränderte zum Teil auch die ursprüngliche Raumdisposition.

Der große Saal des ersten Stocks hinter dem Treppenturm bewahrt zwei originale Prunkkamine und Türumrahmungen aus der Zeit Franz' I. mit herrlichen Arabesken und den königlichen Symboltieren (Farbt. 25). Der am besten erhaltene Raum des ersten Stocks aus derselben Zeit ist das KABINETT (Abb. 41). Seine Wände sind ganz mit Boiserien verkleidet, die in hochrechteckige Füllungen aufgegliedert sind, die meisten mit stets wechselnden Arabesken geschmückt. Einige Partien wurden im 19. Jahrhundert erneuert, ebenso die Kassettendecke und der Kamin. Die Vielfalt der gleichförmigen Füllungen hat man geschickt dazu genutzt, Geheimschränke einzubauen, die ein mit dem Fuß zu bedienender Mechanismus öffnet. Daß es sich um die Giftschränke der Katharina von Medici handelt, ist eine Vorstellung der Volksphantasie. Honoré de Balzac läßt sie hier in einer dramatischen Szene seines Katharina-Romans Geheimpapiere verstecken, wobei sie von Maria Stuart, ihrer Schwiegertochter und Gemahlin Franz' II. (Abb. 74), überrascht wird; denn es gelingt ihr nicht, die geöffnete Füllung rasch genug zu verschließen. Tatsächlich hat Katharina von Medici die Zimmer des ersten Stocks bewohnt. Neben dem Kabinett sieht man ihr Oratorium und ihr Schlafzimmer, wo sie 1589 der Tod überraschte, vor dem sie sich in Blois sicher glaubte, hatte der Sterndeuter Ruggieri ihr doch prophezeit, sie werde bei Saint-Germain sterben.

Das zweite Obergeschoß war das Appartement Heinrichs III., Katharinas Sohn (Abb. 39). Hier ließ er 1588 den zu mächtig gewordenen Herzog Heinrich von Guise ermorden. Die Schloßführer verstehen es, den Besuchern dieses pikanteste Ereignis der Schloßgeschichte am ›Originalschauplatz‹ in allen Phasen zu schildern. Doch lasse man sich nicht täuschen! In Wirklichkeit sind die Räumlichkeiten seit dem 17. Jahrhundert verändert, und mehr über den Hergang des Mordes, als daß der Herzog im Gemach des Königs erbärmlich zusammengehauen wurde, berichten die Quellen nicht (Farbt. 24).

Der eindrucksvollste Raum des Schlosses ist die SALLE DES ÉTATS im ältesten Gebäudeteil (Abb. 43). Hier gewährten einst die Grafen von Blois ihre Audienzen, gaben sie Feste, hier empfingen sie Ehrenbezeugungen und sprachen sie Recht. Heinrich III. vereinigte 1576 und 1588 hier die Generalstände, wonach der Saal seinen Namen erhielt. Säulen und spitzbogige Arkaden teilen ihn in zwei Schiffe, jedes mit einem Holzgewölbe überdeckt. Der Saal entstand im frühen 13. Jahrhundert und wurde im 19. Jahrhundert restauriert. Aus dieser Zeit stammt die viel zu theaterhafte Ausmalung. Monumentale Gobelins des 17. Jahrhunderts, darunter Szenen aus dem Leben Konstantins des Großen nach Kartons von Peter Paul Rubens, bedecken die Wände.

Der jüngste Bauteil des Schlosses ist der Flügel an der Südwestseite des Hofes. Der berühmte Architekt Ludwigs XIII., François Mansart, errichtete ihn von 1635 an für den Bruder des Königs, Gaston d'Orléans, der die Grafschaft Blois als Apanage erhalten hatte und Anspruch auf die Königswürde erhob. Nach Mansarts Projekt sollten sämtliche Teile des Schlosses abgebrochen und durch einen vierflügeligen Neubau ersetzt werden, der einer der großartigsten Schloßanlagen der französischen Klassik geworden wäre. Doch als 1638 dem König ein Thronfolger (der spätere Ludwig XIV.) geboren war und Gaston nur noch wenig Aussichten hatte, König zu werden, wurden ihm die Baukredite gestrichen. So verschwanden nur die Teile des alten Schlosses, die dem neuerrichteten Hauptflügel im Wege waren, darunter auch ein Stück vom Flügel Franz' I. und das Schiff der Kapelle.

Der FLÜGEL GASTON D'ORLÉANS' ist dreigeschossig, hat einen Mittelpavillon, kurze Nebentrakte zum Hof und vorgesetzte Pavillons zur anderen Seite hin (Abb. 36). Das ›Mansart-Dach‹ betont die einzelnen Baukörper. Obgleich Mansart durch das Gelände zur Asymmetrie gezwungen wurde – im Grundriß wird dies deutlich –, vermag er symmetrische Fassaden zu gestalten, wobei das Treppenhaus im Mittelpavillon die

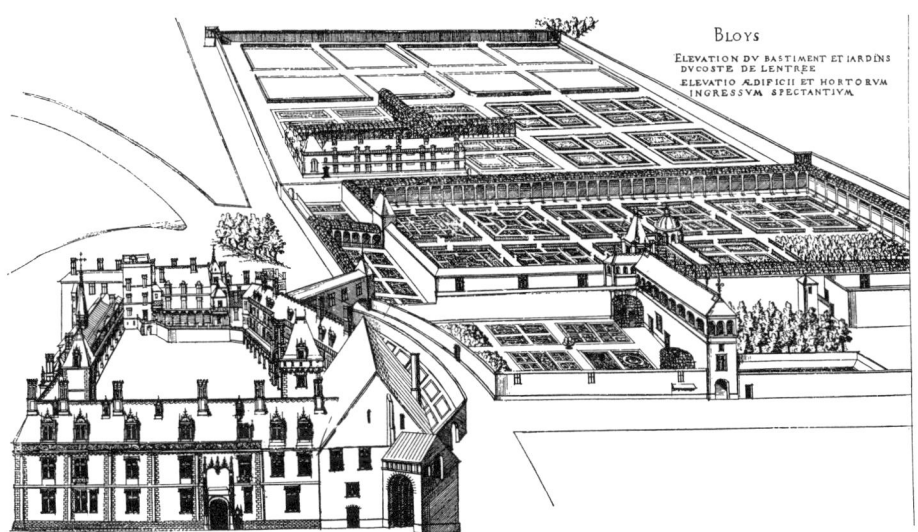

Blois, Ansicht des Schlosses und der Gärten nach Du Cerceau (1607)

Differenz zwischen den Achsen der Hof- und Gartenfront überspielt. Pilaster, zumeist gekuppelt und von unten nach oben in den klassischen Ordnungen dorisch, jonisch und korinthisch an Reichtum gesteigert, gliedern die Fassaden straff. Dieser Rückgriff auf streng klassische Formen unterscheidet Mansarts Gestaltungsweise von der am Flügel Franz' I., die klassische Formen phantasierend umprägt. Hinzu kommt bei Mansart eine äußerste Beschränkung des plastischen Schmucks. Geschwungene Kolonnaden mit Doppelsäulen (im 19. Jahrhundert erneuert) füllen elegant die Hofecken aus, geben dem Aufriß Plastizität und leiten den Blick auf die ebenfalls mit Doppelsäulen, mit Dreiecksgiebel, Figuren, einem Wappen und Trophäen hervorgehobene Mittelachse des Hauptpavillons, der als Risalit sichtbar wird (Abb. 42). Die Mittelachse gipfelt in der heute zum Teil erneuerten Büste Gaston d'Orléans'.

Das Innere blieb unvollendet und unbewohnt bis ins vorige Jahrhundert. Gaston d'Orléans hat lediglich den kuppelbedeckten Saal des Treppenhauses mit seinen Stukkaturen in fast fertigem Zustand gesehen, bevor er 1660 im Flügel Franz' I. starb. Die Treppe selbst entstand erst 1932.

Vom Foix-Turm aus, einem Rest der mittelalterlichen Schloßbefestigung, bietet sich ein schöner Blick auf die ehemalige Benediktiner-Abteikirche SAINT-LAUMER, heute SAINT-NICOLAS, die die Wohnhäuser ringsum machtvoll beherrscht. Sie ist eine vierjochige Basilika mit Doppelturmfassade, Querschiff und zweijochigem, von Kapellen begleitetem Umgangschor. Die Mönche errichteten 1138 bis 1186 Chor, Querschiff und erstes Langhausjoch, die anschließenden Teile nach Westen zu Beginn des 13. Jahrhunderts, im 14. Jahrhundert die Achskapelle am Chor. Im Langhaus mit seinen kräftigen Pfeilern und Wandvorlagen wird bereits der Einfluß der Kathedrale von Chartres spürbar. Die Klostergebäude aus dem 17./18. Jahrhundert dienen seit der Französischen Revolution als Krankenhaus.

Eine reiche Eingangsfassade mit Pilastern und Voluten – gleichsam der Widerpart zum Flügel Franz' I. gegenüber – schmückt die Wandpfeilerkirche SAINT-VINCENT-DE-PAUL an der Place Victor-Hugo, um die Mitte des 17. Jahrhunderts als Gotteshaus der Jesuiten errichtet.

Auf dem ansteigenden Gelände südlich der Kirche bis hinauf zum Bahnhof breiteten sich einst die Gärten Ludwigs XII. aus, geschaffen von dem neapolitanischen Priester Pacello da Mercogliano. Sie waren auf drei Terrassen angelegt und in viereckige größtenteils reich verzierte Beete aufgeteilt. Heute sind solche Beete nur noch in Villandry zu sehen. Von den Gebäuden des Gartens blieb der Pavillon der Anne de Bretagne, der Gemahlin Ludwigs XII., erhalten. Nach dem Stich von Du Cerceau vermittelte das Lusthaus zwischen dem unteren Jardin de Bretonnerie und dem Hauptziergarten, dem Garten der Königin. Für die grünbewachsene Holzgalerie, die ihn umschloß, zog der König die besten Schreiner des Reiches heran. Der Pavillon, ein Lieblingsbau der Königin, ist wie der Schloßflügel Ludwigs XII. aus Ziegel und Werkstein errichtet und dürfte ebenfalls um 1500 entstanden sein. Den achteckigen Mittelteil mit steilem Schieferdach flankieren kreuzförmig kurze Terrassenflügel. Einer ist zur Kapelle erweitert, wo Ludwig XII. gerne zur Andacht weilte. Heute dient der Pavillon als Verkehrsamt der Stadt. Die Gärten verfielen Ende des 17. Jahrhunderts.

Es gibt nicht mehr allzuviele PROFANBAUTEN, an denen sich ablesen läßt, wie die Menschen aus der Umgebung des Königs lebten. Der Erbauer des heute zerstörten Schlosses Bury westlich vor der Stadt, Florimond Robertet, Baron d'Alluye, war unter Karl VIII., Ludwig XII. und Franz I. Minister der Finanzen. Sein Stadthaus vom Anfang des 16. Jahrhunderts steht in der Rue Saint-Honoré Nr. 8. Die Straßenfront in Ziegel und Werkstein wetteifert an Schmuckreichtum mit dem Flügel Ludwigs XII., von dem sie angeregt ist. Zum Hof hin öffnen sich in zwei Etagen Loggien mit flachbogigen Arkaden. Medaillons mit den Köpfen römischer Kaiser schmücken italienisch vornehm die Loggienbrüstung.

Einige andere Häuser des 16. Jahrhunderts seien nur genannt: Hôtel de Guise, ebenfalls mit einem Imperatorenfries an der Hofseite (Rue Chemonton Nr. 18), Hôtel de Jassaud (Rue Fontaine-des-Élus Nr. 5), Hôtel Sardini mit einem freskengeschmückten Oratorium (Rue du Puits-Châtel Nr. 7), Hôtel de Condé (Rue des Juifs Nr. 3).

Trotz der großen Zerstörungen im letzten Weltkrieg blieb der Charakter der Stadt mit ihren engen, die Hänge auf- und absteigenden Gassen bewahrt. Vorherrschendes Bauwerk im Stadtbild ist außer dem Schloß die hochgelegene KATHEDRALE SAINT-LOUIS. Einen Bau des 16. Jahrhunderts brachte 1678 ein Orkan zum Einsturz. Unbeschädigt blieb der weithin sichtbare Turm, der auf einem romanischen Untergeschoß errichtet ist. Schlanke Doppelsäulen gliedern die Obergeschosse, und eine zweifache Laterne vollendet seine schöne reiche Form. Die notwendigen Finanzen zum Wiederaufbau des Langhauses, eine breitgelagerte Gewölbebasilika im spätgotischen Stil, besorgte die Tochter des Vogts von Blois und Herrn von Ménars, Marie Charron, die mit Colbert, dem Finanzminister Ludwigs XIV., verheiratet war. – Unter dem Chor befindet sich eine interessante Krypta des 10. und 11. Jahrhunderts.

Das ehemalige BISCHOFSPALAIS, heute Hôtel de Ville, hinter dem Chor der Kathedrale ist einschließlich des prächtigen Terrassengartens hangabwärts eine Schöpfung Jacques Gabriels (1725). Eine Pension von 2000 Livres auf Lebenszeit brachte ihm der Entwurf zu der eleganten Brücke über die Loire ein, die der Ingenieur Robert Pitrou um 1720 ausführte. Von deutschen Truppen im letzten Weltkrieg zerstört, ist sie jetzt in alter Form wiederhergestellt. Über sie führt die Straße nach Chambord.

Chambord

»Ein Inbegriff dessen, was menschliche Kunst hervorzubringen vermag«, urteilte Kaiser Karl V. über das noch unvollendete Chambord, als Franz I. ihm 1539 hier einen pompösen Empfang bereitete (Umschlagbild u. Abb. 44, 45). Einige Jahrzehnte nach diesem Ereignis veröffentlichte Jacques Androuet Du Cerceau das Schloß in seinem Stichwerk der berühmtesten Bauwerke Frankreichs und hob die Schönheit der Baumasse, den wunderbaren Anblick und die Bequemlichkeit des Inneren hervor.[42] Blättert man das Stichwerk Du Cerceaus durch, so läßt sich noch heute nacherleben, mit welcher Souveränität Chambord alles andere, was zur gleichen Zeit entstanden war, durch Wucht und Phantasie in den Schatten stellte.

Keineswegs ist die Baugeschichte so geklärt, wie man es erwarten möchte.[43] Warum baute der König? Amboise und Blois waren Residenzen, die ihm mit der Krone zugefallen waren. Blois gehörte nicht einmal ihm, sondern seiner Gemahlin, der Königin Claude de France. So wünschte Franz I. ein Bauwerk, das ganz seine persönliche über alles erhabene Herrscherwürde verkörpern sollte. Er wählte als Platz eine Ebene in der wald- und wildreichen Sologne, 5 km von der Loire, 16 km von Blois entfernt, wo bereits ein mittelalterliches Schloß bestand. Es war wie die ganze Gegend Königsbesitz und wurde abgerissen. Das Waldgebiet selbst schon mußte einen so leidenschaftlichen Jäger wie Franz I. in seinen Bann ziehen. Es umfaßt eine Fläche von mehr als 5500 Hektar und wurde auf Anordnung des Königs mit einer 32 km langen Mauer eingefriedet. Der Park ist heute staatliches Reservat, überreich an Wildschweinen und Hirschen.

Am 6. September 1519 betraute der König den in Baudingen erfahrenen François de Pontbriant mit der Oberaufsicht über das Schloßprojekt. Wir kennen nicht den

Architekten. War es Domenico da Cortona, der in Blois ansässig war und im Dienste Franz' I. stand? Wenigstens sind die Namen der leitenden Maurermeister überliefert, die die Pläne verwirklichten: Jacques Sourdeau (der weder lesen noch schreiben konnte), sein Sohn Denis Sourdeau, Pierre Trinqueau (ein Leibeigener, der erst während seiner Tätigkeit am Schloß ein freier Mann wurde) und Jacques Coqueau.

Die 1519 begonnenen Arbeiten gingen durch die schwierige und kostspielige Fundamentierung im morastigen Gelände nur mühsam voran und wurden fünf Jahre später durch den Italienfeldzug des Königs unterbrochen. Erst 1526 konnte mit der Ernennung eines neuen Oberintendanten der Baubetrieb wieder aufgenommen werden. Die nächsten zwölf Jahre sollen ständig 1800 Arbeiter beschäftigt worden sein. 1533 stand der mittlere Teil, der Donjon. 1537 errichtete man seine Türme und die Pavillons auf den Ecken der Dachterrasse. Nur den Donjon sah Kaiser Karl V. 1539 fertig.

Für den Bauverlauf der nächsten Jahre sind nur sporadische Daten überliefert. Die persönlichen Appartements des Königs wurden erst 1547, in seinem Todesjahr, vollendet. Stimmt es, daß er nur insgesamt vierzig Tage in Chambord verbrachte?

Sein Sohn Heinrich II. führte die Arbeiten weiter, doch durch die Religionskriege, den tragischen Tod des Königs 1559 und fehlende Mittel blieb das zu gewaltig gedachte Prunkschloß unvollendet (Abb. 49). Dennoch verfehlte es seine Wirkung, wie Franz I. sie für seinen Nachruhm gewollt hatte, nicht. »Ich habe in meinem Leben viel prächtige

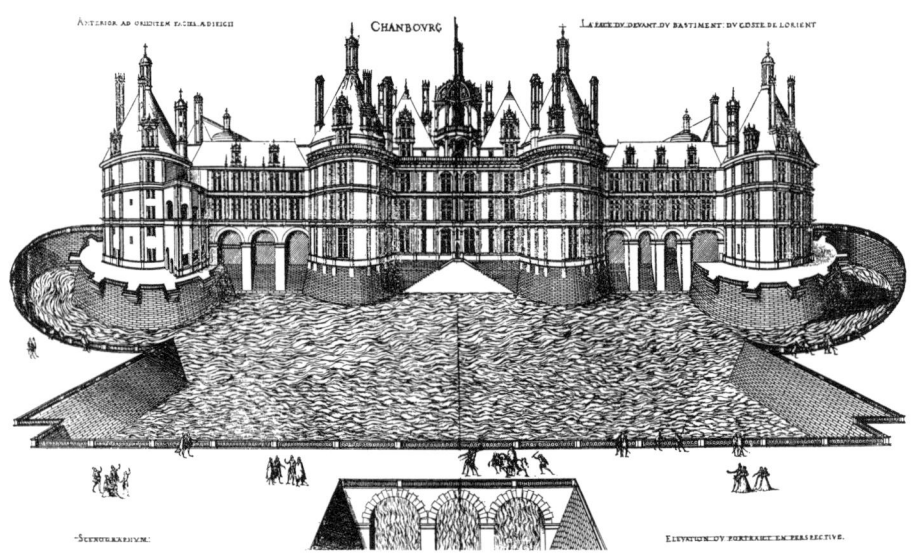

Chambord, Nordwestfront des Schlosses nach Du Cerceau (1576)

Architektur gesehen«, schrieb 1577 der venezianische Gesandte Geronimo Lippomano, »niemals aber eine schönere und reichere. Der Park, in dem das Schloß liegt, ist angefüllt mit Wäldern, Seen, Bächen, Weiden und Jagdrevieren. Und in der Mitte ragt dieses schöne Gebäude auf mit seinen vergoldeten Zinnen, seinen bleigedeckten Flügeln, seinen Pavillons, seinen Terrassen und seinen Galerien, so wie unsere Romandichter den Wohnsitz Morgans oder Alcinas schildern ... Wir verließen den Ort voller Verwunderung, voll Erstaunen, ja vielmehr voller Bestürzung.«[44]

Von jeher bereiteten Nutzung und Unterhaltung des Schlosses Sorge. Nur mit größter Mühe vermag es die Denkmalpflege heute lebendig zu erhalten. Unter den Nachfolgern Franz' I. war es vor allem Ludwig XIV., der gerne in Chambord auf die Jagd ging und hier glänzende Feste veranstaltete. Er ließ auch die Kirche auf einer Anhöhe errichten. Jean Baptiste Poquelin, gen. Molière, führte 1670 im Schloß vor dem König erstmals sein Stück ›Der Bürger als Edelmann‹ auf, das viermal wiederholt werden mußte, so gut hatte es den Zuschauern gefallen. Ludwig XV. wies Chambord seinem Schwiegervater Stanislas Leszczyński, dem vertriebenen Polenkönig, zu. Danach war es als Wohnsitz des Marschalls Moritz von Sachsen Schauplatz eines ausschweifenden Hoflebens im Schutz einer Privatarmee. Besonderes Aufsehen erregte die ›Oberst-Brigade‹, als Tartaren gekleidete Neger auf Schimmeln.

Mit dem Tod des Marschalls 1750 erlosch das Leben von Chambord. Während der Französischen Revolution wurden Stimmen laut, die die »riesige Masse an nutzlosen Steinen« beseitigt wissen wollten. Nur die uferlosen Abbruchkosten ließen davor zurückschrecken. So blieb es dabei, daß Möbel und andere bewegliche Ausstattung geplündert und versteigert wurden. Napoleon überließ das Schloß, um es durch eine Nutzung zu erhalten, der 15. Kohorte der Ehrenlegion. Danach schenkte er es dem Marschall Berthier, der bald starb. 1820 stand es zum Verkauf. Durch die Initiative des Grafen Adrien de Calonne wurde eine nationale Sammelaktion eröffnet mit dem Ziel, Chambord zu erwerben und es dem Herzog von Bordeaux, einem Enkel Karls X. und letzten Sproß der älteren Linie des Hauses Bourbon, anzubieten. Diese Idee war erfolgreich. Nach langem Zögern nahm Karl X. die Schenkung im Namen seines Enkels und Kronprätendenten an, der sich Graf von Chambord nannte und hauptsächlich im Ausland lebte. Jedenfalls wurden umfangreiche Restaurierungen durchgeführt, die das Schloß retteten. Erst 1871 sollte der Graf, der niemals König wurde, seine Besitzung kennenlernen; er verbrachte zwei Nächte hier. Von seinen Erben erwarb 1930 der Staat das Schloß.

Bei aller ungewohnten Pracht seiner Erscheinungsform ist die architektonische Struktur fest in der französischen Tradition verwurzelt. Ein rechteckiger größtenteils unvollendeter Gebäudegürtel, 156 x 117 Meter groß, mit runden Ecktürmen umschließt den Schloßplatz. In ihn ragt von einer Seite des Gebäudegürtels aus der Koloß des Donjons hinein, ebenfalls mit runden Ecktürmen bewehrt (Abb. 44). Als Vorbild für die Gesamtkonzeption ist unschwer das Schloß von Vincennes zu erkennen. Dennoch macht das Bauwerk keinen mittelalterlichen Eindruck. Regelmäßigkeit, strenge Gliederung der Mauerflächen durch Pilaster und Gesimse, ruhiger Rhythmus der Arkaden und Fensterfolgen sind die gestalterischen Grundprinzipien dieser Architektur. Man hat oft von ihrer Maßlosigkeit gesprochen. Sie ist maßlos jedoch nur im Sinne von gigantisch. Der Aufriß ist durch klare Proportionen und den Sinn für schöne Maßbeziehungen gezügelt. Jacques Androuet Du Cerceau weist darauf hin, daß die große Schönheit des Schlosses durch den Wassergraben ringsum hervorgehoben werde, in dem es sich einst spiegelte. Weil dieser im Sommer unerträglichen Gestank verbreitete, ließ Stanislas Leszczyński ihn zuschütten und statt dessen großflächige Parterres anlegen.

Das eigentliche architektonische Wunder von Chambord ist der dreigeschossige DONJON. Auf quadratischem Grundriß errichtet, schließt ihn im Inneren eine zentrale durchbrochene TREPPE mit zwei ineinander gewendelten Läufen auf (Abb. 51). An diese Treppe stoßen kreuzförmig in jedem Geschoß riesige Säle an und begrenzen jeweils vier Eckappartements, die sich bis in die Rundtürme erstrecken. Diese Raumdisposition mit der Treppe im Zentrum ist die besondere architektonische Idee von Chambord. Es gibt gute Gründe für die Hypothese, daß sie von Leonardo da Vinci stammt, dem größten Genius der Zeit, den Franz I. an seinen Hof nach Amboise geholt hatte und der dort 1519, im Jahr des Baubeginns von Chambord, starb (s. S. 131). Wir wissen, daß der König für das Schloß eine Anzahl von Planzeichnungen anfertigte. Undenkbar, daß er Leonardo hierbei nicht um Rat gefragt hätte. Die Form der Treppe mit ihren beiden Läufen, die so ineinander verwoben sind, daß ein Hinaufsteigender einem Herabkommenden nicht in die Quere zu kommen braucht, ist italienischen Ursprungs. Auch Leonardo hat solche Treppen gezeichnet.

Die Monumentalität der Architektur läßt leicht die reizvolle Vielfalt der Skulpturen an den Pilasterkapitellen übersehen: Amoretten treiben ihr Spiel, zartgliedriger Akanthus breitet sich aus, Eidechsen huschen über Profile.

Außen gipfelt die Treppe in einer prunkvollen LATERNE (die heutige ist eine Kopie von 1891), dem Zentrum der eigentümlichen Schmuckaufbauten (Abb. 47), die außerdem auch vier Eckpavillons und die Turmhelme phantastisch beleben. »Wir glauben uns in einer merkwürdigen, schwebenden Miniaturstadt mit ihren Straßen, Gäßchen, Kreuzungen und Plätzen. Wir bewegen uns inmitten von rechteckigen und zylindrischen Aufbauten aller Größen, die reich in Stein behauen und mit Rauten, Dreiecken, Kreisen und Halbkreisen aus Schiefer in den steinernen Gesimsen stark verziert sind, deren Zweck auf den ersten Blick nicht klar wird und die in Wirklichkeit Türme, Türmchen, Seitentürmchen, Schornsteine, Lukarnen, Nischen darstellen. Dies alles ist mit Fialen, Voluten, Blumen, Nymphen, kleinen Faunen, Sphinxen, hübschen Ungeheuern und einer fröhlichen Menge beflügelter Liebesgötter (Abb. 48) geschmückt. Die königlichen Embleme treten überall auf: vor allen Dingen die Lilien, verstreut, vereinzelt und in Gruppen – so bestehen die Kränze einzelner Schornsteine aus dreißig nebeneinander angebrachten Lilien. Der Buchstabe F erscheint in allen Größenordnungen, ferner Königskronen und feuerspeiende Salamander, wobei die Bildhauer Vergnü-

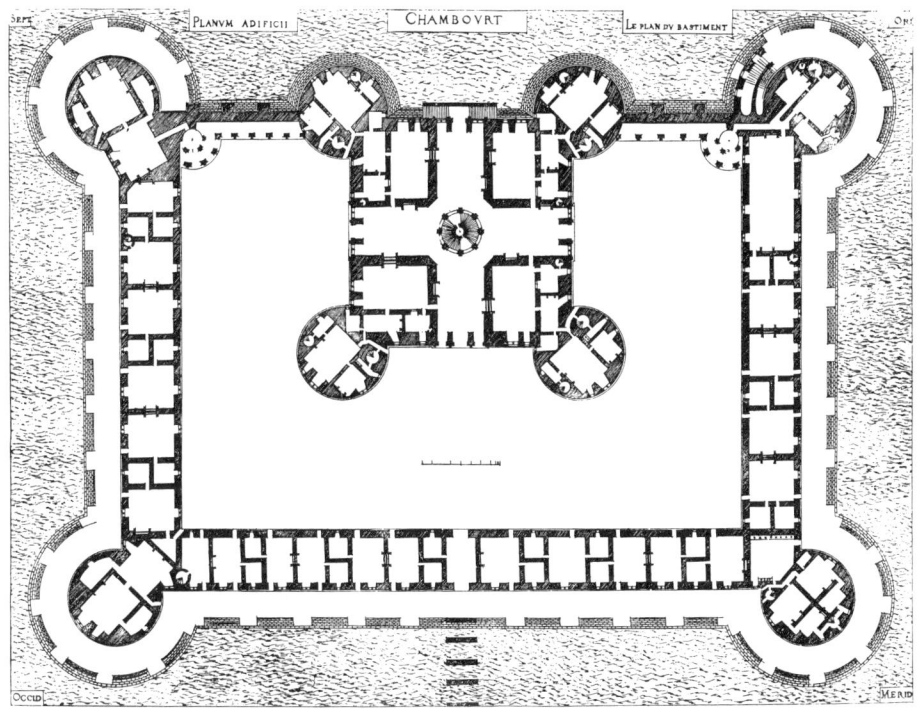

Chambord, Grundriß des Schlosses nach Du Cerceau (1576)

gen daran fanden, deren Aussehen abzuwandeln und die Flammen wie enteilende Irr-lichter zu verteilen.«[45]

Wir wissen nicht, ob Franz I. der DACHTERRASSE eine besondere Rolle für die Insze-nierung seiner höfischen Feste zugedacht hatte. Die Vorstellung, daß man von ihr aus nur die schöne Aussicht auf den umliegenden Wald genossen hätte, befriedigt nicht ganz. Nicht neu ist die Idee, die Dachzone prunkvoll zu schmücken und das Auge durch eine Vielfalt an Kaminen und Lukarnen (Abb. 46, 50) zu verwirren. Ähnlich hatte bereits der Herzog Ludwig I. von Anjou anderthalb Jahrhunderte zuvor sein Schloß Saumur ausgestattet (s. S. 248 u. Einband-Rückseite). Aber es bleibt nicht bei reiner Freude am Spiel mit Schmuckformen. »Die ornamentale Überfülle des Gebäudes zeugt deutlich vom Drang nach Bekräftigung und Selbstbehauptung; der politische Charak-ter springt sogleich ins Auge. Neben der Esoterik des Ganzen wirken die unzähligen Liliensymbole, die Kronen über den Fenstern, die Initialen und Embleme, jenes F.R.F.

(François Roi de France), das in Schieferbuchstaben auf einer Schornsteinmündung zu lesen ist, als eigensinnige Proklamation des Königtums.«[46]

Die RÄUME des Schlosses – es sind 440 – bilden ein unergründliches Labyrinth. »Zehn Meter Galerie, dann geht's durch zwei Türen hindurch, quer durch ein Zimmer, wieder drei Meter Gang, eine Treppe hinauf, in ein Vorzimmer, eine Treppe hinab, jetzt zwei Zimmer hintereinander, ein Nebengemach, in dem sich hinten ein Schlauch öffnet, der kaum breiter als ein menschlicher Körper ist, ein Knick, zwei Stufen, eine Tür, und plötzlich die fahle Helle eines leeren, schwer bestimmbaren Raumes mit viereckigen Fenstern und Fensterkreuzen; hinten wieder eine Tür, wieder ein Gang, noch ein Durchgang, andere Treppen...«[47] Dies ist kein Schloß, in dem sich auf Dauer leben läßt. Man hat von einem Spiegelbild der berüchtigten Begehrlichkeit und Lüsternheit des Königs gesprochen, vom Architektur gewordenen Schema einer krankhaften Natur. »Gott bewahre jeden anständigen Menschen davor, jemals ein von Primaticcio gebautes Haus bewohnen zu müssen!«[48] Wer würde diesen Ausspruch Paul-Louis Couriers, der fälschlicherweise Primaticcio für den Baumeister hielt, nicht bekräftigen. Doch sich hiermit zu begnügen, hieße, das Wesentliche dieser Architektur zu übersehen. Du Cerceau hebt die Einzigartigkeit der klarüberlegten Raumdisposition durch die zentrale Treppe und die anschließenden Säle hervor. Er spricht von commodité – Bequemlichkeit, worunter nicht behagliches Wohnen gemeint ist, sondern der vernünftige architektonische Zuschnitt und seine von jedem Wohnzweck ungebundene Wirkung. Von diesem Kernbereich aus muß man Chambord in seiner eigentlichen Bedeutung verstehen: als ideale Architektur, Abbild der idealen Herrschaft des Königs.

Seit vielen Jahren bemüht sich die Denkmalpflege, die fast völlig ausgeplünderten Räume wenigstens teilweise wieder einzurichten. Man versucht, Museumsstücke zusammenzutragen, die die Persönlichkeiten vergegenwärtigen, die in der Geschichte des Schlosses eine Rolle spielten.

An den Bauherrn und seine Jagdleidenschaft erinnert im Erdgeschoß ein Saal mit einer Folge von Tapisserien ›Geschichte der Jagden Franz' I.‹ nach Kartons von Laurent Guyot, Paris, Ende 17. Jahrhundert. – Das Zimmer Franz' I. liegt in der ersten Etage des Nordostturms (Tour Robert de Parme). Hier ritzte er mit dem Stein seines Ringes die Worte »Frauensinn wechselt oft« in eine Fensterscheibe. Vergeblich wird man die Inschrift des liebeskundigen Königs suchen; denn – so wird berichtet – als Ludwig XIV. hundertdreißig Jahre später sie in Begleitung Maria Mancinis entdeckte, zerbrach er die Scheibe aus Galanterie. Wände und ein Baldachinbett prunken heute in rotem italienischen Velours des 16. Jahrhunderts mit breiten Goldbordüren. Es ist nicht die authentische Ausstattung, jedoch ein schöner Ersatz in zeitgenössischer Form. – Eine originale Holztür mit dem Monogramm und dem Salamander Franz' I. führt ins benachbarte Kabinett des Königs, das außer der Tür noch sein altes mit skulptierten Kassetten geschmücktes Tonnengewölbe bewahrt.

Für Ludwig XIV. wurde in der ersten Etage des Donjons das Appartement des Königs eingerichtet, das nach ihm Stanislaus Leszczyński und der Marschall von Sachsen bewohnen. Reichster Raum ist das Paradezimmer mit einem Prunkbett in einer Nische, das nach alten Vorbildern rekonstruiert wurde. Original blieb die zartgeschnitzte Wandvertäfelung erhalten. Sie stammt aus Versailles und war ein Geschenk Ludwigs XV. an den Marschall von Sachsen.

Die Kapelle im Nordwestturm, als Gegenstück zum Zimmer Franz' I. im Nordostturm geplant, wurde erst unter Heinrich II. begonnen. Ihre heutige Gestalt erhielt sie in der Barockzeit.

Das ehemalige Appartement des Dauphin in der Südostecke des Donjons (erste Etage) ist dem Andenken des Grafen von Chambord gewidmet. Im südwestlich angrenzenden Gardensaal vor der Haupttreppe wurde zur Zeit Ludwigs XIV. Theater gespielt. Hier fand die Uraufführung von Molières ›Der Bürger als Edelmann‹ statt.

Villesavin

Wie baute ein Mann des königlichen Hofes, der die Arbeiten am Schloß von Chambord zu leiten und abzurechnen hatte, für sich selbst? Wer eine Antwort auf diese Frage sucht, muß nach Villesavin südlich des Parks von Chambord fahren. Der Bauherr dieses Schlosses, das 1537 entstand, war Jean Le Breton, Rat und Staatssekretär Franz' I., Administrator der Grafschaft Blois und Vorsitzender der Rechnungskammer. Nach seinem Tod fiel das Administrator-Amt an seine Gemahlin Anne Gédouin, danach an seine Tochter Léonore Breton – ein Beweis für die besondere Wertschätzung des Königs der Familie gegenüber. Anne Gédouin wurde von Franz I. mit den Verwaltungs-, Bau- und Finanzangelegenheiten von Chambord betraut. Auch ihre Tochter hatte später das Amt einer Verwalterin von Chambord.

Jean Le Breton war ein Mann von hohem Kunstverstand. So muß es nicht verwundern, wenn er sich ein Schloß baute, das seiner Zeit weit voraus war. Es wirkt durch seine wohnliche Gestalt in noblen Maßverhältnissen wie ein Protest gegen die Unwirtlichkeit und den verwirrenden Formenluxus von Chambord. Ein vierachsiger eingeschossiger Mittelbau mit hohem Walmdach wird von zwei Pavillons auf quadratischem Grundriß flankiert. Die Mitte zwischen den Innenachsen ist hervorgehoben durch einen doppelgeschossigen Risalit mit eingeschwungenem Dach und offener Laterne, der in einer rundbogigen Nische des Erdgeschosses eine Büste Franz' I. und in einer rechteckigen des Obergeschosses eine Statue der Jagdgöttin Diana umschließt. Ein rechtwinklig angefügter Nebenflügel auf der einen Seite und eine Mauer auf der anderen Seite grenzen den großzügig abgemessenen Hof ein und sind an der Vorderseite markant akzentuiert durch zwei weitere Pavillons. Reichverzierte Lukarnen stoßen in die Dachflächen hinein und täuschen einen repräsentativeren Charakter vor, als das Schloß eigentlich hat. Die Vorbilder für die Pavillons, die das aufgelockerte Bild der Baukompartimente bestimmen, sind rasch gefunden: auf der Terrasse des Donjons von Chambord. Dorther holte Le Breton gewiß auch die Maurer, Steinmetzen und die Baumaterialien.

Schmuckstück von Villesavin ist mitten im Hof eine marmorne *Brunnenschale* auf hohem lebhaft skulptierten Sockel, die den Kunstsinn Le Bretons und sein Bedürfnis nach geschmackvoller Lebensart so recht zum Ausdruck bringt und die Atmosphäre der Vornehmheit, die den Besucher umfängt, zu steigern vermag (Abb. 55). Das Werk stammt zweifellos von italienischen Künstlern.

Villesavin hat im Laufe der Jahrhunderte stark gelitten. Zugeschüttet sind die Wassergräben, in denen sich das Gebäude einst spiegelte. Der jetzige Besitzer bemüht sich um eine grundlegende Restaurierung, die unvermeidbare Erneuerungen bringen wird, vor allem an den stark verwitterten Werksteinteilen.

Von den INNENRÄUMEN ist am besten die Küche erhalten geblieben. Der linke vordere Pavillon bewahrt die Kapelle mit Fragmenten der ursprünglichen Ausmalung, die Niccolò dell'Abbate zugeschrieben wird. Lange diente der Raum als Hundestall. Seitlich schließt sich ein winziges Oratorium an.

Ein Gang um das Schloß führt zu einem prächtigen TAUBENHAUS, wie es in ähnlicher Form schon in Talcy begegnete. In den Wirtschaftsgebäuden ist eine Sammlung alter Reisewagen zu sehen.

Beauregard

Beauregard gehörte um die Mitte des 16. Jahrhunderts dem Humanisten und Staatssekretär Heinrichs II., Jean du Thier, dessen Liebe zu Büchern und zu den schönen Künsten der Dichter Pierre de Ronsard in einer Ekloge besungen hat:

Viel goldene Zechinen hast du ausgegeben
Für Bücher, die nun schon Jahrhunderte siegreich leben
Und deren Titelblatt die großen Namen zieren,
Die uns zu Pindar und Simonides führen,
Mit denen du dein üppiges Beauregard,
Dein Schloß, dein Werk, geschmückt, daß es noch schöner ward.[49]

Beauregard, am Südrand des Forsts von Russy über dem Tal des Beuvron gelegen, ist heute nur noch ein Rest der Anlage des Jean du Thier, deren ursprüngliche Gestalt aus der Zeit um 1550 Jacques Androuet Du Cerceau als eines der hervorragenden Schlösser Frankreichs in seinem Stichwerk veröffentlicht hat. Hiernach war das Bauwerk als Landgut angelegt, bei dem es vor allem auf bequeme Nutzung ankam, ohne daß der künstlerische Anspruch vernachlässigt worden wäre. Auf den ersten Blick fällt eine gewisse Unregelmäßigkeit in der Zuordnung der Bautrakte auf, wobei Teile eines älteren Jagdschlosses, die man wiederverwendete, eine Rolle spielen mögen. Die Hauptgebäude umschlossen zusammen mit Mauern einen Hof; andere unterschiedlich große Höfe, darunter ein geräumiger Wirtschaftshof mit Taubenhaus, waren nach Norden und Osten angegliedert, alle klar mit Mauern umgrenzt. Südlich und westlich der Gebäude lagen die Zier-, Obst- und Weingärten, deren regelmäßige Kompositionsform über die unregelmäßige der Höfe und Schloßflügel dominierte.

Erhalten ist, wenn auch mit Veränderungen vor allem des 19. Jahrhunderts, der zweigeschossige Kernbau der Anlage du Thiers (Abb. 52). Eine gerade Zufahrt von der Nationalstraße 765 aus führt achsial auf ihn zu. Der MITTELTRAKT öffnet sich im Erdgeschoß mit einer Arkadengalerie, die schon bei Du Cerceau als das architektonische Hauptmotiv von Beauregard zu sehen ist. Den Mittelbau begrenzen einachsige Gebäudetrakte, an die sich ungleich vorspringende Seitenflügel anschließen. Die ruhige ausgewogene Flächengliederung der Fassade wirkt durch ihre Schlichtheit. Zu aufwendig geben sich dagegen die Lukarnen des 19. Jahrhunderts, die nach Du Cerceau ursprünglich viel einfacher waren. Die Rückseite zum abfallenden Gelände der einstigen Weingärten zeigt abweichend heute von Du Cerceaus Stich eine geschlossene Front. Im 17. Jahrhundert wurde der Mittelbau nach dieser Seite verdoppelt.

Für die INNENGESTALTUNG zog Jean du Thier italienische Künstler vom Hof des Königs heran. So malte Niccolò dell'Abbate nach Zeichnungen Primaticcios eine Ka-

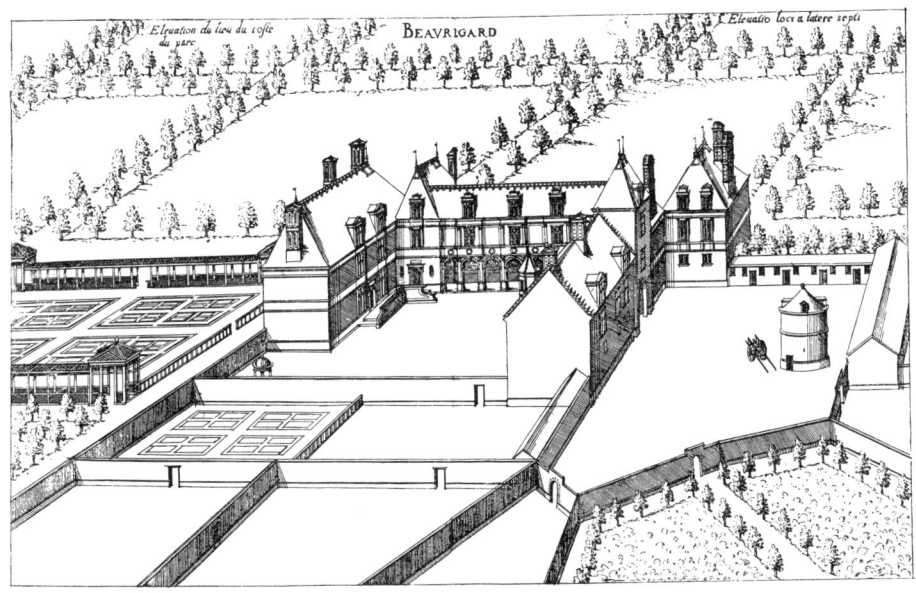

Beauregard, Ansicht des Schlosses nach Du Cerceau (1607)

pelle aus, die im 19. Jahrhundert beseitigt wurde. Ein Fragment der Fresken hat sich im Museum von Blois erhalten. »Ein Kabinett neben der Bibliothek ist vollständig mit einer geschnitzten und mit Gold abgesetzten Eichenholztäfelung verkleidet (Abb. 54). Eine der Kassetten der Decke zeigt das Wappen der du Thier ›Drei Schellen in Blau‹. Das Motiv der Schellen ist überall als Schmuckmotiv in der Täfelung wiederholt. Wie ein Schmuckkästchen wirkt dieser Raum mit seinen Füllungen, in dem Feinheit und Kraft sich die Waage halten; er hat den Namen 'cabinet aux grelots – Schellenkabinett' erhalten. Die oberen Füllungen sind nicht geschnitzt, sondern gemalt. Welch bescheidener und ungenannter Meister mag wohl diese Stilleben gemalt haben, die an das Leben des Herrn von Beauregard erinnern? Es sind Handschriften, Goldschmiedearbeiten, Waffen, Musikinstrumente, Spielgeräte, Haufen von Äpfeln und eine Kelter – Symbole der Wissenschaft oder einfach der Ausdruck von Momenten des Glücks im Leben eines Landaristokraten und eines geistreichen Menschen.«[50]

Der Mitteltrakt Jean du Thiers enthält im Obergeschoß die berühmte PORTRÄTGALERIE (Abb. 53), um derentwillen man Beauregard eigentlich besucht. Ein späterer Besitzer des Schlosses, der Staatsrat Paul Ardier (gest. 1638) und sein Sohn richteten sie ein. Die Holzvertäfelung umschließt 363 Porträts historisch bedeutender Persönlichkeiten von der Zeit Philipps von Valois angefangen bis zu Ludwig XIII. Die Sockelzone und die Balkendecke überzog Jean Mosnier mit einer feingliedrigen Dekorationsmalerei und fügte dem Sockel Embleme und Devisen verschiedener Könige Frankreichs ein. Eine Kostbarkeit besonderer Art ist der Fußboden der Galerie, der ganz aus Delfter Fliesen besteht. Sie stellen in blauer Bemalung auf weißem Grund eine ›Armee auf dem Marsch‹ aus dem frühen 16. Jahrhundert dar, »ein erstaunlich lebendiges Gewimmel von kleinen Figuren, die dort in militärischer Formation mit Musketieren, Pickenträgern, Reitern, Artilleristen und Fahnen aufmarschieren. Es gibt dergleichen nicht noch einmal in ganz Frankreich«[51].

Eine zweite Galerie mit Porträts großer Persönlichkeiten aus der Regierungszeit Ludwigs XIV. verschwand im 19. Jahrhundert. Wie in vielen Schlössern an der Loire zeigt man in Beauregard eine KÜCHE; diese mit einer reichhaltigen Sammlung von Töpfen und Backformen aus Kupfer.

Cheverny

Mit einer Liebestragödie beginnt die Geschichte des heutigen Schlosses Cheverny, das einen Vorgängerbau des frühen 16. Jahrhunderts ersetzt (Farbt. 21 und Abb. 56). Henri Graf Hurault, Erbe von Cheverny und schon in früher Jugend vom Militärdienst besessen, heiratete 1589 die elfjährige Tochter des Oberstallmeisters von Frankreich Françoise Chabot. Sie aber sollte mit ihrem Gatten nicht glücklich werden. Allzulange hielten ihn die Waffen des Königs von ihr fern, sie langweilte sich und vergnügte sich mit einem Edelknaben. Graf Hurault ertappte die beiden auf frischer Tat, tötete den Nebenbuhler und zwang die treulose Gattin, zwischen Degen oder Giftbecher zu wählen. Sie nahm das Gift. Nach einer Kirchenbucheintragung fanden die Chirurgen im Leib der Toten einen fünfeinhalb Monate alten Knaben. Der König, der im Scherz den Argwohn Huraults geweckt hatte und sich nicht unschuldig an dessen Zorneshandlung fühlte, bestrafte den Grafen milde, indem er ihn nach Cheverny verbannte. Bald heiratete er die schöne Tochter seines Landvogts, Marguerite Gaillard, eine Frau mit hohem Kunstverstand. Ihre Abneigung gegen das altertümliche mit Türmen bewehrte Schloß und die Erinnerung an die Tragödie in seinen Mauern erleichterten den Entschluß, ein modernes bequemes Gebäude zu errichten.

Die Pläne entwarf ein Architekt aus Blois, Jacques Bougier, der den Neubau vermutlich 1626 begann, aber unvollendet hinterließ, als er 1632 starb. Auch Marguerite (gest. 1635) und Henri (gest. 1648) erlebten das Schloß nicht mehr in fertigem Zustand. Erst ihre Tochter Cécile Elisabeth Marquise de Montglas ließ die Arbeiten an diesem vielbewunderten Bauwerk zum Abschluß bringen. Die Schönheit seiner Umgebung, seiner Architektur, seiner Gärten und Kanäle sei nicht geringer als die der Insel der Alcina oder des Palasts des Apolidor, schwärmte eine Verehrerin der Marquise, Anne-Marie-Louise d'Orléans, genannt die Grande Mademoiselle.

»Massiv, etwas schwer, voll Majestät, ganz Symmetrie, ist es ein Denkmal des ›Grand siècle‹. Nichts erinnert mehr an eine Festung. Alles ist auf Annehmlichkeit des Wohnens abgestellt, auf Harmonie und zur Schau getragene Vornehmheit.«[52] Die Konzeption ist einfach und ohne Vorbild. Es gibt nur einen einzigen zweigeschossigen Flügel mit einem schmalen Treppentrakt in der Mitte und mächtigen Pavillons als Außenakzente, die zur Nordseite aus der Flucht um eine Fensterachse vortreten und so einen kurzen Hof abgrenzen.

Die Gestalt des Schlosses formen vor allem die Dächer. Jedes Baukompartiment hat sein eigenes: gewölbeartige Hauben auf den Pavillons, Walmdächer von wechselnder Höhe und Breite auf dem Mittelpavillon und auf den Zwischentrakten. Unterschiedlich auch die Fassadengestaltung. Hauptmotive der durch waagerechte Streifen feinstrukturierten Eingangsfront sind Imperatorenbüsten, die den herrschaftlichen Anspruch der Architektur sinnfällig machen (Abb. 56). An der Rückfront und an den Seitenfronten sind die Streifen zu Quadern an den Ecken und um die Fenster reduziert, wodurch hier ein rustikalerer Eindruck entsteht.

Die Aufteilung des Inneren ist nicht wesentlich gegenüber dem ursprünglichen Zustand verändert. Den künstlerisch teilweise bedeutenden Räumen fehlt jede museale Sterilität. Sie sind ständig bewohnt geblieben. Der heutige Besitzer, der Marquis de Vibraye, ist ein Nachkomme der Huraults.

Vestibül und Treppenhaus in der Mitte öffnen den Zugang in die Appartements. Das TREPPENHAUS ist nach dem Vorbild von Chenonceaux zweigegliedert, die Läufe sind auf Mittelpfeilern überwölbt. Sorgfältig skulptierte Gehänge mit Früchten, Waffen und Attributen der Künste schmücken die tragenden Elemente und spielen auf die besonderen Interessen der Huraults an (Abb. 57).

Die nächst dem Treppenhaus fast völlig original erhaltenen Räume sind der Gardensaal und das Königszimmer im Obergeschoß. Der GARDENSAAL, der größte Raum im Schloß, ist der Vorsaal zum Königszimmer und deshalb im Reichtum der Ausstattung zurückhaltend. Ein prächtiger Kamin mit Merkur und Venus, die ein Gemälde *Tod des Adonis* von Jean Mosnier flankieren, und weitere gemalte Szenen aus der Adonis-Geschichte an den Seiten, ist Hauptblickpunkt des Raumes. Ein Wandteppich gegenüber stellt die Entführung Helenas dar, gewebt nach einem Gemälde François Francks von 1621 im Museum der Schönen Künste zu Tours. Eine kostbare Sammlung von Waffen und Rüstungen schmückt die übrigen Wände. Arabesken, Blumen und Würdezeichen der Huraults überziehen dekorativ die Deckenbalken. Mehr Aufmerksamkeit verdienen die von Jean Mosnier mit feinem Pinsel bemalten Felder des Holzsockels: Hauptmotive sind Blumenembleme, jede Blumenart ist mit einem lateinischen Sinnspruch verbunden, der sich auf ihre Eigenschaft bezieht oder auch übertragende Bedeutung haben kann. So besagt das Spruchband der blauen Glockenblume: »Obgleich ich klein bin, trage ich doch die Farbe des Himmels.« Die Kletterbegonie, im fernen Amerika beheimatet und gerade erst in Europa eingeführt, wird zum Sinnbild für die Wertschätzung des teuren Gastes, den der Hausherr im Königszimmer beherbergt. Solche Bilderrätsel zu lösen, ihre oft versteckten Anspielungen in gelehrten Diskussionen herauszufinden, war ein beliebter Zeitvertreib. Es wundert daher nicht, daß zu diesem Zyklus schriftliche Deutungsversuche des 18. Jahrhunderts bekannt sind. Die in Grisaille gemalten Figuren seitlich der Blumen – Musen, Künste, Götter als Personifikationen bestimmter Begriffe – umschreiben zum Teil den Gehalt der Embleme oder rufen sinnvolle Gedankenverbindungen wach. So gehört zur Glockenblume die Musik, die nach antiker Vorstellung himmlischen Ursprungs ist. Neben der Kletterbegonie erscheint Merkur, der Gott des Handels.

Für den Besuch des Königs oder eines anderen hochgestellten Gasts stand das KÖNIGS-ZIMMER bereit (Farbt. 16). Blau, Gold und Rot, die heraldischen Farben des Gastgebers, bestimmen das Farbbild des Raumes. Skulptierte, gemalte und gewebte Figuren der antiken Mythologie beleben prunkvoll Decke und Wände. Kaum eine Stelle, die nicht in Form- und Farbstrukturen aufgelöst erscheint, geordnet durch die klaren Linien des Rahmenwerks aus Holz. Die Decke, das Kaminbild und die Supraporte des Eingangs (ihr ursprüngliches Gegenstück ist verloren) erzählen die Geschichte von Perseus und der Meduse, gemalt von Jean Mosnier. Bewerkenswerter noch sind Mosniers Malereien auf den Sockelfeldern: Begebenheiten aus dem Roman ›Aetiopica‹ des Griechen Heliodor von Ermesa (3. Jahrhundert n. Chr.), in dem die Liebesabenteuer des Theagenes und der Chariklea geschildert werden. Im 16. Jahrhundert wurde dieses Werk in mehreren Übersetzungen verbreitet; es beeinflußte wesentlich die Entwicklung des barocken Liebesromans. Man darf hier den nicht häufig gemalten Zyklus als ein Indiz für die literarische Bildung des Bauherrn werten. Szenen aus der Odyssee stellen die Wandteppiche dar, die vermutlich in einer Pariser Werkstatt um 1640 entstanden. Sie hauptsächlich erwecken im Raumbild den Eindruck von Prunk und Überfluß. Den Reichtum steigern noch der sorgsam verzierte *Kamin* (Abb. 58) und ein *Prunkbett* mit Baldachin aus persischer Seide, bestickt mit Blumen und Figuren in schillernden Farben. Es ist nicht das ursprüngliche Paradestück, doch dürfte es im Gesamtkunstwerk dieses außergewöhnlichen Raumes ein angemessener Ersatz sein.

Die GALERIE und der SPEISESAAL des Erdgeschosses wurden im 19. Jahrhundert neu eingerichtet. Die Boiserien zeigen Szenen aus Don Quichotte, teils von Jean Mosnier im 17. Jahrhundert gemalt, teils aus dem 19. Jahrhundert. – Auf der anderen Seite des Vestibüls sind noch zwei andere Räume zugänglich. Der GROSSE SALON aus dem 19. Jahrhundert hat eine Wandvertäfelung mit Grisaillen des 17. Jahrhunderts und beachtlichen Porträts, darunter von Mignard über dem Kamin das schöne Bild der Marie Johanne de la Carre Saumery, Schwiegertochter der Elisabeth Hurault. Ein Porträt des Cosimo de' Medici neben dem Spiegel der Gegenwand wird Tizian zugeschrieben. Das Pendant, Jeanne d'Aragon, stammt aus dem Atelier Raffaels. Man fand es in Montereau – als Abdeckung eines Brunnens. – Der KLEINE SALON nebenan ist mit einer beliebten Serie flandrischer Genre-Tapisserien nach David Teniers ausgestattet.

Die vorbildlich gepflegten etwas nüchternen Anlagen des Schlosses sind heute gegenüber dem ursprünglichen Zustand vereinfacht, zahlreiche Nebengebäude verschwunden. Aus dem 18. Jahrhundert stammt die elegante kleine Orangerie, auf die die Mittelachse nördlich des Schlosses zuläuft.

Der Marquis de Vibraye ist als Jagdherr bekannt. Seine *Meute* von etwa 80 Jagdhunden im Zwinger der Wirtschaftsgebäude gehört neben einem JAGDMUSEUM zu den Sehenswürdigkeiten von Cheverny.

Fougères-sur-Bièvre

Fougères ist ein mitten im Dorf gelegenes Landschloß, das durch die Strenge und Wucht seiner Baukörper, weniger durch künstlerischen Anspruch wirkt. Seine Geschichte reicht ins 11. Jahrhundert zurück. Im 14. Jahrhundert wurde es durch den ›Schwarzen Prinzen‹, einem Sohn des englischen Königs Edward III., bis auf den viereckigen Donjon geschleift. Das Gut fiel durch Heirat an Jean de Refuge. Sein Sohn Pierre de Refuge, Rat Charles d'Orléans' und Schatzmeister Ludwigs XI., erhielt 1470 vom König das Recht, Fougères als Festung wieder aufzubauen. Wenn auch im Zuge der Renaissance die Gräben verschwanden und die Fenster vergrößert wurden, so ist der Festungscharakter bis heute unverändert.

Vier ungleiche Flügel umschließen einen Hof. Die Außenakzente der hohen abweisenden Eingangsfront bilden der Donjon des Mittelalters und ein dicker Rundturm. Im Zwischentrakt flankieren schlanke mit ihm verwachsene Rundtürme das Eingangsportal zum Hof. Zwischentrakt und runder Eckturm sind mit einem Wehrgang ausgestattet. Vor der Eingangsfront liegt der Wirtschaftshof. Ihn mußte man durchqueren, um auf die heute längst verschwundene Zugbrücke vor dem Schloßeingang zu gelangen.

Ein wenig Wohnlichkeit verspürt man erst im INNENHOF (Abb. 59). Der Flügel am Wohnturm besteht nur aus einem Geschoß und öffnet sich in flachbogigen Arkaden einer Galerie. Ein wirkungsvoller gestalteter Kontrast zu den sonst kalten geschlossenen Mauerflächen ist hier kaum denkbar. Lukarnen mit Fialen und Wappen, Portale mit Kielbögen und einige wenige Skulpturen sind zusätzliche Schmuckakzente.

Die Besitzer des Schlosses wechselten häufig. Nach der Französischen Revolution diente es als Spinnerei, dann als Wohnstätte für Landarbeiter. Schließlich kaufte es 1932 der Staat. Außer schönen Kaminen und einem Dachstuhl in Form eines umgekehrten Schiffskörpers ist wenig Bemerkenswertes im Inneren erhalten geblieben. Die Leute der Umgebung wissen die Atmosphäre des Schlosses zu schätzen und feiern hier gerne ihre Familienfeste.

Chaumont

Chaumont gehört zu den wenigen Loire-Schlössern, die einen unmittelbaren Bezug zum Fluß haben (Abb. 60). Auf schroffem Felsen über dem Ufer errichtete Graf Eudes I. von Blois im 10. Jahrhundert eine Burg gegen seinen Rivalen um den Besitz der Touraine, Fulko Nerra, den Grafen von Anjou. Diese Anlage ging im 11. Jahrhundert in den Besitz der Herren von Amboise über, wurde im 12. Jahrhundert geschleift und wieder aufgebaut. Als sich im 15. Jahrhundert Pierre d'Amboise mit anderen Feudalherren gegen Ludwig XI. verbündete, beschlagnahmte der König das Schloß und ließ es zerstören. Doch Pierre d'Amboise erlangte die königliche Gunst zurück und durfte das Gebäude wiedererstellen. Sein ältester Sohn Charles I. d'Amboise begann mit den Arbeiten 1465 und errichtete den (heute abgetragenen) Flügel über dem Fluß und den Nordwestflügel mit der Tour d'Amboise. Sein Sohn Charles II., der als Maréchal de France, Admiral, Generalleutnant in Italien und königlicher Haushofmeister in Diensten Ludwigs XII. stand, vollendete das Schloß bis zu seinem Tode 1511. Da er jedoch lange in Mailand residierte, dürfte er die Aufsicht über die Bauarbeiten seinem Onkel und Premierminister Ludwigs XII., dem Kardinal Georges d'Amboise, übertragen haben.

1560 kaufte Katharina von Medici Schloß Chaumont und zwang Diana von Poitiers, die Mätresse ihres verstorbenen Gemahls Heinrich II., es gegen Schloß Chenonceaux einzutauschen, das die Regentin für sich begehrte. Diana konnte die düstere Atmosphäre von Chaumont jedoch nicht ertragen und verbrachte den Rest ihres Lebens in Schloß Anet.

Nach zahlreichem Besitzerwechsel vom 16. bis zum 19. Jahrhundert gehörte Chaumont zuletzt dem Prinzen Amédée de Broglie, der das Schloß umfassend restaurieren ließ. 1938 kaufte es der Staat.

Im 18. Jahrhundert machte Jacques-Donatien Le Ray Chaumont zu einem Zentrum der Kunstindustrie. Neben anderen Manufakturen richtete er eine Werkstätte zur Fabrikation von Medaillons aus Keramik ein, für die er den berühmten italienischen Modelleur Giovanni Battista Nini (gest. 1786 in Chaumont) gewinnen konnte. Seine Porträtmedaillons großer Persönlichkeiten aus gebranntem Ton waren wegen der Feinheit ihrer Ausführung begehrt, und sie brachten Le Ray nicht unerhebliche Gewinne.

Dank der Manufakturen des Le Ray galt Chaumont während der Französischen Revolution als nützliches Bauwerk und blieb von Zerstörungen verschont. Der Sohn Le Rays, der sein Glück in Amerika suchte, überließ 1810 das Schloß für die Zeit seiner Abwesenheit Madame de Staël. Durch Napoleon aus Paris verbannt, schrieb sie hier ihr Werk ›De l'Allemagne‹ und scharte einen Kreis von Schöngeistern um sich, darunter die Dichter August Wilhelm Schlegel und Adelbert von Chamisso. In einem köstlichen Brief hat Chamisso das Leben im Schloß beschrieben: »Chaumont – auf dem mittäglichen linken Ufer der Loire – liegt wunderherrlich auf einer Höhe. Man hat über die Esplanade des inneren Hofes, wie von den Zinnen der alten, schönen, festen gotischen Türme, die göttlichste Aussicht über den breiten, schönen, gradfließenden Strom und die Landstraße fern am anderen Ufer, in eine reiche, grüne unabsehbare Ebene mit Weinbergen, Ansiedeleien, Saaten und Wäldern. Mein Fenster, an welchem ich schreibe, sieht nun aus dem Hintergebäude über den Hof – zwischen der Burgkapelle und dem anderen Flügel – diese schöne Landschaft in würdiger Einfassung. – In dieser alten Burg hausen denn nun die vornehmen Geister alle: der kluge, zierliche, kühle, schwerfällige Schlegel, die dicke, feurige Staël mit leichter, froher, anmutiger Bewegung; der milde, fromme Mathieu de Montmorency; die schöne, anmutige Récamier; der nüchterne, häßliche, kleine, stummlauernde, witzige Sabran; der schöne, zarte Nordländer Bölk; eine kugelrunde, harte, kalte Engländerin; ein guter Teufel von naivem, fröhlichem, zahmem, furchtsamem, gesprächigem italienischem Künstler-, und ich, nach Zauberer Sitte, räuchre denn diese Geisterschar nach Herzenslust ein, worüber sie die seltsamsten Gesichter schneiden ...

Man arbeitet übrigens den ganzen Tag und sieht sich in der Regel nur zu den drei Speisestunden. Die Staël gefällt mir am Ende mehr als der Deutsche (Schlegel), sie hat mehr Lebensgefühl, obwohl sie sich etwas weniger als er auf Anatomie versteht, hat auch mehr Leben, mehr Lieb' im Leibe, sie hat das Gute der Franzosen, die Form-Leichtigkeit, Lebens-Kunst und -Anmut – sie hasset sie aber sehr bis auf ihre Freunde. – Ich passe aber in diese Welt gar nicht, ich habe mit ihr nichts gemein. Und obgleich eigentlich keinerlei Zwang angelegt ist, so entbehre ich doch allerlei Freiheit; ernstlich lieb' ich eben keinen hier, und es liebt mich auch keiner, da ging es mir doch in Berlin und selbst in Paris besser – kurz ich verschmachte an diesem ›Quell Kastalia's‹. Selbst das Rauchen wird einem sauer gemacht, muß ich doch, wenn es regnet, von dem Abtritt aus – ein wahrer Lustort, im Vorbeigehen zu bemerken – meinen Qualm in die gelehrte Welt blasen, denn die stachelschweinförmige britannische Feindin besetzt eine Stube neben der meinigen, von wo sie das Feuer meiner Batterien zum Schweigen gebracht hat...«[53]

Das SCHLOSS öffnet sich mit seinen drei Flügeln zum Fluß hin (Abb. 61). Der vierte Flügel verschwand im 18. Jahrhundert, weil er den Schloßbewohnern den Blick auf das Loiretal versperrte. Von der Parkseite her hat der Bau mit seinen mächtigen Rundtürmen den Charakter einer Festung (Farbt. 23). Ältester Teil ist der Nordwestflügel und der abweisend glatte Rundturm (Tour d'Amboise) der Westecke mit seinen 3,70 m dicken Mauern. Er konnte den Bewohnern als letzte Zuflucht dienen, denn obwohl mit den Wohnflügeln verbunden, ist er von ihnen unabhägig, und eine enge Wendeltreppe in der Mauerstärke verbindet seine Geschosse.

Man betritt den Hof über die Zugbrücke an der Südostecke, die zwei enggestellte RUNDTÜRME zwischenfassen. Wappen und anderer plastischer Zierat beleben die nüchternen weißen Wände aus Quadersteinen: am linken Turm das Wappen des Kardinals Georges d'Amboise, am rechten das des Charles II. d'Amboise, gehalten von ›Wilden Männern‹. Über dem rundbogigen Durchlaß zum Hof erscheinen neben dem Wappen Frankreichs die Initialen Ludwigs XII. und der Anne de Bretagne, umgeben von den Lilien Frankreichs und den Hermelintupfen der Bretagne; darunter eine Nische mit einer Madonnenstatuette. Ein Fries zieht sich um die Türme und die angrenzenden Gebäudeflügel: Zwei verschlungene C (Charles de Chaumont) wechseln ab mit flammenden Hügeln – eine Verbildlichung von ›chauds monts‹ (die Etymologen halten diese Deutung des Ortsnamens für willkürlich und leiten den Namen von lateinisch calvus mons – kahler Berg her). Die einander verschlungenen Initialen D im Wechsel mit Jagdattributen über den Pechnasen des Wehrgangs gehen auf Diana von Poitiers zurück.

Aus dem Südostflügel ragt neben der Kapelle, die ihn an der Nordseite abschließt, der TURM SAINT-NICOLAS vor. Die Volksphantasie hält ihn für den Ort, an dem sich Katharina von Medici mit dem Astrologen Ruggieri eingeschlossen haben soll, um die Sterne nach dem Schicksal ihrer Söhne zu befragen.

Mehr als von den stark restaurierten Hoffassaden wird man von der Aussichtsterrasse gegenüber der Tordurchfahrt angezogen. Der SÜDOSTFLÜGEL erhielt vor dem obersten Geschoß im 19. Jahrhundert einen langgezogenen Balkon mit Maßwerkbalustrade. Auch die Galerie vor dem SÜDWESTFLÜGEL stammt aus dieser Zeit. Der polygonale Treppenturm neben der Durchfahrt (Abb. 62) hat im unteren Teil seinen phantasievollen Dekor bewahrt: spätgotische Zierformen, zaghaft mit italienischen Renaissanceelementen vermischt; über der Tür erscheint wiederum das Wappen des Kardinals Georges d'Amboise. Die oberen Teile des Turmes sind erneuert. Ein anderer Treppenturm am NORDWESTFLÜGEL hat ein Portal, das noch ganz in den Formen der Spätgotik verharrt.

Das INNERE des Schlosses hat wenig von seiner ursprünglichen Ausstattung bewahrt. Es ist heute museal mit Wandteppichen und Möbeln hauptsächlich des 16.–18. Jahr-

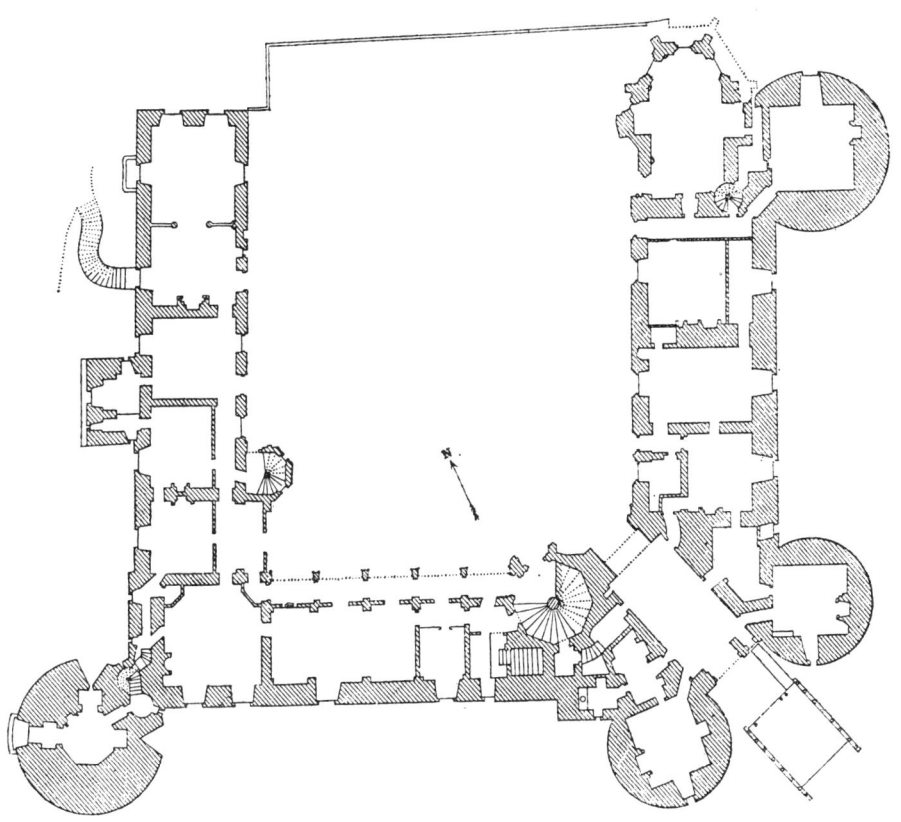

Chaumont, Grundriß des Schlosses

hunderts eingerichtet. Beachtenswert ist in der Salle du Conseil ein italienischer Fußboden des 17. Jahrhunderts aus farbigen Fayenceplatten mit einer Jagdszene. Prinz
Amédée de Broglie brachte ihn aus einem Palast in Salerno mit. Er legte auch den Park
von Chaumont an und errichtete 1877 anstelle der Werkstätten des Le Ray Remisen
und Stallungen – eine wahre Residenz für Pferde und Ponys mit allem nur erdenk-
lichen Luxus (der Prinz war mit der Tochter eines Zucker-Milliardärs verheiratet, die
Chaumont mit in die Ehe brachte). Die STÄLLE schließen ein altes Taubenhaus ein, in
dem der Modelleur Nini im 18. Jahrhundert seine Öfen eingerichtet hatte. Der Prinz
ließ es zu einer Manege für die Ponys seiner Kinder umgestalten.

Durch die Touraine

Amboise

»Dieses Schloß ist seit altersher berühmt als eines der erstrangigen Bauwerke in Frankreich, weil die Könige hier häufig residierten. Es liegt auf einer Anhöhe über der Loire (Farbt. 8). Zu seinen Füßen breitet sich die Stadt aus. In der Nähe gibt es einen herrlichen Wald. Der Blick von diesem Schloß schweift stromauf- und stromabwärts; ich kann mich nicht erinnern, jemals einen solch überwältigenden Blick stromabwärts genossen zu haben. Von den Terrassen, die unvergleichlich dieses Schloß umgeben, sieht man bequem die Stadt Tours und die Abtei Marmoutier, obgleich sie noch sieben Meilen entfernt sind. Doch kann man noch viel weiter schauen, bis sich der Blick in der Ferne verliert. Das Bauwerk ist nicht nur an der Flußseite errichtet, sondern es hat auch eine Seite zur Stadt, die es beherrscht. Ringsum ist es stark befestigt. Auf felsigem Grund, zu Füßen der Ummauerung und mit ihr verbunden, ragen zwei mächtige Türme von ungefähr zehn bis elf Klaftern Durchmesser auf. Im Inneren dieser Türme können von unten bis zum hochgelegenen Hof des Schlosses Pferdewagen hinauffahren. Auch gibt es mehrere Hauptgebäude. Die auf den Ringmauern sind gut gebaut ... Aber man findet auch einige, die aus Fachwerk bestehen ... Der Garten ist ein wenig zu eng für seine

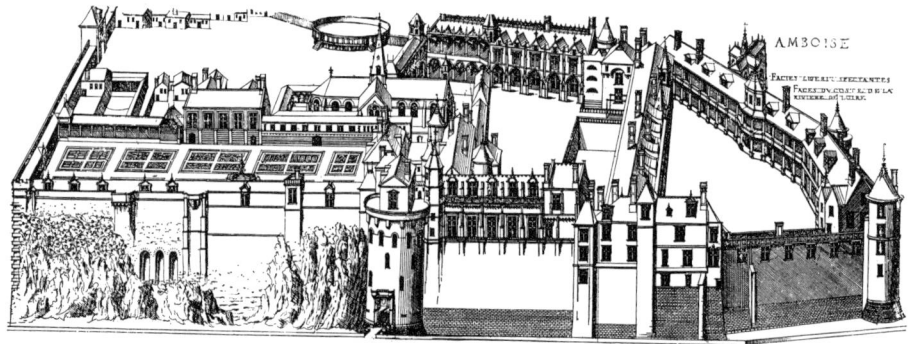

Amboise, Ansicht des Schlosses von der Loire-Seite nach Du Cerceau (1607)

Länge; er ist ganz von Mauern eingeschlossen. In der Mitte des ersten Hofes ist eine Kirche in modernen Bauformen errichtet, und auf einem Vorsprung der Ummauerung zur Stadt hin steht eine kleine Kapelle.«[54]

So erläutert Jacques Androuet Du Cerceau in seinem Stichwerk Schloß Amboise, dessen ursprüngliche Vielgestaltigkeit er überliefert. Die Gesamtsituation ist bis heute wenig verändert, doch das Gebäudeensemble nur noch ein Torso (Abb. 64). Man muß schon Du Cerceaus Stiche vor Augen haben, will man die Königsresidenz in rechter Weise würdigen.

Königsbesitz wurde Amboise 1434, als Karl VII. das Schloß der Herren gleichen Namens konfiszierte. Doch erst Ludwig XI. und mehr noch sein Sohn Karl VIII., der hier seine Kindheit verlebte, machten das Schloßplateau zu einer riesigen Baustelle. Mehr als 170 Maurer und 70 bis 90 Handlanger bevölkerten sie. Karl VIII. war ungeduldig, das Werk vollendet zu sehen. Selbst in den Wintermonaten wurde ununterbrochen gearbeitet, des Nachts beim Schein von Talglichtern, die man auch dazu benutzte, die gefrorenen Steine zu erwärmen, um sie bearbeiten zu können. Finanziert wurde das gewaltige Projekt zum Teil aus der Salzsteuer, die dem König zustand.

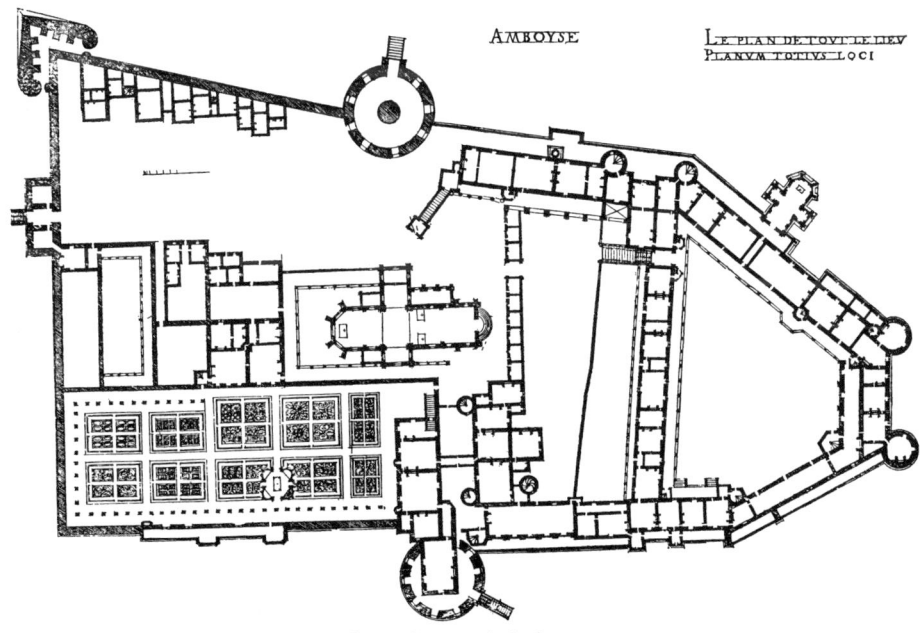

Amboise, Grundriß des Schlosses nach Du Cerceau (1607)

1494/95 unternahm Karl VIII. einen Feldzug nach Italien. Hier erlebte er den Reichtum der Patrizierpaläste und den Prunk des Hoflebens. Sogleich erwachte der Wunsch, all dies nachzuahmen. »Mein Bruder«, schrieb er 1495 an den Herzog von Bourbon aus Neapel, »Sie können sich nicht vorstellen, welch schöne Gärten ich in dieser Stadt habe. Wahrhaftig. Es scheint, daß nur Adam und Eva fehlen, um daraus ein irdisches Paradies zu machen, so schön sind sie und voll von guten und sonderbaren Dingen.« Er werde auch die besten Maler mitbringen, die die schönsten Balkendecken machten, schöner und reicher als alles, was man in Frankreich antreffen könne.[55]

Der Feldzug war politisch nicht erfolgreich, doch bedeutete er die Geburtsstunde der französischen Renaissance. Karl VIII. führte im Gefolge eine Schar italienischer Künstler mit nach Amboise, darunter auch – wie es die Quellen ausdrücken – einen listigen Erfinder, der sich aufs künstliche Ausbrüten von Hühnchen verstand. Aus Neapel traf eine Ladung verschiedenster Teppiche, Bücher, Gemälde, Skulpturen und Möbel ein, mit denen Karl das neuerrichtete Schloß ausstatten ließ. Hierüber berichtet ein Augenzeuge: »Es bedarf dazu keiner einzigen Anmerkung oder es bedarf deren 20 Bogen; denn was der Tapezierer Nicolas Fagot in seinen Wagen aus dem untersten Italien in das Herz von Frankreich beförderte, ist nichts mehr und nichts weniger als die ganze italienische Kunst, jene Kunst, die in Amboise, in Gaillon und in unserem ganzen Vaterlande zahlreiche Wunder aufblühen lassen sollte.«[56]

Noch bevor die Arbeiten am Schloß vollendet waren, verunglückte Karl VIII., als er mit der Königin einem Ballspiel im Schloßgraben zuschauen wollte. Auf dem Weg dorthin stieß er heftig mit dem Kopf gegen einen niedrigen Türdurchbruch, ohne zunächst den Vorfall ernst zu nehmen. Doch plötzlich wurde er ohnmächtig, man legte ihn auf einen Strohsack, von dem er sich nicht mehr erheben sollte.

Der Nachfolger Ludwig XII. wählte zwar Blois zu seiner Residenz, ließ die Bauarbeiten in Amboise jedoch zuendeführen. Das Schloß wurde Wohnsitz der Louise von Savoyen, Gräfin von Angoulême und Mutter Franz' I. Hier verbrachte dieser seine Jugend, schaute er Maurern und Gärtnern zu, hier wurde er mit der italienischen Sprache vertraut. Als König wählte er Amboise zur Residenz. Er baute sie weiter aus und berief den größten Genius der Zeit: Leonardo da Vinci. Herrliche Feste wurden veranstaltet, und Franz I. begann hier, den französischen Hof zu schaffen – »dadurch, daß er die Frauen zur Herrschaft brachte. Er soll den Ausspruch getan haben, daß ein Hof ohne Frauen einem Jahr ohne Frühling, einem Frühling ohne Rosen gleiche. Darum rief er die Edeldamen herbei, die früher ihr Leben in den alten, grauen Donjons ihrer Burgen vertrauert hatten. Er schuf den Hof mit allem klugen Despotismus, mit allem Reize, so daß alles Leben und alle Welt des Landes nur um den König her zu finden war ... So entstand mit den Weibern die Intrige und die Galanterie und ... der Luxus. Was Franz I. begründet hatte, bauten dann die großen Ludwige nur ins Gigantische weiter aus.«[57]

Die Glanzzeit des Schlosses als Königsresidenz endete unter Franz II. mit der Verschwörung des Jahres 1560. Angestachelt durch den Prinzen Condé, versuchte eine

Gruppe von Hugenotten sich in Blois ihrer Gegner, der Guise, zu bemächtigen und den jungen König zu entführen. Der Hof jedoch war rechtzeitig nach Amboise geflüchtet, verfolgt von den Verschwörern. Sie wurden gefaßt und auf abscheuliche Weise umgebracht. Katharina von Medici, die ihren Sohn zu den Hinrichtungen aufgewiegelt hatte, unterzeichnete 1563 das Edikt von Amboise, das die freie Ausübung des reformierten Glaubens gestattete. Es sollte der letzte Herrschaftsakt im Schloß sein. Die Könige verließen es danach für immer.

Im 17. Jahrhundert diente das Schloß als Staatsgefängnis, im 18. Jahrhundert erhielt es der Herzog von Choiseul zusammen mit der Baronie Amboise, doch interessierte er sich mehr für sein Lustschloß Chanteloup, das er sich in der Nähe errichtet hatte (s. S. 132). Anfang des 19. Jahrhunderts wurden große Teile der Baulichkeiten abgebrochen. Zuletzt Eigentum des Hauses Bourbon-Orléans, gehört Amboise heute dem Staat.

Man beginnt den Rundgang über das heute gärtnerisch gestaltete Schloßplateau bei der HUBERTUS-KAPELLE aus der Zeit Karls VIII., die grazil einen Vorsprung der Befestigungsmauer krönt (Abb. 65). Die Kapelle gehörte zum Logis der Königin, das sich vor der Eingangsfront erstreckte, und diente als Oratorium. Sie besteht aus nur einem Langhausjoch, einem Querschiff und einem dreiseitig geschlossenen Chor. Der filigranhafte gotische Zierat des Daches und der Dachreiter wurden im 19. Jahrhundert erneuert. Eigentliches Schmuckstück des Außenbaus ist das zweitürige Eingangsportal (Abb. 66) mit einem feinskulptierten Relief, das den hl. Christophorus und den hl. Hubertus darstellt, dem auf der Jagd ein Hirsch mit einem Kruzifix im Geweih erscheint. Nicht ursprünglich und ein wenig zu schwer im Gesamtbild sind die Skulpturen des Tympanons: Karl VIII. und Anne de Bretagne verehren die Gottesmutter.

Das Innere prunkt mit reichstem Flamboyant- Schmuck. Man vermutet, daß flandrische Steinmetzen ihn geschaffen haben wie auch das Christophorus- und Hubertusrelief des Eingangs. Im linken Querschiff sind seit 1874 Gebeine beigesetzt, unter denen sich vielleicht die von Leonardo da Vinci befinden. Er wurde 1519 in der Kirche Saint-Florentin beigesetzt, die inmitten des Schloßplateaus stand und Anfang des 19. Jahrhunderts abgebrochen wurde. 1869 erinnerte man sich des berühmten Toten und grub am ehemaligen Standplatz der Kirche nach seinen Gebeinen. Man stieß auf zahlreiche Gräber, und auch das, was man in romantischer Begeisterung finden wollte, kam bald ans Tageslicht: ein Schädel mit der großen Stirn des Genius. Als man ihn mit Leonardos Turiner Selbstbildnis verglich, war jeder Zweifel an der Identität des Fundes verflogen. Bei der Grabung fanden sich auch Reste einer Grabplatte mit den Buchstaben LEON ... und ... INC ...

Von den zahlreichen Trakten des Schlosses, die auf Du Cerceaus Stich zu sehen sind, steht nur noch – stark restauriert – das LOGIS DES KÖNIGS. Der Teil zur Loire hin, eingefaßt durch einen viereckigen Pavillon (Rest des mittelalterlichen Donjons) und den runden Minimenturm, entstand unter Karl VIII. – Ludwig XII. und Franz I. fügten den rechtwinklig anschließenden Flügel hinzu (Abb. 69).

Das Erdgeschoß des älteren Teils besteht aus zwei gewölbten Galerien, von denen die zum Loire-Tal hin durch Arkaden geöffnet ist. Im Stock darüber erstreckt sich der zweischiffige GROSSE SAAL, dessen Rippengewölbe auf Säulen mit den Lilien Frankreichs und den Hermelintupfen der Bretagne im 19. Jahrhundert erneuert wurde (Abb. 67). In diesem Raum wurden 1560 die Verschwörer zusammengetrieben, um sie am Gitter des Balkons zu erhängen.

Die übrigen Räume des Schlosses sind heute museal eingerichtet. Neben Langeais besitzt Amboise die reichhaltigste Sammlung an Möbeln aus der Spätgotik und der Renaissance, die man in den Loire-Schlössern vorfindet.

Erhalten, wenn auch teilweise erneuert, sind die TÜRME (›Tour Hurtault‹ im Süden, ›Tour des Minimes‹ an der Loire-Seite), in denen man mit Pferd und Wagen hinauffahren konnte (Abb. 70). Als Kaiser Karl V. 1539 Franz I. in Amboise besuchte, wollte der König den Einzug des Kaisers bei Dunkelheit besonders festlich inszenieren. Einen der Türme (vermutlich den Hurtault-Turm) ließ er mit Tapisserien ausschlagen und den Aufgang mit Fackeln taghell erleuchten. Als der Kaiser sich mitten im Turm befand, fingen die Wandteppiche durch die Unachtsamkeit eines Fackelträgers Feuer. Eine Panik brach aus, und nur mit Mühe entkam der Kaiser dem Tod des Erstickens. Der König bezichtigte mehrere Wachen, an diesem Vorfall schuld zu sein und wollte sie hängen lassen, doch der Kaiser verzieh ihnen großmütig.

Das wichtigste Bauwerk nach dem Schloß ist in der Stadt die ehemalige Priorats-Kirche SAINT-DENIS, eine dreijochige Basilika mit Querschiff, Vierungsturm und Chor aus dem 12. Jahrhundert im Plantagenet-Stil. Das Gewölbe des Chores und die Nebenkapelle wurden im 15. Jahrhundert erneuert. Das südliche Seitenschiff erweiterte man im 16. Jahrhundert. Von der Stadt aus führt ein reichgeschmücktes, jedoch stark restauriertes Rundbogenportal ins Innere.

Das große Altarretabel des Chores aus dem 17. Jahrhundert stammt von Antoine Charpentier; das Gemälde mit der Heiligen Familie wird Claude Vignon zugeschrieben. – Zur wichtigen Ausstattung der Kirche gehören eine Figurengruppe der Grablegung und eine ruhende Marie Magdalena, beide aus dem 16. Jahrhundert. Beachtenswert auch die Mamorplastik – wie es heißt – einer Ertrunkenen (16. Jh.). Dargestellt ist wahrscheinlich Marie Gaudin, die Gemahlin des Philibert Babou de la Bourdaisière und Mätresse Franz' I. – In der Taufkapelle hängt ein Gemälde des 17. Jahrhunderts: Der hl. Franz von Paul wird 1482 in Amboise vom künftigen Karl VIII. empfangen.

Die Kirche Notre-Dame-de-Grève, die seit dem Abbruch der Schloßkirche den Namen SAINT-FLORENTIN übernommen hat, entstand um 1480 auf Anordnung Ludwigs XI., der den Bewohnern der Stadt den Besuch der Kirche auf dem Schloß verboten hatte. – Das Haus des Schatzmeisters von Frankreich, Pierre Morin, aus dem frühen 16. Jahrhundert – gegenüber der Kirche –, wurde 1855 das Rathaus der Stadt. Ein Rest der Stadtbefestigung ist die PORTE DE L'AMASSE, auf der 1495–1500 der Uhrturm errichtet wurde. Die Umgebung des Tores gehört zu den reizvollsten Winkeln in Amboise.

Für die Uferpromenade schuf Max Ernst 1966–68 einen *Brunnen* mit verschieden
großen Schildkröten, einem froschgesichtigen Wesen, das kleiner als Zwillingspaar
wiederholt ist, und einer katzenhaften Figur als Hauptmotiv – alle Figuren auf lebendig
strukturierten Sockeln, das Ganze von spielerisch heiterem, fast witzigem Charakter.
Die Stadt erhielt den Brunnen als Geschenk des Künstlers.

Die Erinnerung an den Aufenthalt Leonardo da Vincis hält der kleine außerhalb der
Stadt im Amasse-Tal gelegene Herrensitz CLOS-LUCÉ lebendig, zu dem die Rue Victor-
Hugo am Fuße des Schlosses hinführt (Abb. 68). Clos-Lucé, in alter Zeit Cloux genannt,
erbaute sich Ende des 15. Jahrhunderts der Haushofmeister Ludwigs XI., Étienne Le
Loup. Danach gehörte es – gleichsam als Dependance zum Schloß – Karl VIII. und
Louise von Savoyen, der Mutter Franz' I. Dieser wies es 1516 Leonardo als Wohnsitz
zu.

Schon Ludwig XII. hatte den Künstler bewegen wollen, nach Frankreich zu kommen.
Doch erst dem Nachfolger gelang es durch die Vermittlung des französischen Malers
Jean Perréal, den größten Genius der Zeit zu sich zu rufen, »ein Ereignis, das allein
schon ein Beweis für die geistige Bedeutung einer Regierung ist«.[58] Es versteht sich, daß
der König Leonardo mit äußerster Freizügigkeit behandelte, wofür er nichts forderte
als das Vergnügen seiner Unterhaltung. Überliefert ist der Bericht, den der Sekretär
Kardinal Luigi d'Aragonas nach einem Besuch 1517 in Clos-Lucé aufgezeichnet hat.
Leonardo zeigte dem Kardinal drei Bilder: »das Bildnis einer bestimmten Florentine-
rin, das er auf Veranlassung des verstorbenen Giuliano de' Medici nach dem Leben
gemalt hatte, dann einen jugendlichen Johannes der Täufer und das Bild der Madonna
mit dem Kind auf dem Schoß der hl. Anna, alle drei von höchster Vollendung. Freilich
kann von ihm nichts Hervorragendes mehr erwartet werden, da er an der rechten Hand
gelähmt ist. Er hat sich einen Mailänder zum Schüler herangebildet, der gut genug arbeitet. Und obwohl der genannte Meister Leonardo nicht mehr mit der Zartheit malen kann,
die ihm früher eigen war, so ist er doch imstande, zu zeichnen und andere zu unter-
richten. Dieser Herr hat einen besonderen Traktat über die Anatomie zusammengestellt,
mit Illustrationen nicht nur der Glieder, sondern auch der Muskeln, Nerven, Adern,
Gelenke, Eingeweide und allem, was an den Körpern der Männer wie auch der Frauen
studiert werden kann, so wie noch kein anderer Mensch es jemals getan hat. All das
haben wir mit unseren Augen gesehen; und er sagte, er hätte bereits mehr als dreißig
Körper seziert, Männer wie Frauen jeden Alters. Er hat auch über die Natur des Was-
sers geschrieben, und über verschiedene Maschinen und andere Dinge, die er in einer
endlosen Zahl von Bänden niedergelegt hat, und all das in Umgangssprache.«[59]
    Zu Leonardos Zeit bestand Clos-Lucé nur aus zwei Flügeln in Ziegel und Haustein
mit polygonalem Treppenturm im Winkel und angrenzender Kapelle. Der Nordflügel
wurde im 19. Jahrhundert hinzugefügt. Im INNEREN zeigt man das Zimmer, in dem der
Meister nach dem Bericht Giorgio Vasaris in den Armen Franz' I. am 2. Mai 1519 gestorben sein soll. Doch befand sich der König zu diesem Zeitpunkt gar nicht in Amboise.

So zweifelhaft wie der Bericht Vasaris ist das angebliche Sterbebett. Eine berühmte Zeichnung von Schloß Amboise, die Leonardo zugeschrieben wird und von der eine Reproduktion im Sterbezimmer zu finden ist, zeigt den Blick von Clos-Lucé aus (Abb. 63). Lange galt Leonardo als der Schöpfer der durch Restaurierungen verdorbenen Fresken in der kleinen Kapelle; sie stammen allenfalls von einem Schüler Leonardos.

Dem Erfindergenie des Künstlers hat die französische Tochtergesellschaft des weltgrößten Konzerns für Büromaschinen und Komputer I.B.M. auf ihre Weise gehuldigt: Sie ließ einen Teil von Leonardos außergewöhnlichen Maschinen, Fahrzeugen und Flugapparaten, wie sie der Kardinal von Aragon in Clos-Lucé gesehen haben mag, in Modellen nachbauen und so ihre Funktionstüchtigkeit erproben. Die Modelle sind im Souterrain des Schlosses ausgestellt.

Von der Straße D 31, die südlich der Stadt durch den Wald von Amboise führt, zweigt ein Fahrweg zur PAGODE VON CHANTELOUP ab (Abb. 79). Dieses eigenartige Gebäude ist neben kleinen Pavillons das einzige Überbleibsel einer der prächtigsten Schloßanlagen des 18. Jahrhunderts in Frankreich. 1713 erbaut, ging Schloß Chanteloup 1761 an den Premierminister Ludwigs XV. und Gouverneur der Touraine, den Herzog Étienne-François de Choiseul, über. Er beauftragte den Architekten Louis Denis le Camus, das Schloß zu vergrößern und reicher zu gestalten. Denn er träumte davon, in dieser herrlichen Landschaft am Rande des Forsts von Amboise einen Palast und Gär-

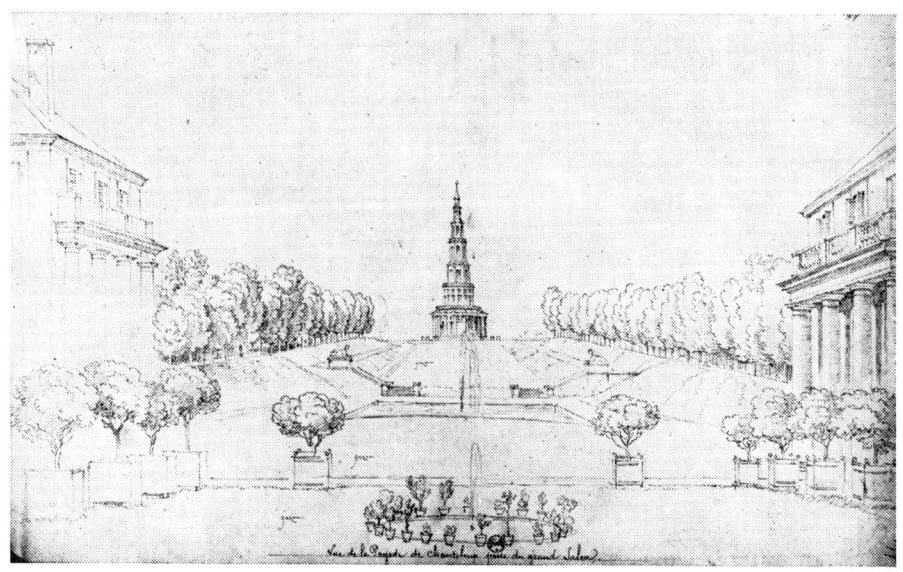

Chanteloup, Schloß. Blick über die ehemaligen Gartenparterres auf die Pagode

ten zu haben, die mit Versailles wetteifern konnten. Anfang des 19. Jahrhunderts wurde das Schloß auf Abbruch verkauft. Doch gibt es Bilder und Archivalien, aus denen sich ein Nachgeschmack von der kultivierten Lebensart des Herzogs gewinnen läßt. Einige der kostbaren Möbel und zauberhafte Gemälde François Bouchers aus dem Schloß sind heute im Museum der Schönen Künste in Tours zu sehen (Abb. 123).

Die Landschaft rings um das Schloß, das ganz in Gartenanlagen eingebettet war, ließ der Herzog von einem nahezu symmetrischen Netz von Alleen und Schneisen durchziehen, die in der Schloßachse um das noch heute erhaltene große Wasserstück zusammenkamen. Den Mittelpunkt des gesamten Schloß- und Parkbereichs bezeichnete die Pagode. Eine Zeichnung aus dem Cabinet des Estampes in Paris veranschaulicht, welch beherrschender point de vue sie vom südlichen Schloßhof aus war.

Ein Gebäude im chinesischen Stil verwundert nicht zu einer Zeit, in der die Chinamode an den europäischen Fürstenhöfen ihren Höhepunkt erreichte. Das eigentlich Bemerkenswerte an diesem Bauwerk ist der Anlaß für seine Entstehung. Als nach dem Tod der Madame de Pompadour, die Choiseul geschätzt hatte, Madame Dubarry die Gunst des Königs errang, versagte der Premierminister der neuen Mätresse seine Anerkennung. Ludwig XV. befriedigte ihre Rachegelüste und verbannte Choiseul nach Chanteloup. Doch der Herzog hatte sich viele Freunde gewonnen, die ihm nun, da er durch die Ungnade des Königs kaltgestellt war, die Treue hielten. Sie besuchten ihn in Chanteloup, herrliche Feste und Jagdvergnügen lösten einander ab, und Choiseul durfte schönere Zeiten denn je mit ihnen genießen. Um ihrer Freundschaft ein dauerndes Zeugnis zu setzen, ließ er 1775–78 von Le Camus die Pagode errichten.

Siebenfach staffelt sie sich empor, vierzig Meter bis zur Dachspitze. Kolonnaden umstehen den unteren offenen Rundsaal. Eine Treppe führt zu immer kleiner werdenden überkuppelten Räumen. Ein übers andere Mal tragen die Stockwerke Balkone, von denen aus man den prachtvollen Ausblick auf Amboise, auf das Wasserstück und auf den umliegenden Wald genießen kann. Ein leichter Einschnitt im Gelände zeigt die Stelle an, wo die Gartenparterres des Schlosses lagen. Im Saal des ersten Obergeschosses, der ganz mit Marmor ausgekleidet ist, ließ der Herzog eine Tafel mit folgender Inschrift anbringen: »Étienne-François, Herzog von Choiseul – gerührt über die erwiesene Freundschaft, die Güte und die Achtung, mit der ihn während seines Exils so viele Personen beehrten, die sich an diesem Ort in höflicher Weise einstellten – hat dieses Monument errichten lassen, um für alle Zeiten seine Dankbarkeit zu bekunden.«

Chenonceaux

»Ich vermag schwer die einzigartige Sanftheit und aristokratische Heiterkeit, die das Schloß von Chenonceaux atmet, zu schildern«, schrieb der Dichter Gustave Flaubert. »Am Ende einer großen Allee gelegen, vom Dorf etwas entfernt, das sich respektvoll abseits zu halten scheint, vom Wald umgeben, inmitten eines weiten Parkes mit schönen Rasenflächen, auf Wasser gebaut, streckt es seine Türmchen und seine viereckigen Schornsteine in die Luft. Der Cher fließt murmelnd unter den hohen Bogen dahin, deren scharfe Kanten seine Wasser durchschneiden. Seine Geschmeidigkeit ist robust und sanft zugleich, und seine stille Melancholie ohne Langeweile oder Bitterkeit«[60] (Farbtafel 20, Abb. 80–82).

Zu allen Zeiten haben Frauen die führende Rolle in der Geschichte dieses Schlosses gespielt. Seit dem 13. Jahrhundert gehörte das Land um Chenonceaux den Herren von Marques, die am Cher ein Schloß errichtet hatten. 1411 wurde es auf Befehl des Königs geschleift, weil der Schloßherr die Waffen gegen ihn gerichtet hatte. Doch schon bald entstand ein neues Schloß, dessen Donjon und Gräben erhalten sind. Dazu gehörte eine Mühle, die auf mächtigen Pfeilern im Cher errichtet war.

Pierre Marques, der 1460 die Besitzung erbte, verstand sie nicht zu verwalten, und Schulden zwangen ihn, sie Stück um Stück zu veräußern. Käufer war jedesmal der Obersteuereinnehmer Karls VIII., Thomas Bohier. Mit genüßlicher Beharrlichkeit lauerte er auf den völligen Ruin der Familie Marques, und nach zwanzig Jahren war alles in seiner Hand. Rings um Chenonceaux hatte Bohier beachtliche Ländereien an sich bringen können; der König billigte ihm alle Rechte und Privilegien eines Grundherrn zu.

1513 begann Bohier, das alte Schloß bis auf den runden Donjon abzureißen und auf den Substruktionen der Mühle im Fluß das heutige Schloß zu errichten. Die Aufsicht über die Bauarbeiten führte seine Gemahlin Catherine Briçonnet, denn die Staatsgeschäfte hielten ihn jahrelang in Italien fest.

Nach acht Jahren Bauzeit war das Schloß vollendet. Doch nur wenige Jahre noch konnten die Bohiers es genießen; Thomas starb 1524, Catherine 1526. Als eine Prüfung ergab, daß Bohier dem Schatzamt eine riesige Geldsumme schuldete, schlug sein Sohn und Erbe dem König einen Vergleich vor und überließ ihm neben anderen Gütern Chenonceaux.

1547 bestieg Heinrich II. den Thron, und seine Mätresse Diana von Poitiers erbat sich von ihm das Schloß. Da er ihr nie eine Bitte verweigerte, erfüllte er ihr auch diesen Wunsch. »Sie liebte Luxus, aber nicht die Ausgaben, und es gelang ihr immer, das, was sie sich wünschte, als Geschenk zu erhalten.«[61]

Diana ließ durch Philibert Delorme eine Brücke über den Cher entwerfen und beginnen, außerdem in dreijähriger Arbeit nordöstlich des Schlosses ein großes Gartenparterre anlegen: Zier-, Obst- und Gemüsegarten zugleich. Die Besitzer der schönsten Gärten in der Touraine bat sie um Pflanzenmaterial. Der Erzbischof von Tours schickte

Pfropfreiser von seinen kostbarsten Obstbäumen und besorgte Rosenstöcke, Lilien-
zwiebeln und als besondere Raritäten Melonen und Artischocken. Hinzu kamen Wein-
reben, Maulbeerbäume für eine Seidenraupenzucht, Erdbeeren und Veilchen. Jacques
Androuet Du Cerceau rühmt eine sechs Meter hohe Fontäne in der Mitte des Gartens
als besonders gelungene Erfindung.

Diana genoß die Schönheiten von Chenonceaux in vollen Zügen. Es heißt, sie sei bei
aufgehender Sonne nackt in die Fluten des Cher gesprungen, um irgendwo wieder auf-
zutauchen und auf einem Schimmel davonzureiten.

Mit dem Tode Heinrichs II. 1559 endete ihr Glück. Heinrichs Gemahlin Katharina
von Medici zwang ihre verhaßte, nun schutzlose Nebenbuhlerin, Chenonceaux gegen
das unwirtliche Chaumont einzutauschen. Wie Diana war auch sie von Chenonceaux
besessen, und sie plante eine Erweiterung, die das Schloß zum gewaltigsten Bauwerk
des Jahrhunderts in Frankreich gemacht hätte. Jacques Androuet Du Cerceau hat das
vermutlich von Jean Bullant entworfene Projekt in seinem Stichwerk überliefert; es
gibt kein anschaulicheres Zeugnis für das schrankenlose Geltungsbedürfnis dieser Frau.
Ausgeführt wurde nur eine doppelgeschossige Galerie auf der Brücke.

Berühmt sind die Feste, die Katharina in Chenonceaux veranstaltete. Einige sind in
Beschreibungen überliefert, z. B. das Fest für ihren Sohn Karl IX. im Jahre 1563, das

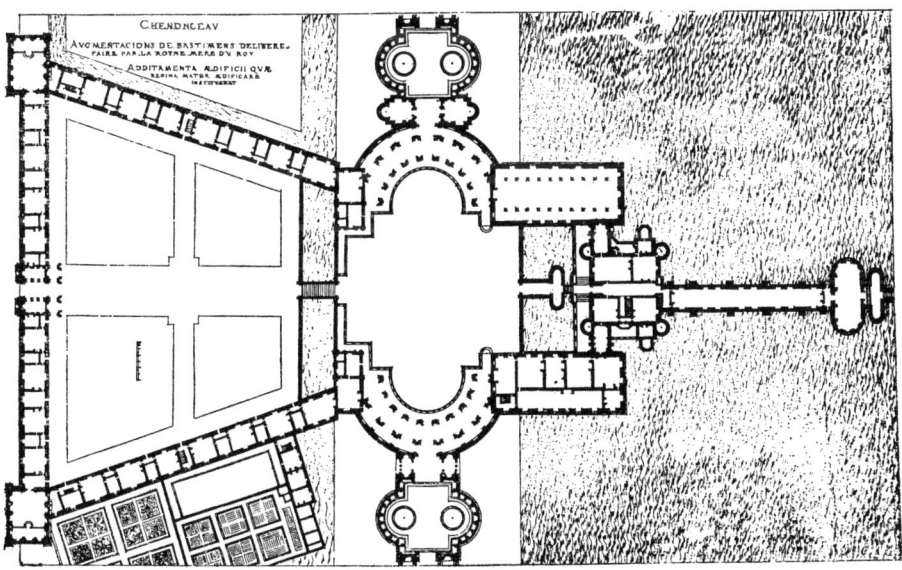

Chenonceaux, Schloßprojekt der Katharina von Medici nach Du Cerceau (1607)

mit einem Triumphzug begann: »Der Einzug in Chenonceaux erfolgte über eine lange
Allee, die auf den Seiten von Kanälen begrenzt war, denen singende Sirenen entstiegen;
ihnen antworteten die aus dem Walde heraustretenden Nymphen. Bei diesen Klängen
kamen die Satyre, die sie nach Anhören des Gesanges rauben wollten. Fahrende Ritter
sprangen herbei, um sie zu verteidigen, und alle zusammen kamen, nachdem sie un-
zählige Schwertschläge ausgetauscht hatten, um dem König zu huldigen. Jetzt ertönten
von den Galerien und vom Schloß zahllose Kanonenschüsse, ein Feuerwerk wurde
abgebrannt.

Rouet, Lymeuil, Guionnière, Montal, Teigny und La Roche-Pouzay waren die Nymphen, mit Silberstoff, rosenrotem und blauem Schleier bekleidet, mit vielen Edelsteinen
an Hals und Gürtel und die Arme mit kostbaren Armreifen bedeckt. Die Ritter waren
ganz mit Silber- und hellrotem Stoff und blauem Velours ausstaffiert. Die Satyre mit
Haaren aus Gold und Seide bekleidet.

Am Abend wurde ein Fest für den König, alle Fürsten und Herren und für den Hof
gegeben. Nach dem Essen eröffnete der König den Tanz mit Madame, seiner Schwester,
und tanzte auch mit den Masken, die vorher die Nymphen und Ritter waren und jetzt,
als Bewohner des Poitou verkleidet, mit einem Dudelsack erschienen, um den Reigen
aus dem Poitou zu tanzen. Die Bekleidung der Damen war aus Silberstoff, Blau und
Inkarnat, das Haupt ganz mit Edelsteinen bedeckt und die Männer in Samt und Seide
in Blau, Weiß und Inkarnat mit silbernen Tressen.

Am nächsten Morgen ging der König gleich nach dem Aufstehen in den Gärten spazieren, wo er seine Edelknaben bei einem Angriff auf einen Eber fand. Nachdem das
Tier getroffen war, ging der König speisen, um nach dem Essen eine Wasserfahrt mit
den Damen und vielen Masken zu machen.

Nach dem Abendessen erschienen zum Konzert der König, Monsieur* und Madame,
seine Schwester, der Prinz von Navarra, der Marquis Conty, Herr von Guyse, die
kleine Ozances, Bordeille, Curtin und Luze, alle als Schäfer in edelsteinbesetztem Gold-
stoff und weißem Satin.

Den anderen Tag begab sich der König zur Treibjagd. Ein großer Keiler wurde vom
Prinzen und den Herren, die dort waren, alle zu Pferd und maskiert, mit langen Spie-
ßen zur Strecke gebracht. Das war eine schöne Hatz, bei der viel Schwarzwild erlegt
wurde, während der König sich auf der Tribüne mit der Königinmutter, Monsieur und
Madame, der Prinzessin Condé, Herrn le Grand, den Herren Bourbon, von Guyse,
Prinz von la Roche-sur-Yon, Herrn d'Estampes und unzähligen anderen befand.

Am Abend nach dem Souper wurde auf dem Flusse ein großes Feuerwerk durch Herrn
Cornelio de Fiesco abgebrannt.

Am nächsten Morgen geleitete die Königinmutter den König zum Frühstück in den
Park und in das Haus, in dem sich viele Vögel aus fremden Ländern befinden. Sie wurden von allen Töchtern der Königin und von Madame bedient, die in Trachten der

---

* der spätere Heinrich III.

80 CHENONCEAUX Blick von Südwesten über den Cher auf das Schloß (16. Jh.)

82 CHENONCEAUX, Schloß   Wohnbau und Galerien

◁ 81 CHENONCEAUX   Schloß und Gärten von Nordwesten

83 CHENONCEAUX, Schloß   Untere Galerie

84   CHENONCEAUX   Blick auf das Schloß

85   CHENONCEAUX, Schloß   Unteres Vestibül

87   Morgennebel über dem Cher ▷

86   CHENONCEAUX, Schloß   ›Salon Ludwigs XIV.‹ mit dem Porträt des Königs von Hyacinthe Rigaud

88 Blick über Schloß und Kirche Saint-Aignan

89 Hl. Ägidius, Freskodetail (2. H. 12. Jh.) in der
Krypta von Saint-Aignan

90 Inneres der Kirche Saint-Aignan (E. 11.–A. 13. Jh.;
19. Jh.)

91   SAINT-AIGNAN-SUR-CHER   Krypta der Kirche Saint-Aignan

92 VALENÇAY Gesamtansicht des Schlosses (16.–18. Jh.)

93 VALENÇAY Königszimmer im Schloß 94 VALENÇAY Blick auf den Parkflügel des Schlosses ▷

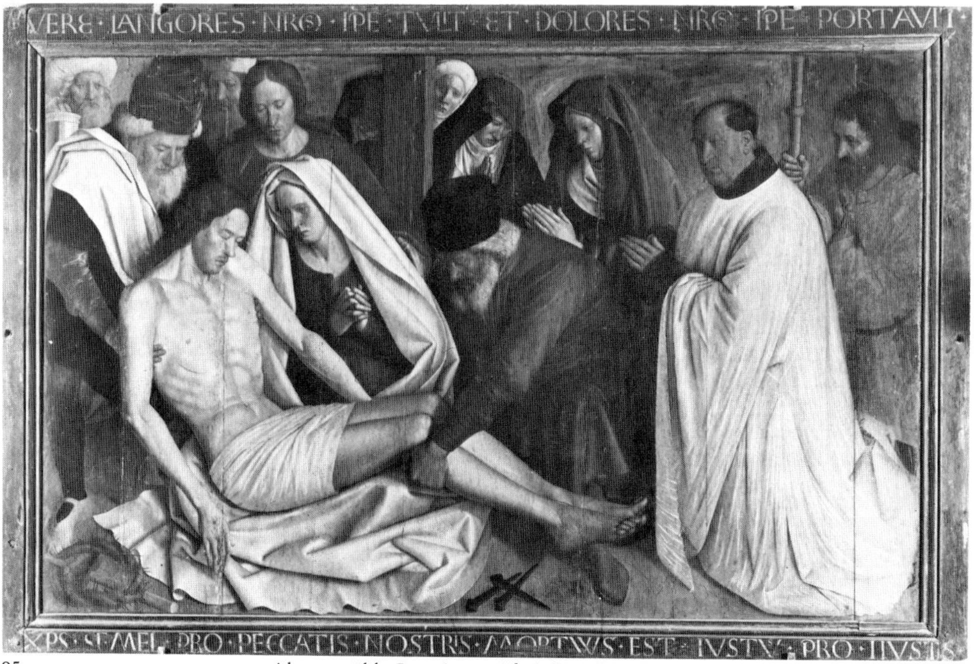

95 NOUANS-LES-FONTAINES Altargemälde *Beweinung Christi* von Jean Fouquet (um 1470) in der Kirche

96 MONTRÉSOR Imbert de Bastarnay, Detail seines Grabmals (um 1525) in der Kirche

97 MONTRÉSOR Blick über den Indrois auf das Schloß (A. 16. Jh.)

98　LOCHES　Blick auf die mittelalterliche Cité mit Donjon und Kirche Saint-Ours

99　LOCHES　Königliches Schloß (14./15. Jh.) und
›Porte des Cordeliers‹ (E. 15. Jh.)

100　LOCHES　Grabmal der Agnes Sorel (gest.
1449) im Königlichen Schloß

101 AZAY-LE-RIDEAU Blick auf das Schloß (1518 ff.) von Südwesten

102 SACHÉ Schloß

104 SACHÉ, Schloß Arbeitszimmer Honoré de Balzacs

103 AZAY-LE-RIDEAU Außenfront des Treppenhauses

106 AZAY-LE-RIDEAU Kassettengewölbe im Treppenhaus des Schlosses

105 SACHÉ, Schloß Korrekturbogen Balzacs

107 SACHÉ, Schloß Großer Salon mit Balzac-Büste

108   LE LIGET   Kapelle Saint-Jean (2. H. 12. Jh.)   109   LE LIGET   Ehem. Kartause

110
LE LIGET
›Tod
Mariens‹,
Fresko
(um 1200)
in der Kapel-
le Saint-Jean

Picardie mit dunkelroten Röcken aus Samt und Satin und Hauben aus gewebtem Leinen gekleidet waren, das Haupt voller Edelsteine, die Schürzen und Ärmel aus Silberstoff, die Mäntel aus Purpur. Dort wurde ein schönes Frühstück aus Süßigkeiten und allen möglichen Früchten gereicht.

Beim Nachtisch lieferten vierundfünfzig mit Girlanden geschmückte Barken eine Seeschlacht.«[62]

Oft verliefen solche Feste nicht ohne Pikanterien. 1577 gab Katharina in Chenonceaux ein Bankett, »das sie, wie man sagt, mehr als hunderttausend Francs zu stehen kam, eine Ausgabe, die man durch eine Art Anleihe den reichsten Dienern des Königs aufbürdete, außerdem noch einzelnen Italienern, die es aber verstanden, sich den doppelten Betrag wiedererstatten zu lassen. Bei diesem schönen Essen wurden die schönsten und anständigsten Damen halbnackt und mit aufgelöstem Haar, wie es die verheirateten Frauen tragen, zur Bedienung ausersehen, zusammen mit den Töchtern der Königinnen, die in zweifarbigen Damast gekleidet waren.«[63]

Katharina von Medici vererbte Chenonceaux der Herzogin von Lothringen und Gemahlin Heinrichs III., Louise de Vaudémont. Nach der Ermordung des Königs 1589 machte Louise für den Rest ihres Lebens das Schloß zu einem Trauerhaus, trug fortan nur noch weiße Trauerkleider und ließ ihr Zimmer ganz in Schwarz gestalten.

Man findet im Schloß ein Porträt der anmutigen Madame Dupin, gemalt von Nattier. Sie und ihr Gemahl, der Generalpächter Claude Dupin, erwarben Chenonceaux 1733, richteten es kostbar ein und bepflanzten die verwahrlosten Gärten neu. Madame Dupin liebte die Künste und Wissenschaften, und in ihrem Salon trafen sich die Gelehrten Frankreichs. Jean-Jacques Rousseau, den die Dupins als Hauslehrer ihrer Kinder verpflichtet hatten, vermerkte in den ›Confessions‹ über seine Zeit im Schloß: »An diesem schönen Orte wurde auf das angenehmste gelebt, man aß recht gut und ich wurde fett wie ein Mönch.«[64]

Im 19. Jahrhundert war es Madame Pelouze, die dem Schloß seinen alten Glanz zu erhalten suchte und ihr Vermögen für eine historisierende Restaurierung opferte. Seit 1913 gehört Chenonceaux der Familie Menier.

Man erreicht das Schloß auch heute noch über die PARKALLEE, auf der einst Karl IX. seinen Einzug hielt. Hochgewachsene Platanen säumen den Weg. Seitlich sind die Kanäle erhalten, denen zu Ehren des Königs bei dem glanzvollen Fest die Sirenen entstiegen.

Zwei Sphingen (Abb. 84) am Ende der Allee bewachen den Zugang zu den GÄRTEN (Abb. 81), die, zum Teil von Wassergräben umgrenzt, zwischen Park und Schloß angelegt sind. Das größere von einer Terrasse umzogene Parterre an der Ostseite ist der Garten der Diana von Poitiers, das kleinere auf der Gegenseite der Garten der Katharina von Medici. Beide Parterres sind im heutigen Zustand Neuschöpfungen des 19. Jahrhunderts. Für die ornamentale Ausfüllung der Rasenflächen mit zartgliedrigen Schnörkeln dienten italienische Gärten als Vorbild.

Das mittlere Rasenparterre, durch das die Hauptwegeachse auf das Schloß zuführt, ist an der Westseite begrenzt von einem langgestreckten Gebäude, dem ›Bâtiment des Dômes‹, so genannt nach der eigenwillig wellenförmig geschwungenen Bedachung (im 19. Jahrhundert rekonstruiert). Katharina von Medici ließ es vielleicht durch Philibert Delorme als Unterkunft für die Bediensteten, für Edelleute und Offiziere errichten. Heute ist hier ein WACHSFIGURENKABINETT mit Szenen aus der Geschichte von Chenonceaux zu sehen.

Der Weg zum Schloß verläuft über eine wasserumwehrte Terrasse, dem Standplatz des alten Schlosses der Marques. Nur ein Brunnen mit verspieltem schmiedeeisernen Aufsatz und der runde Donjon aus der Mitte des 15. Jahrhunderts mit Treppentürmchen blieben erhalten. Thomas Bohier ließ den Donjon modernisieren und den Eingang mit einer Renaissance-Rahmung schmücken.

Das SCHLOSS ist durch seine Lage in der Landschaft und durch seinen Grundriß einzigartig unter den gleichzeitigen Renaissance-Bauten Frankreichs. Die Brücke über den Cher mit der doppelgeschossigen Galerie verunklärt als spätere Zutat die ursprüngliche künstlerische Form des Bauwerks. Es ist – im Gegensatz zum Vorgängerbau der Marques – in den Fluß gebaut. Sicher spielten hierfür Verteidigungsabsichten keine Rolle. Vielmehr wollte Bohier von allen vier Seiten des Schlosses aus die Flußlandschaft genießen können. Deshalb erhielten alle Fassaden – ursprünglich auch die später von der Galeriebrücke verdeckte im Süden – Balkone oder Terrassen.

Das Schloß ist auf exakt geschnittenem quadratischen Grundriß errichtet. Vier Rundtürme an den Ecken betonen den zweigeschossigen Baukörper; sie haben jedoch nichts Wehrhaftes. Nord- und Westfront erscheinen samt den Lukarnen in der Dachzone streng symmetrisch. Ähnlich ist die ursprüngliche Südfront zu denken. Chenonceaux ist eines der frühesten französischen Bauwerke, die nach den Regeln der italienischen Renaissance in ausgewogenen Maßverhältnissen gestaltet sind. Nur die Ostseite verrät noch den herkömmlichen auf malerische Unregelmäßigkeit bedachten Geschmack. Hier ragen aus der Front auf den vorspringenden Substruktionen der alten Mühle die Kapelle und ein zweigeschossiger pavillonartiger Vorbau heraus, beide mit polygonalen Schlüssen. Die Lukarnen und Schornsteine des Daches beleben die Strenge des Aufrisses, ohne die Klarheit seiner Gliederung zu überspielen.

Katharina von Medici muß die Eingangsfront als zu wenig repräsentativ empfunden haben. Sie ließ die seitlichen Fenster verdoppeln und zwischen ihnen Hermenpilaster anordnen. Im 19. Jahrhundert hat man diesen Eingriff wieder rückgängig gemacht. Die Hermenpilaster stehen heute östlich der Allee im Park.

Das INNERE wird in beiden Geschossen durch ein galerieartiges Vestibül in zwei gleiche Hälften geteilt, wobei die Breite des Vestibüls der halben Breite der angrenzenden Räume entspricht. Das Treppenhaus ist senkrecht in der Mitte des Vestibüls an der Westseite angeordnet. Vergleichbares findet sich in venezianischen Palästen. Warum sollte Thomas Bohier nicht bewußt ein Stück Venedig im Cher nachgestaltet haben? Wie der Außenbau zeigt auch die Innenraumdisposition den neuerwachten Sinn für Regel-

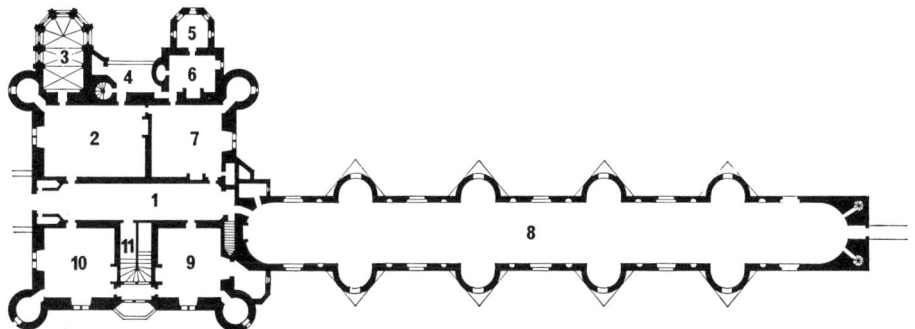

Chenonceaux, Grundriß des Schlosses (Erdgeschoß)
1 Vestibül 2 Gardensaal 3 Kapelle 4 Terrasse 5 Bibliothek 6 Grünes Kabinett 7 Zimmer der Diana von Poitiers 8 Galerie 9 Zimmer Franz' I. 10 Zimmer Ludwigs XIII. (Salon Ludwigs XIV.) 11 Treppe

mäßigkeit und gute Maßverhältnisse. Freilich fehlt es auch hier nicht an traditionellen Architekturformen. So ist das Vestibül des Erdgeschosses (Abb. 85) – vor dem Bau der Galeriebrücke von einem Fenster an der Südseite hell erleuchtet – mit einem eigenwilligen in sich verzogenen Rippengewölbe auf feinskulptierten Konsolen überdeckt. Auf den größtenteils leider abgetretenen Fliesen des Schmuckfußbodens liest man die Devise Thomas Bohiers: S'il vient à point me souviendra (Wenn es vollendet ist, wird es an mich erinnern), ein deutlicher Hinweis also, daß Bohier mit diesem Schloß seinen Nachruhm sichern wollte.

Jeweils zwei große Räume sind links und rechts vom Vestibül aus zugänglich. Eine geschnitzte Eichentür, in deren Schmuckfüllungen die Hll. Thomas und Katharina, die Namenspatrone Thomas Bohiers und Catherine Briçonnets, erscheinen, führt in den GARDENSAAL. Auch die Tür trägt Bohiers Devise. Einst schmückte diesen Saal ein italienischer (oder von Italien inspirierter) Majolikafußboden in Blau, Gold, Bister und Grün, der fast völlig zerstört ist; nur noch am Rande des Raumes lassen einige unversehrte Platten ahnen, in welch ornamentalem Reichtum die Bewohner des 16. Jahrhunderts zu leben wünschten. Erhalten ist der ursprüngliche Kamin mit dem Wappen Thomas Bohiers. Dagegen gehören die schönen flandrischen Wandteppiche des 16. Jahrhunderts nicht zur originalen Ausstattung.

Die benachbarte KAPELLE ist ein zweijochiger Raum mit 5/8-Chorschluß von 1521 in Übergangsformen der Gotik zur Renaissance. Kardinal Antoine Bohier, der Erzbischof von Bourges und Bruder des Bauherrn, weihte sie. An den Wänden fallen Kritzeleien des 16. und 18. Jahrhunderts auf: Die ältesten hinterließen schottische Soldaten der Maria Stuart, der Schwiegertochter Katharina von Medicis. Auf der Empore über dem Eingang folgten die Schloßbesitzer einst der Messe.

Das sogenannte ZIMMER DER DIANA VON POITIERS hat einen Kamin des 16. Jahrhunderts von dem bedeutenden Bildhauer Jean Goujon. Das Porträt der Katharina von Medici im Aufsatz des Kamins malte Henri Sauvage 1901. ›Triumph der Nächstenliebe‹ und ›Triumph der Gewalt‹ sind die Themen der flandrischen Wandteppiche (16. Jh.). Ein Gemälde *Madonna mit Kind* des 17. Jahrhunderts wird dem Spanier Bartolomé Esteban Murillo zugeschrieben.

Die beiden Nachbarräume im Anbau sind das GRÜNE KABINETT und die BIBLIOTHEK der Katharina von Medici. Das Kabinett hat noch seine grüngefaßte Balkendecke mit dem Monogramm Katharinas und war einst mit grünem Velours bespannt. In der winzigen Bibliothek hat sich die bemerkenswert feingeschnitzte Holzdecke von 1521 in Kassettenform erhalten.

Die beiden anderen Zimmer des Erdgeschosses sind nach Franz I. und Ludwig XIII. benannt. Die CHAMBRE DE FRANÇOIS I⁽er⁾ bewahrt den prächtigsten Kamin des Schlosses. Die Wände sind mit einer gemalten Leinwandtapete des 19. Jahrhunderts bespannt, die eine Ledertapete des 16. Jahrhunderts imitiert. Zwei Gemälde sind zu beachten: das angeblich in Chenonceaux gemalte Ganzfigurenporträt der *Diana von Poitiers als Jagdgöttin Diana*, Francesco Primaticcio zugeschrieben, und *Die drei Grazien* von Van Loo, in Wirklichkeit Ganzfigurenporträts dreier Schwestern, die Favoritinnen Ludwigs XV. waren.

In der CHAMBRE DE LOUIS XIII (auch Salon de Louis XIV) hängt ein *Porträt Ludwigs XIV.* von Hyacinthe Rigaud in üppig geschnitztem Goldrahmen (Abb. 86). Es ist ein Gastgeschenk des Königs zur Erinnerung an seinen Besuch in Chenonceaux. Ein Gemälde *Christus und Johannes* gilt als Werk des Peter Paul Rubens. In diesem Raum befindet sich auch das bereits erwähnte *Porträt der Madame Dupin* von Nattier. Der große Kamin mit den Emblemen Franz' I. und der Claude de France wurde im 19. Jahrhundert restauriert.

Die Treppe ins Obergeschoß besteht nach italienischen Vorbildern aus zwei geraden Läufen. Gewölbe mit kreuz- und kassettenförmigen Rippen überdecken sie. Eine Loggia im Wendebereich der Stufen über einem Verbindungsgang zwischen den angrenzenden Zimmern gibt den Blick durch die Fenster auf den Fluß frei.

Die Raumdisposition des Obergeschosses entspricht der im Erdgeschoß. Die vier Räume seitlich des Vestibüls sind museale Neuschöpfungen im Sinne des 16. Jahrhunderts.

Die KÜCHEN- und WIRTSCHAFTSRÄUME befinden sich in den mächtigen Substruktionen der alten Mühle, auf denen das Schloß errichtet ist. Durch diese geschickte Nutzung blieb aller Raum in den Geschossen des Neubaus zum Wohnen und Feiern erhalten.

Galerien gehören zu jenen baulichen Einzelformen, in denen der neue Lebensstil der Renaissance zum Ausdruck kommt. Sie werden zum Mittelpunkt des höfischen Lebens (Farbt. 13). »Hier versammelte sich die Gesellschaft zu einem glanzvollen Empfang oder saß an festlicher Tafel. Der Raum war dazu geschaffen, daß Kavaliere und Damen im

Schreiten und Sitzen, im Wechsel von einem zum anderen, bei Gespräch und Musik die Eleganz der Gebärden, der Kleider und der Konversation entfalten konnten.«[65] Die doppelgeschossige GALERIE auf der Brücke der Diana von Poitiers ließ Katharina von Medici um 1580 – vielleicht nach dem Entwurf von Jean Bullant – errichten. Noch bevor das sechzig Meter lange Bauwerk ans andere Flußufer heranreicht, bricht es unvollendet ab. Nach dem Stich von Du Cerceau sollte es in einem an den Schmalseiten abgerundeten Gebäude enden.

Die Außenarchitektur wirkt gegenüber der des älteren Schlosses kühl. Über den Brückenpfeilern steigen im ersten schmucklosen Geschoß halbrunde Vorbauten auf, die im reicher gegliederten Obergeschoß als Balkone dienen. Lukarnen beleben als dekorative Akzente die Dachflächen.

Die Galerieräume erscheinen heute nüchtern. Große Kamine an den Schmalwänden sind ihr wichtigster Schmuck. Die untere Galerie hat einen Boden aus weißen und schwarzen Fliesen und eine Holzbalkendecke (Abb. 83), an der im 19. Jahrhundert ein Teil der Trauerdekoration aus der Zeit der Louise de Vaudémont angebracht wurde. Nischen in den Wänden lassen auf verlorene Skulpturen schließen. Die Vorbauten, die dem Äußeren plastische Akzente geben, sind innen intime Nischenräume, in die man sich vom Festtreiben zurückziehen konnte. Den Reiz solcher Feste mitten über dem Fluß vermeint man heute noch zu spüren.

Im Ersten Weltkrieg richtete Gaston Menier, der Besitzer des Schlosses, in der Galerie ein Lazarett ein, und im Zweiten Weltkrieg war sie ein sicherer Fluchtweg: Der Eingang zum Schloß lag im Gebiet deutscher Besatzung; die Galerie führte hinüber in die unbesetzte Zone jenseits des Cher.

Montrichard

Montrichard verdient auf der Fahrt aufwärts des Cher einen kurzen Besuch. Die Stadt hat alte Häuser und reizvolle Gassen, über denen einer der bekanntesten Donjons Frankreichs aufragt. Fulko Nerra, Graf von Anjou, besaß Ende des 10. Jahrhunderts von seinen Vorfahren in der Touraine Amboise, Loches und La Haye. Als die Herren von Saint-Aignan und Pontlevoy ihn bedrohten, beschloß er, seine Besitzungen zu vergrößern. Um das Cher-Tal in seine Gewalt zu bekommen, bemächtigte er sich 1010 des Bergvorsprungs von Montrichard dicht am Fluß und ließ auf der Höhe einen Donjon aus Holz errichten. Strategisch war dieser Platz günstig, denn am Fuß des Berges kreuzten sich die Straßen von Tours nach Bourges und von Blois nach Poitiers. Einer der Nachfolger des Fulko Nerra, Hugues, ersetzte den Holzbau zwischen 1110 und 1130 durch den heutigen Donjon aus Stein nach dem Vorbild von Loches. Bis ins 15. Jahrhundert gehörte er den Herren von Amboise. 1461 erwarb ihn Ludwig XI., der hier oft weilte, um das Gnadenbild der Muttergottes in der Kirche des Nachbarortes Nanteuil zu verehren. In der Schloßkapelle am Fuße des Berges, heute die Pfarrkirche Sainte-Croix, heiratete 1476 der Herzog Ludwig von Orléans (der spätere Ludwig XII.) die Tochter Ludwigs XI., Jeanne de France; dies allein deshalb, um dem König gefällig zu sein. Als er selbst König geworden war, verstieß er sie, um Anne de Bretagne zu ehelichen. Jeanne liebte Montrichard als Wohnsitz, und die Bewohner schätzten sie wegen ihrer Güte und Einfachheit. 1950 sprach Papst Pius XII. sie heilig.

Vom König verkauft, wechselte Montrichard seit Ende des 16. Jahrhunderts vielfach seinen Besitzer. Hundert Jahre später war das Bauwerk unbewohnbar.

Das Kernstück der Befestigungsanlage, der viereckige durch Pfeilervorlagen gegliederte DONJON des 12. Jahrhunderts, besteht aus drei Etagen. Das Erdgeschoß diente als Magazin und hatte eine Balkendecke. Zu bewohnen war nur die mittlere Etage, die durch Spitzbogenfenster belichtet wurde. Man gelangte in diese Wohnetage unmittelbar durch eine Tür in der Südmauer. Das Dachgeschoß war flachgedeckt und schloß mit einem zinnengekrönten Wehrgang. Heinrich IV. ließ die oberen vier Meter der Mauern niederreißen, um die Wehrhaftigkeit des Bauwerks zu schwächen, sollte es in gegnerische Hände fallen. Innen verband eine Mauertreppe die Stockwerke. Man besteigt auf ihr auch heute noch den Donjon und genießt von oben aus einen prachtvollen Rundblick über die Stadt, auf den Vorort Nanteuil mit der Wallfahrtskirche (12., 13. und 15. Jh.) und die Brücke über den Cher.

Die Kirche SAINTE-CROIX am Fuße des Donjon geht als Schloßkapelle ins 12. Jahrhundert zurück. Aus dieser Zeit haben sich jedoch nur die Pfeiler und Arkaden an der Südseite des Langhauses erhalten. Das Nordschiff gehört ins 16. Jahrhundert, Chor und Kapellen entstanden im 18. Jahrhundert, Südschiff und Turm im 19. Jahrhundert.

Montrichard, Zeichnung von B. Ebhardt

Saint-Aignan-sur-Cher

Saint-Aignan-sur-Cher, auf einer Anhöhe über dem Tal des Cher gelegen (Abb. 88), hat zwei gewichtige Baudenkmäler, die sein Ortsbild beherrschen: ein Renaissanceschloß und eine romanische Kirche mit berühmten Wandmalereien in der Krypta. Ende des 9. Jahrhunderts errichteten Mönche des Klosters Saint-Martin in Tours eine Kapelle zu Ehren Unserer Lieben Frau. Nachdem sie Reliquien des heiligen Bischofs Anianus von Orléans erhalten hatte, wurde sie zu einer vielbesuchten Wallfahrtsstätte und Anfang des 11. Jahrhunderts durch einen Neubau ersetzt. An seiner Stelle entstand von Ende 11. bis Anfang 13. Jahrhundert die heutige Kirche SAINT-AIGNAN, zu der ein Stift gehörte.

Sie ist eine dreischiffige vierjochige Basilika mit einem Querhaus, das nicht über die Flucht der Seitenschiffe hinausragt, und einem Umgangschor mit drei Kapellen. Ein mächtiger Vorhallenturm im Westen und ein ebenso wuchtiger Vierungsturm bestimmen die Form des Äußeren.

Der INNENRAUM (Abb. 90) gehört mit seinen kräftigen Architekturgliedern, dem reichen Wandaufriß mit Rundbögen im Chor und den schlanken Proportionen von Chor, Querschiff und Mittelschiff zu den eindrucksvollsten eines romanischen Sakralbaus im Gebiet der Loire – trotz einer radikalen Erneuerung im 19. Jahrhundert. An den Gewölben läßt sich ablesen, daß von Osten nach Westen gebaut wurde. Chor und Querschiff haben Tonnengewölbe, das Mittelschiff ist mit kuppeligen Kreuzrippengewölben zwischen spitzbogigen Gurten überdeckt, in denen sich die frühe Gotik bereits zeigt.

Aus dem 15. Jahrhundert stammt am südlichen Seitenschiff die zweijochige Kapelle Notre-Dame des Miracles mit Gewölbemalereien des 16. Jahrhunderts, u. a. der Erzengel Michael als Drachenbezwinger und als Seelenwäger. – Reste von Malerei der gleichen Zeit findet man auch in der Kapelle der Flußschiffer, die über der erstgenannten Kapelle liegt.

Den größten Schatz an Wandmalereien in überraschend frischem Erhaltungszustand bewahrt die KRYPTA unter dem Chor (Farbt. 7 u. Abb. 91), die im 19. Jahrhundert den Eingriffen der Restauratoren nur deshalb entging, weil sie als Weinkeller verpachtet war. Entsprechend dem Grundriß des Chores besteht sie aus einer Hauptapsis mit einem vorgeschalteten Gewölbejoch und einem Umgang mit drei Kapellen.

Die ältesten Malereien finden sich in der Kalotte der Hauptapsis, in der Mittel- und in der Südkapelle. »In der Hauptapsis ein Majestas-Christus, begleitet von Petrus und Jakobus, deren langgestreckte Gestalten aber nicht statisch, sondern in Aktion dargestellt sind: Petrus, dem Christus den Schlüssel übergibt, heilt – durch seinen Schatten? – Gelähmte; Jakobus empfängt Schuldbekenntnis und erteilt Absolution; im Schriftband: CONFITEMINI ALTERUTRUM PECCATA. Das Thema betont den Zusammenhang von Sündenvergebung und Krankenheilung im Sinne von Matth. IX, 5 und dem Jakobusbrief V, 13–16 . . .

Das Thema der Heilung beherrscht auch die übrige Ausstattung, soweit sie erhalten ist. In der Südkapelle, deren Zenit ein Medaillon mit dem von Engeln getragenen Lamm Gottes ausfüllt, sind Szenen aus der Legende des hl. Ägidius (Saint Gilles) in kontinuierlicher Abfolge dargestellt (Abb. 89), beginnend mit der Hingabe des Heiligen Gewandes an einen halbnackten Kranken; es folgt die Heilung eines von einer Schlange Gebissenen und schließlich des Heiligen Gebet um die Errettung eines in Seenot befindlichen Schiffs. Eine vierte Szene ist zerstört.

In der mittleren Kapelle des Umgangs eine fragmentarisch erhaltene Auferweckung des Lazarus, von anderer Hand.

Die Ägidiusszenen sind für die stilistische Einordnung am aufschlußreichsten. Die Körper der Figuren sind zwar noch im hochromanischen Sinn in Lamellen geteilt, die Falten sind linear, parallel oder gefächert; in den Bewegungen macht sich aber bereits ein neuer organischer Rhythmus geltend, der eine Datierung ins spätere 12. Jahrhundert rechtfertigt.«[66]

Außer diesen Malereien sind einige aus dem 15. Jahrhundert erhalten. So links und rechts vom Majestas-Christus in der Hauptapsis der Stifter Louis II., Herr von Chalon (gest. 1424), der sich mit seinen beiden Frauen auf dem einen Gemälde Johannes dem Täufer, der hl. Anna und Maria mit dem Kind, auf dem anderen der schmerzhaften Mutter unter dem Kreuz empfiehlt. Über der Majestas die Wappenschilde der Chalons. – Auf dem Gewölbe vor der Apsis ist das Jüngste Gericht, auf der Westmauer eine Kreuzigung dargestellt.

Zum SCHLOSS aus dem 16. Jahrhundert (Abb. 88) führt eine majestätische Steintreppe hinauf. Eine Besichtigung des Inneren ist nicht möglich, doch kann man den Schloßhof betreten und von dort aus den herrlichen Blick auf das Tal des Cher genießen.

Bevor das Schloß durch die Herren von Husson errichtet war, wohnten sie in der benachbarten mittelalterlichen Festung, die aufgegeben wurde. Einige Reste sind erhalten. Das neue Schloß in den Schmuckformen der Renaissance öffnet sich mit zwei Flügeln zum Hof. Das 19. Jahrhundert fügte einen polygonalen Treppenturm hinzu.

Valençay

Valençay, auf der Grenze zwischen der Touraine und dem Berry gelegen, ist das Schloß einer der erstaunlichsten Persönlichkeiten in der Geschichte Frankreichs: Charles Maurice de Talleyrand-Périgord. Sein Bild ist das des Grandseigneurs der Aufklärungszeit, des überlegenen Diplomaten, des Zynikers und des Meisters der geistvollen Formulierung.

1754 in Paris geboren und seit seiner Kindheit hinkend, wurde er zum Geistlichen bestimmt, mit fünfundzwanzig zum Priester geweiht und mit vierunddreißig zum

Bischof von Autun ernannt. 1789, im ersten Jahr der Französischen Revolution, erhielt er einen Sitz in der Nationalversammlung und wurde Mitglied des Verfassungsausschusses. Danach überschlug sich der in jeder Phase kalt berechnete Werdegang: 1790 Präsident der Nationalversammlung. 1791 Demission als Bischof und Bruch mit der Kirche. 1797 – nach zwangsweiser Emigration in die Vereinigten Staaten – Ernennung zum Minister des Auswärtigen durch das Direktorium. 1799 Rücktritt und Ernennung zum Minister des Auswärtigen der Konsularregierung unter Napoleon Bonaparte. 1802 Zurückversetzung durch den Papst in den Laienstand und Zivilheirat. 1804 Großkämmerer Napoleons. 1807 Rücktritt als Minister des Auswärtigen, seitdem heimlicher Gegner Napoleons, der ihm 1809 das Amt des Großkämmerers entzog. 1814 nach der Abdankung Napoleons Präsident der provisorischen Regierung und erneut Minister des Auswärtigen. 1814 als Vertreter Frankreichs auf dem Wiener Kongreß. 1815 Demission der Regierung Talleyrand und Ernennung zum Großkämmerer. 1830 Botschafter in London. 1838 Aussöhnung mit der Kirche und Tod.

»Ich möchte«, befahl Napoleon seinem Minister förmlich, »daß Sie einen schönen Landsitz kaufen, daß Sie dort das diplomatische Korps und die Ausländer von Rang aufs prächtigste empfangen, daß man mit Freuden zu Ihnen kommt und daß eine Einladung dorthin eine Belohnung ist für die Gesandten der Herrscher, mit denen ich zufrieden bin.«[67] Ein würdevolleres Repräsentationsschloß als Valençay hoch über dem Tal des Nahon, mit prächtigem Ausblick in die Landschaft und umgeben von einem weiten Park, hätte Talleyrand kaum finden können (Farbt. 29 u. Abb. 92–94). »Es handelte sich um eins der zwei oder drei größten feudalen Landgüter in Frankreich. Dazu gehörten dreiundzwanzig Gemeinden mit Valençay als Hauptort des Kantons. Ein imposantes Überbleibsel des Ancien régime, das in die Hände des vollkommensten Überlebenden der früheren Gesellschaft fiel.«[68]

Jacques d'Estampes, dessen Familie die Herrschaft im 15. Jahrhundert erworben hatte, begann um 1540 an der Stelle eines älteren Landschlosses einen Neubau zu errichten. Estampes war durch die Heirat mit Jeanne Bernard d'Estiau, der Tochter des Schatzmeisters des Anjou, zu Geld gekommen und glaubte, nach den Sternen greifen zu können. Eine Synthese der Schlösser Chambord und Chenonceaux schien ihm seinen Verhältnissen angemessen. So ließ er sich vier Flügel um einen Binnenhof mit wuchtigen Rundtürmen an den Ecken wie in Chambord entwerfen, wobei der Nordflügel in der Mitte unterbrochen war durch einen donjonartigen Eingangspavillon nach dem Vorbild des Bohier-Baus von Chenonceaux.

Davon ausgeführt wurden der Nordwestturm mit seiner kuppelartigen Haube, die anschließende Hälfte des Nordflügels – zweigeschossig mit einem zum Hof geöffneten Laubengang – und der Eingangspavillon. Die andere Hälfte des Nordflügels blieb eingeschossig und wurde mit einem viel zu kleinen Rundturm abgeschlossen (Abb. 92). Man geht wohl nicht fehl in der Vermutung, daß Estampes das Schloß zu grandios für seine wirtschaftlichen Möglichkeiten gedacht hatte. Unverkennbar ist jedoch, daß der Bauherr Wert auf qualitätvolle Ausführung legte. Die Fassaden erhielten eine vornehme Pilastergliederung, und der dreigeschossige Eingangspavillon mit seinen runden Ecktürmen an der Außenseite wurde mit einem Wehrgang ausgestattet, dessen Konsolen üppig mit skulptiertem Schmuckwerk prunkten.

Erst um die Mitte des 17. Jahrhunderts fügte ein Nachfahre des ersten Bauherrn, Dominique d'Estampes, einen heute verschwundenen Ostflügel und den noch bestehenden Parkflügel im Stil der älteren Teile hinzu. Den südlichen Rundturm errichtete erst in der zweiten Hälfte des 18. Jahrhunderts der steinreiche Generalpächter Legendre Villemorien-Luçay. Er gab dem Parkflügel zur Hofseite hin eine neue Fassade mit offener Galerie im Erdgeschoß und Kolossalpilastern; ferner ließ er das Mansarddach aufsetzen.

So erwarb es 1803 Talleyrand. Er gab Napoleon zu verstehen, daß der Kaufpreis seine bescheidenen Mittel überstieg. Es war die Bescheidenheit »eines mit allen Wassern gewaschenen Mannes, der weiß, daß Bescheidenheit stets von tyrannischen und stolzen Gebietern vergolten wird. Hatte Bonaparte denn nicht gesagt: ›Ich möchte, daß Sie kaufen?‹ Wer befiehlt, hat auch Pflichten, insbesondere die, zu zahlen. Bonaparte versprach, die fehlende Summe beizusteuern.«[69]

Talleyrand ließ die offene Galerie des Parkflügels (Abb. 94) schließen und das Innere vollständig neu im Empire-Stil umgestalten, um seine Gäste unterbringen zu können. Die prominentesten waren 1808–14 der spanische König Ferdinand VII. und seine Familie, die Napoleon nach Valençay in die Verbannung geschickt hatte. Daß er Valençay wählte, war eine Demütigung des in Ungnade gefallenen Talleyrand, den er daran erinnern wollte, daß er dieses Schloß zum Teil bezahlt hatte. Ja, er zwang ihn sogar, die Majestäten zu bewachen und zu amüsieren. Der Schloßherr fügte sich mit einem für alle Welt unverständlichen Gleichmut. »Talleyrand kann einen Tritt in den Hintern bekommen, ohne daß es auf seinem Gesicht zu sehen ist«, kommentierte ein Zeitgenosse seine Verstellungskunst.[70]

Valençay erlebte sechs Jahre der Feste und der Intrigen. An schönen Sommerabenden wurde die Terrasse des Schlosses zum Ballsaal im Freien, und ein Gitarrist, in den Büschen versteckt, erfreute die Spanier mit Boleros. Auch entstand zu ihrem Zeitvertreib ein kleines Theater am Eingang zum Park, das erhalten ist.

Nachdem Talleyrand als Minister Ludwigs XVIII. in Ungnade gefallen war, zog er sich ganz nach Valençay zurück. 1829 überließ er die Domäne seinem Großneffen Napoléon-Louis de Talleyrand, dem König Karl X. den Titel eines Herzogs von Valençay verlieh. Bis heute gehört der Besitz den Nachkommen Talleyrands, die die Lebenssphäre des großen Staatsmanns lebendig erhalten.

Für die Besucher sind nur wenige Räume im Parkflügel zugänglich, die einen guten Eindruck vom Wohnkomfort des frühen 19. Jahrhunderts geben. Man beginnt den Rundgang in der unteren Galerie, die mit Büsten und Porträts ausgestaltet ist. Von hier aus betritt man den GROSSEN SALON mit seinen Empire-Möbeln, darunter ein Tisch aus Mahagoni, der vom Wiener Kongreß stammen soll. Unter den Porträts befindet sich das schöne Bildnis Talleyrands von Proudhon. – Porträts sind auch die

Hauptausstattungsstücke des anschließenden BLAUEN SALONS. – Einer der vornehmsten Räume des Schlosses ist das in Zartgrün, Grau und Weiß gefaßte HERZOGIN-ZIMMER im Erdgeschoß des neuen Turmes. Zu den Bewohnern des Raumes gehörte die bezaubernde Herzogin Dorothee von Dino, die Nichte und Geliebte des gealterten Talleyrand. Ausgestellt ist eine Sammlung von Tellern aus Sèvres-Porzellan, Teile eines Services, das Napoleon dem Schloßherrn schenkte. Im benachbarten Vorzimmer des Herzogin-Zimmers wird eine Sammlung von Porträt-Stichen gezeigt.

Reichster Raum des Schlosses ist im Obergeschoß das KÖNIGSZIMMER (Abb. 93), das der spanische König Ferdinand VII. 1808–14 während seines Exils bewohnte. Ein prunkvolles Baldachinbett, gemalte Tapeten mit der Geschichte der Psyche in Grisaille und italienische Gouachemalereien darunter sind die Besonderheiten dieses Zimmers. Die Antichambre ›Valençay‹ ist wiederum mit Stichen ausgestattet. In die Galerie des Obergeschosses, die Talleyrand mit italienischen Landschaften schmücken ließ, wirft man nur einen Blick.

Der gärtnerisch gestaltete Hof vor dem Eingangspavillon (Abb. 92) bleibt jedem Besucher in besonderer Erinnerung. Er ist paradiesisch belebt mit exotischen Vögeln. Schwäne und Enten tummeln sich auf den Wasserbecken. Pfauen haben ihren Lieblingsplatz auf den Pfeilern der Gittereinfassung.

In einem der Nebengebäude des späten 18. Jahrhunderts seitlich des Eingangstores ist ein TALLEYRAND-MUSEUM eingerichtet mit Erinnerungsstücken an den Staatsmann. Zu sehen sind seine Orden und einige seiner Kostüme. Auch sein orthopädisches Schuhwerk ist ausgestellt. Köstlich eine Sammlung englischer und französischer Karikaturen.

Talleyrand gründete im Ort eine École libre für Mädchen. In der Krypta der Kapelle dieser Privatschule wünschte er begraben zu sein, und hier fand er seine letzte Ruhestatt.

Nouans-les-Fontaines

Nouans-les-Fontaines hat eine Kirche des 13. Jahrhunderts, die man wegen ihres Altargemäldes der *Beweinung Christi* besucht, eine der kostbarsten und ergreifendsten Schöpfungen aus der Zeit um 1470 in Frankreich (Abb. 95). Immer noch ist unklar, woher das Gemälde stammt. Sicher wurde es nicht für die bescheidene Dorfkirche geschaffen. Jahrhunderte lang war es unbeachtet und völlig verschmutzt, bis Paul Vitry es 1931 als Werk des JEAN FOUQUET und seines Ateliers erkannte und veröffentlichte.[71]

Um 1420 in Tours als Sohn eines Priesters und einer Unverheirateten geboren und dort um 1480 gestorben, galt Fouquet seinen Zeitgenossen als der größte Maler des Jahrhunderts. Berühmt wurde er vor allem als Porträt- und Miniaturmaler (vgl. Farbt. 11). Bekannt ist aber auch, daß er ein Meister monumentaler Kirchenbilder war. Das einzige erhaltene Beispiel dieser Gattung ist das Altargemälde von Nouans.

Es ist auf Holz gemalt und heute beschnitten, hat aber immer noch die für die Zeit ungewöhnlichen Maße von 2,36 m Breite zu 1,47 m Höhe. Zwei greise Männer umfassen den Leichnam Christi und legen ihn in den Schoß Mariens. Johannes hinter ihr schließt die streng komponierte Hauptgruppe. Ein Gegengewicht zu ihr bildet am rechten Bildrand der kniende Stifter des Bildes, ein Kleriker in fülligem Gewand. Man will in ihm den Prior von Autainville, Jacques Maussabré, erkennen. Hinter ihm erscheint der hl. Jakobus. Drei nonnenhaft gekleidete trauernde Frauen unter den Gestalten des Hintergrunds geben einen düsteren Kontrast zu den durch helle Gewänder hervorgehobenen Hauptfiguren.

Paul Wescher hat in seiner Würdigung des Bildes darauf hingewiesen, daß im Rahmen dessen, was von innerfranzösischer Malerei erhalten sei, es kein zweites Werk gebe, das die Idee der neuen Kunst an der Wende vom Mittelalter zur Neuzeit, ihre innere und äußere Größe so vollkommen darstelle. »Unter diesem Gesichtspunkt ist Fouquets Pietà von Nouans als das erste Monument der großen Malerei Frankreichs, als der klarste Ausdruck ihrer Erneuerung gleichbedeutend mit Jan van Eycks Genter Altar oder Rogiers Löwener Kreuzabnahme, mit den Tafeln von Konrad Witz und Masaccio. Wieder und mit aller Deutlichkeit erweist sich, daß Fouquets Gestaltungsvermögen vor allem optischer Natur ist, daß sich seine eigentliche, innere Vision an der Wirklichkeit entzündet. Besonders die nonnenhaft herben drei Marien sind schon aus der gleichen schlicht veristischen Anschauung gestaltet wie zwei Jahrhunderte später die Bauernbilder eines Louis Le Nain. Einfach, klar, groß, naturwahr, von einer wohldurchdachten Ausgewogenheit wie Le Nains Bilder ist der ganze Aufbau dieser Pietà. Eine Handlung der Trauer, die dem Gläubigen, dem andächtigen Beter in der Kirche den leidvollen Tod des Herrn groß vor Augen führte, trotzdem mehr eine Handlung des Lebens und des Lebendigen als des Sterbens.«[72] Alle Monumentalität und kühle Feierlichkeit der Komposition sollte nicht davon abhalten zu beobachten, mit welcher Präzision die Details dargestellt und mit welcher Einfühlung die verschiedenen Charaktere geschildert sind.

Man nimmt an, daß Fouquet das Gemälde zwar entworfen hat, jedoch die Ausführung zum Teil seinen Werkstattgehilfen überließ.

Montrésor

Auf einem felsigen Vorsprung über dem Indrois-Tal errichtete Fulko Nerra, der streitbare Graf von Anjou, um 1000 eine seiner zahlreichen Festungen, um die Touraine zu beherrschen. Einige Reste des viereckigen Donjons, umgeben von einer Ringmauer des 12. Jahrhunderts, sind erhalten.

Ende des 14. Jahrhunderts gehörte die Burg Jean de Bueil, dem Großarmbrustschützen Frankreichs, der 1415 in der Schlacht von Azincourt getötet wurde. Er befestigte die Anlage durch den äußeren mit Rundtürmen versehenen Mauerring und errichtete den heute ruinösen Eingangsbau mit den eng gestellten mächtigen Rundtürmen. Weitere Türme für die Artillerie kamen im 15. Jahrhundert hinzu.

Anfang des 16. Jahrhunderts gab der Ratgeber des Königs, Erbe von Montrésor und Großvater der Diana von Poitiers, Imbert de Bastarnay, die mittelalterlichen Festungswerke auf und erbaute sich das noch bestehende neue SCHLOSS, ein bequemes Wohngebäude, mit dem er keine Verteidigungsabsichten mehr verband. Es ist ein nicht aufwendiger zweigeschossiger Viereckbau mit runden Ecktürmen zum Indrois-Tal, kleinen Rundtürmchen auf Vorlagen und polygonalem Treppenturm zur Hofseite hin und hohen Lukarnen (Abb. 97). Das Ganze erscheint in der Struktur noch spätgotisch, doch ist der neuerwachte Sinn der Renaissance für Regelmäßigkeit unverkennbar.

Im 19. Jahrhundert wurde das Schloß Besitz der polnischen Familie Branicki, die es vollständig restaurieren und neu einrichten ließ. In diesem Zustand findet man das Innere heute vor. Bemerkenswert ist eine Sammlung von Gemälden französischer, italienischer und polnischer Meister, sowie ein kleiner erlesener Gold- und Silberschatz.

Imbert de Bastarnay ließ 1519 auch die benachbarte STIFTSKIRCHE (heute Pfarrkirche) beginnen, die zu den wichtigsten Sakralbauten der Renaissance in Frankreich zählt. Bastarnay war auf seinen Nachruhm bedacht, denn im Mittelpunkt der Kirche sollte sein Grabmal stehen. 1532 wurde sie geweiht, 1541 endgültig fertiggestellt.

Der Bau ist einschiffig auf kreuzförmigem Grundriß errichtet und in seiner architektonischen Erscheinungsform (ähnlich wie das Schloß) noch spätgotisch mit 5/8-Chor, Rippengewölben und Fenstermaßwerk im Flamboyant-Stil. Den Renaissancecharakter bringen die Zierformen hinzu. Die Eingangsfront ist mit ihrer straffen Gliederung und ihren – leider stark zerstörten – Dekorationselementen den großen Schöpfungen der französischen Renaissance durchaus ebenbürtig. Auguste Rodin hat die Fassade skizziert.

Das *Grabmal des Imbert de Bastarnay* (gest. 1523) stand ursprünglich an beherrschender Stelle im Chor. In der Französischen Revolution zerstört, wurde es 1875 ungeschickt restauriert und an seinem jetzigen Platz im Langhaus aufgestellt. Am Sockel sind unter Arkaden Skulpturen der Apostel angebracht. Imbert de Bastarnay (Abb. 96), seine Gemahlin und sein Sohn liegen in Lebensgröße mit gefalteten Händen auf der Sockelplatte, von Engeln umgeben. Vieles ist in Gips nachmodelliert. Doch geben die originalen Marmorteile noch einen guten Eindruck von der einstigen Qualität des Grabmals, das oft Jean Goujon, dem größten französischen Renaissance-Bildhauer, zugeschrieben wird.

Aus dem 16. Jahrhundert sind außer dem Grabmal das Chorgestühl mit Kopfmedaillons und einige Glasfenster erhalten. Unter den Gemälden fällt besonders in der Kapelle links neben dem Chor eine *Verkündigung* des 17. Jahrhunderts mit ihrer hellen seidigen Lichtwirkung auf. Sie ist ein Werk des flämischen Malers Philippe de Champaigne, der den größten Teil seines Lebens in Frankreich verbrachte und vor allem als Porträtist geschätzt war. Das Gemälde stammt aus der berühmten Sammlung des Kardinals Fesch, des Onkels von Napoleon, und ist eine Stiftung des Grafen Branicki.

Le Liget

Das Kartäuserkloster von Liget (Abb. 109) zwischen Montrésor und Loches ist eine Gründung des englischen Königs Heinrich II. Plantagenet. Nach einer Inschrift, die sich früher über dem Eingang zur Kartause befand, wollte der König hiermit den Mord an seinem Kanzler Thomas Becket, dem Erzbischof von Canterbury, sühnen, denn er fühlte sich schuldig an dessen gewaltsamem Ende 1170. Von den Gebäuden der weitflächigen Anlage (heute als Domäne in Privatbesitz), die hauptsächlich aus dem 18. Jahrhundert stammen, erinnert noch die Ruine der Klosterkirche an die Gründungszeit.

Das Kleinod von Liget, die KAPELLE SAINT-JEAN (Abb. 108), liegt einige hundert Meter nördlich der Kartause am Waldrand zwischen Äckern. Von der Straße nach Loches führt ein Feldweg zu ihr hin. (Den Schlüssel zur Kapelle erbittet man in der Kartause.)

Der Bau, vermutlich die erste Klosterkapelle des Ortes aus der 2. Hälfte des 12. Jahrhunderts, ist eine Rotunde aus weißen Quadersteinen, mit Rundbogenfenstern, einem Gesims, das sich um die Fenster verkröpft, einem Rundbogenfries und einem niedrigen Kegeldach. Das Äußere – stark restauriert – wirkt eher kunstlos; man hat von einem mächtigen Mühlstein gesprochen, der unvermittelt in die Landschaft gesetzt ist. Gegen 1200 erweiterten die Mönche diesen Rundbau durch ein Langhaus nach Westen, das später bis auf einen Rest verschwand.

Im Inneren hat sich ein größerer Bestand an *Wandmalereien* erhalten, die zu den schönsten ihrer Zeit in Frankreich zählen. Wahrscheinlich entstanden sie gleichzeitig mit dem Langhaus um 1200.

Sieben Fenster unterteilen die Wandzone. Der leider fragmentarische Malereizyklus beginnt in Fensterhöhe rechts neben der kleinen Südtür mit einer Darstellung der Wurzel Jesse: Der sitzende Jesse hält in der Rechten einen Zweig als Symbol des Stammbaums, der von ihm bis zu Jesus reicht. Links neben Jesse ist Maria als Stengel der Wurzel Jesse gemalt, aus ihrem Kopf wächst als Blüte das Jesuskind hervor; über ihm erscheinen die sieben Tauben des Heiligen Geists. Die anderen großen Bildfelder zeigen die Geburt Christi, die Darstellung im Tempel, die Kreuzabnahme, die heiligen Frauen am Grabe Christi und schließlich den Tod Mariens (Abb. 110). Diese Szene, über der Südtür gemalt, ist die großartigste unter den Darstellungen aus dem Leben Jesu und Mariens, bewundernswert ausgewogen komponiert und von strenger Feierlichkeit: Um die tote Gottesmutter sind mit gesenkten Häuptern die Apostel versammelt; mitten unter ihnen Jesus, der die Seele seiner Mutter in Gestalt eines Kindes emporhebt, damit Engel sie in den Himmel tragen.

In den Laibungen der Fenster erscheinen Heilige. Über den sechs großen Wandbildern zieht sich ein Mäanderfries mit Prophetengestalten hin, die größtenteils unlesbar gewordene Schriftbänder halten. Verloren sind die Malereien der Kuppel; sie wurde im 19. Jahrhundert erneuert. Nach einer Überlieferung des 17. Jahrhunderts war in ihr der thronende Christus mit den sieben Engeln der Apokalypse dargestellt, gleichsam als der überzeitliche Mittelpunkt des Malereizyklus.

»Seltsamerweise folgen Ikonographie und Stil der marianischen Szenen ganz ververschienen Traditionen. Während der nicht unbedeutende Maler für die ikonographischen Bildschemen italobyzantinische Vorbilder benutzte – besonders deutlich in der Kreuzabnahme und dem Marientod, dessen Darstellung an sich ursprünglich eine byzantinische Besonderheit war –, stand er stilistisch durchaus in der westlichen, mittelfranzösischen Tradition, ohne irgendwelche byzantinische Anregungen in Typik oder Modellierung zu verarbeiten. Auch das Kolorit (Weiß, Ocker, Rot, Grün, ein wenig Blau und Grau in nuancenreicher Harmonie) ist durchaus westlich. Diese Diskrepanz ist wohl am ehesten durch die Benützung eines Musterbuches zu erklären, dessen ursprünglich italobyzantinische Vorbilder bereits so oft von westlichen Künstlern kopiert worden waren, daß – mit Ausnahme der Kompositionen selbst – nichts mehr an byzantinischen Stilelementen zurückgeblieben war. Die Formen, in die der Maler von Le Liget diese Kompositionen kleidete, sind asketische, lineare und flache Schemata, gewissermaßen die ausgelaugten Rückstände des großen Stils der Frühromanik.«[73]

Die jetzt kahle Sockelzone war mit einer weißen in Falten gelegten Draperie geschmückt, die man Ende des vorigen Jahrhunderts noch sehen konnte.

Loches

Loches, von einer reichen Geschichte geprägt, gehört zu den Kleinstädten Frankreichs, die am besten ihr historisch gewachsenes Bild erhalten haben (Abb. 98). »Ob wir sie von den Ufern des Indre erblicken oder ob wir von ihrer Zitadelle auf sie hinabsehen, immer gewahren wir diese wunderbare Ansammlung von Gebäuden und alten Dächern, die von keinem modernen Eingriff gestört ist. Dies ist ein so seltener und so erstaunlicher Umstand, daß man schwerlich von diesem ersten Eindruck unberührt bleiben kann.«[74]

Seine Gründung verdankt Loches der strategischen Gunst des felsigen Vorsprungs, auf dem das Kernstück der Stadt, die Festungsanlage, errichtet ist. Mit Türmen und hohen Mauerwänden umschließt sie den gesamten Felsvorsprung. Im Südwesten der Festung erhebt sich – als das Wahrzeichen von Loches – der Donjon. Am entgegengesetzten Ende ist über dem Steilabfall des Felsens das Logis du Roi, das königliche Schloß, errichtet. Dazwischen liegen die ehemalige Stiftskirche Saint-Ours und die mittelalterliche Cité. Die Festungsanlage ist also eine Stadt über der eigentlichen Stadt am Fuße des Felsens. Tiefe Gräben, heute zu Gärten und Spazierwegen umgestaltet, umgaben einst die Befestigungsmauern. Außer dem Mauerring, der die Unterstadt nach außen hin abschirmte, gibt es unterhalb der Kirche und dem Logis du Roi noch eine besondere kleinere Ummauerung, das Fort Saint-Ours. Diese Anlagen sind nur zum Teil erhalten.

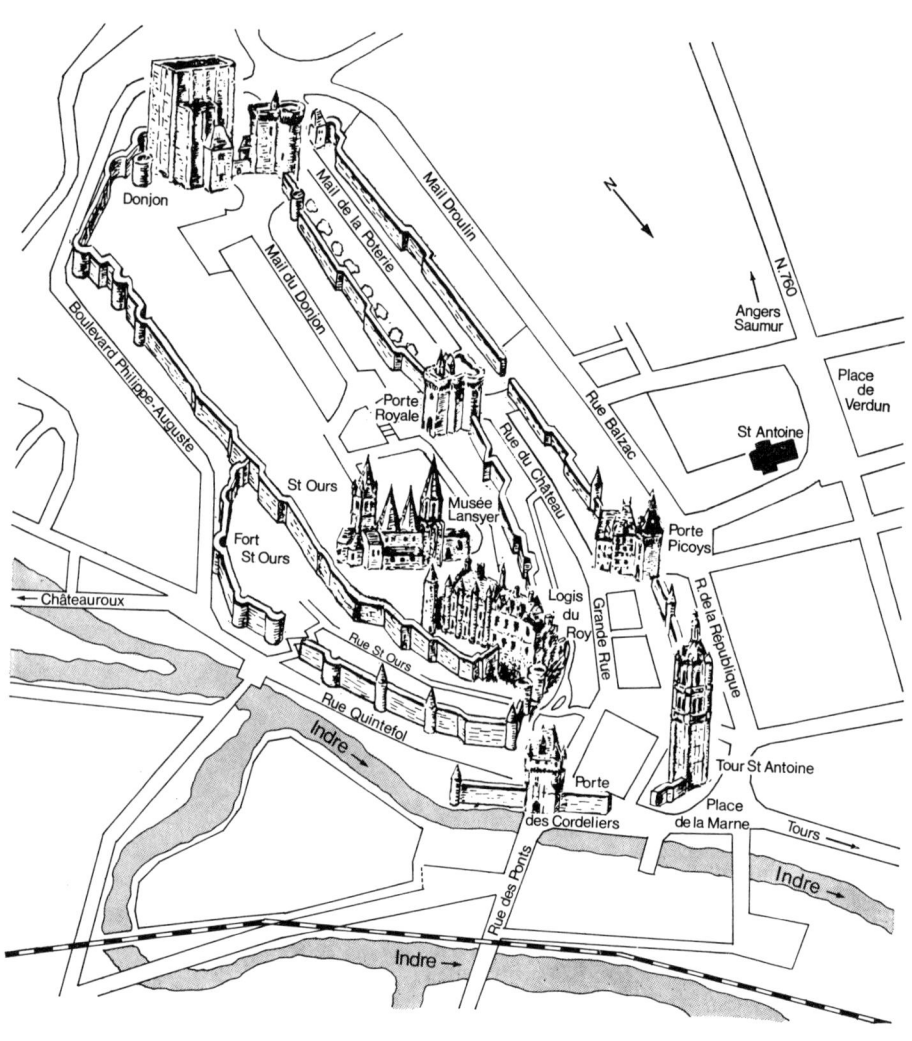

Stadtplan von Loches

Beginnen wir unseren Gang zu den Baudenkmälern in der Festung auf dem Fels-plateau.

Der einzige Zugang von der Unterstadt her ist die PORTE ROYALE, ein hoher geschlossener Baukörper des 15. Jahrhunderts zwischen zwei Rundtürmen des 13. Jahrhunderts, das Ganze mit Pechnasen bewehrt. Von den einstigen Zugbrücken haben sich die Balkenschlitze im Mauerwerk erhalten. Heute dient das Tor als Heimatmuseum. Ein anderes Museum in der Nachbarschaft ist dem Maler Emmanuel Lansyer (1835–1893) gewidmet.

Schon im 6. Jahrhundert stand auf dem Felsplateau eine Burg. Sie wurde 741 geschleift und durch eine andere ersetzt. Karl der Kahle schenkte sie 840 einem seiner Gefolgsleute, dessen Tochter den Grafen von Anjou heiratete. Unter Heinrich von Anjou (Heinrich II. Plantagenet) fiel die Burg im 12. Jahrhundert an die englische Krone, war lange Jahre zwischen England und Frankreich heftig umkämpft, wurde schließlich 1205 durch Philipp II. August für Frankreich erobert und 1249 durch Ludwig den Heiligen endgültig an die französische Krone gebunden.

Das markanteste Bauwerk der Festung ist der DONJON (Abb. 98), einer der ältesten und besterhaltenen in Frankreich und vom Typ her normannisch, Ende des 11. Jahrhunderts vermutlich von Geoffroy Martel an der verwundbarsten Stelle der Cité, an ihrer Südseite, errichtet. Die Westmauer gehört teilweise einer älteren Bauperiode an.

Der Donjon ist ein 37 Meter hohes Turmmassiv auf rechteckigem Grundriß mit sparsam verteilten Öffnungen, das im Falle der Belagerung den Bewohnern sicheren Schutz bot. Außer an der Westseite sind die Mauern aus gutbehauenen Quadern durch halbrunde Vorlagen auf Lisenen gegliedert und verlebendigt. Man glaubt, dieses Schmuckmotiv vom Holzbau herleiten zu können. Die Mauern haben eine Stärke von 2,80 Meter, sie bestehen aus Füllsteinen in hartem groben Mörtel und sind mit Blendsteinen verkleidet. An der nördlichen Längsseite ist ein niedriger Tor- und Treppenbau vorgelegt. Er enthält den einzigen Zugang zum Hauptbau, eine innen an den Außenwänden entlanggeführte Steintreppe. Über dem Treppenhaus lag ein Raum mit Kamin, wohl die Vorhalle des Saals im ersten Obergeschoß des Hauptbaus; darüber befand sich die Burgkapelle mit halbrunder Apsis.

Der Hauptbau ist in drei Wohnetagen aufgegliedert, die gut erkennbar sind an den drei Kaminen übereinander in der Westwand und an Mauerrücksprüngen für die ehemaligen Deckenbalken. Das Erdgeschoß, durch eine Trennmauer zweigeteilt, die die Balken für den Boden des Saales darüber unterstützte, diente wahrscheinlich als Proviantlager und war von außen durch keine Tür zu erreichen. Die Treppe vom Nebenbau führt ins erste Obergeschoß des Hauptbaus, und von hier aus gelangt man über eine Treppe in der Ostmauer ins zweite Obergeschoß. Auch finden sich Gänge in der Mauerstärke, die als Sackgasse enden – doch wohl, um eingedrungene Belagerer irrezuführen und ihnen den Rückweg abzusperren.

Vom 12. bis zum 15. Jahrhundert wurde der Donjon mit starken Befestigungswerken eingefaßt. Ludwig XI. errichtete im 15. Jahrhundert den RUNDEN TURM (auch

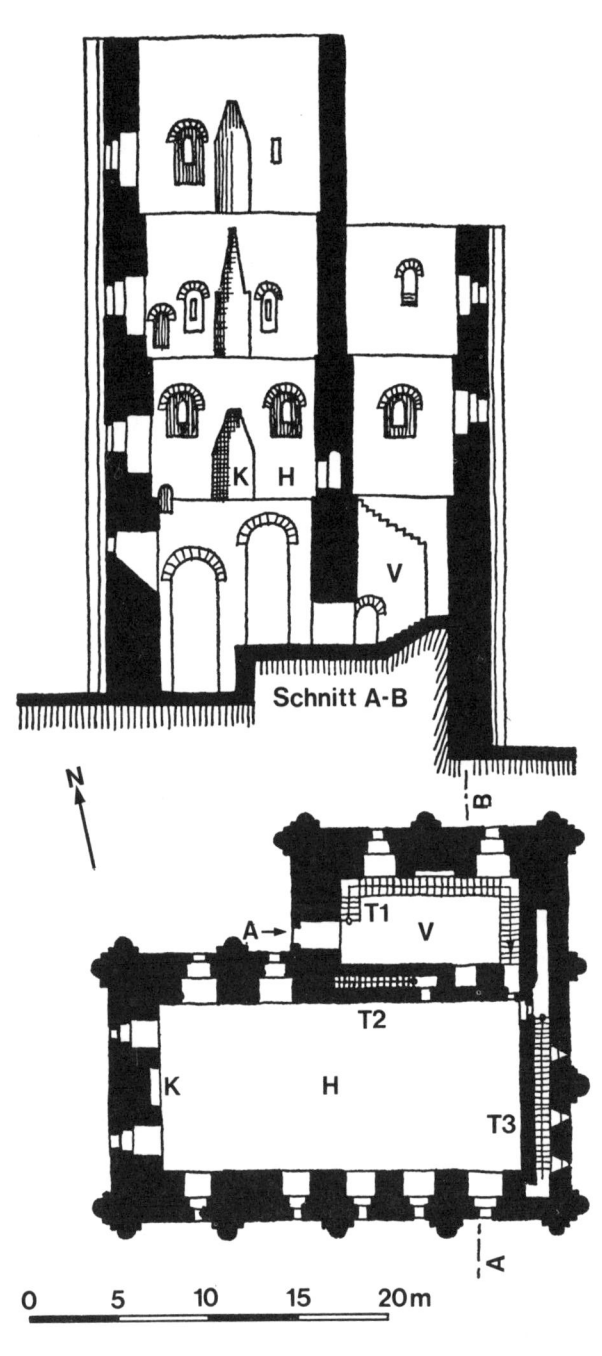

Schnitt A-B

Loches, Donjon. Schnitt und
Grundriß (nach Bleyl)

A Eingang
V Vorbau mit Treppe
H Saal des ersten
  Obergeschosses
K Kamin
T Treppen

0   5   10   15   20m

Neuer Turm genannt) westlich des Donjons; er ist ein neuer Bergfried an der Stelle, wo die Mauern der Donjonbefestigung, der Festungsanlage und die Mauer der Unterstadt zusammenkommen, und ausgestattet nach allen Regeln der Befestigungsarchitektur seiner Zeit.

Aus dem gleichen Jahrhundert stammt der schauerliche MARTELET-TURM, der in der Hauptsache aus unterirdischen Verliesen besteht. Man zeigt den Kerker, in dem Lodovico Sforza, der Herzog von Mailand und Gönner Leonardo da Vincis, acht lange Jahre geschmachtet haben soll, um am Tage seiner Freilassung tot zusammenzubrechen. Auch will es die Legende, daß er die Wände aus Zeitvertreib mit Malereien und Inschriften bedeckte. Noch tiefer liegt ein Kerker, wo angeblich die Bischöfe von Autun und Le Puy wegen Teilnahme an einer Verschwörung gefangen saßen und aus den Wänden einen Altar und einen Kreuzweg herausskulptiert haben sollen. Auch der Donjon ist nur deshalb so gut erhalten, weil er lange als Gefängnis diente.

Gleichsam der Gegenpol zum Donjon ist das LOGIS DU ROI (Farbt. 32), das neue Schloß an der Nordspitze der Festung, begonnen in der Mitte des 14. Jahrhunderts, um bequemere Wohnverhältnisse zu bekommen, als sie die Mauern des Donjons den königlichen Bewohnern boten. Von den Terrassen des Schlosses aus bietet sich ein prächtiger Blick auf die Dächer der Unterstadt und auf die Wiesenlandschaft der Touraine, durch die sich der Indre schlängelt.

Das Schloß besteht aus zwei hintereinandergesetzten Flügeln. Der ältere höhere Teil des 14. Jahrhunderts bewahrt noch ganz den Charakter einer wehrhaften Burg. An seiner stadtseitigen Front treten halbrunde Türme vor, dazwischen zieht sich ein Wehrgang hin. Ein dickes Mauerstück verbindet den Flügel mit einem Rundturm, der seit dem 16. Jahrhundert ›Turm der schönen Agnes‹ heißt. Sein halbrundes Treppentürmchen ruht auf einer skulptierten Konsole, die ein Liebespaar darstellt. Am jüngeren Flügel aus der Zeit Karls VIII. und Ludwigs XII. sind anstelle von Bauelementen aus der Verteidigungsarchitektur Zierformen der Spätgotik am Übergang zur Renaissance gewählt (Abb. 99).

Die Räume erscheinen heute kunstlos bis auf das juwelhafte winzige Oratorium der Anne de Bretagne im jüngeren Flügel, dessen Wände und Architekturglieder plastisch übersponnen sind mit dem Hermelin, dem Wappenzeichen der Bretagne, und dem Knotenstrick des hl. Franz von Assisi, den Anne zur Erinnerung an den gütigen Heiligen als ihr Symbolzeichen wählte. Selbst in die Stützen des Altars sind Stricke und Hermelintupfen eingelassen.

Der große Saal des älteren Flügels war Schauplatz eines denkwürdigen Ereignisses: Hier beschwor Jeanne d'Arc den ängstlichen Dauphin nach dem Sieg von Orléans, sich in Reims als Karl VII. krönen zu lassen (Farbt. 11).

Noch eine andere Frau, die im Leben des Königs eine schicksalhafte Rolle spielte, ist mit der Geschichte des Schlosses verbunden: Agnes Sorel. »Ihre Umgebung bemerkte schon früh ihre Schönheit. Des Königs Cousine Isabella von Anjou machte sie zu ihrer Gesellschafterin und führte sie bei Hofe ein. Nach einer wohlwollenden Überlieferung hatte sie anfänglich den Annäherungsversuchen Karls VII. Widerstand geleistet. Es verstrich jedenfalls nicht viel Zeit, bis sie in einem prunkvollen Schmuck erschien, der kaum das Geschenk ihrer Bauernfamilie aus der Touraine gewesen sein konnte ... Als die Unverhülltheit, mit der diese Liebschaft gezeigt wurde, die Entrüstung des ältesten Sohnes Karls VII., des zukünftigen Ludwig XI., hervorrief, vermehrte Agnes Sorel ihre Anstrengungen, ihn in den Augen seines Vaters herabzusetzen und das Zerwürfnis zwischen den beiden Männern zu vertiefen ... Eine Anekdote erzählt, Agnes habe sich mit ihre Geliebten durch Zeichen verständigt, die ihre Leute nachts mit Fackeln von den Türmen ihres Schlosses gegeben hätten. Es ist anzunehmen, daß diese hübsche Geschichte dem allzu erfinderischen Hirn eines Chronisten entsprossen ist, denn Agnes und Karl VII. trafen sich in aller Öffentlichkeit. Wirklichkeitsnäher ist wohl der Bericht, nach dem ihr Geliebter sie manchmal, wenn er sich für längere Zeit auf die Jagd begab, in dem Turm von Loches einschloß. Diese Vorsichtsmaßnahme war wohl nicht unangebracht.«[75]

Agnes wählte Loches zu ihrem Wohnsitz, und schon zu ihren Lebzeiten macht sie reiche Schenkungen, um in der Stiftskirche bestattet zu werden. Nach ihrem Tode 1450 wandten sich die Geistlichen an den König, er möge die Mätresse doch lieber im Schloß bestatten lassen und nicht wie eine Heilige in der Kirche. Der König stimmte unter der Bedingung zu, daß alle ihre Schenkungen zurückgegeben würden. Verschreckt ließen die Stiftsherren ihre Bedenken fallen.

Bis zur Französischen Revolution blieb das *Grabmal Agnes Sorels* in der Kirche, 1793 wurde es dort beschädigt und nach einer gründlichen Restaurierung 1809 im ›Turm der schönen Agnes‹ aufgestellt.

Auf der Tumba (Abb. 100) – sie wird Jacques Morel zugeschrieben – erscheint die Tote liegend in Lebensgröße, betrauert von zwei Engeln, die ihr Haupt flankieren. Die Schönheit der Mätresse vermeint man noch in den Gesichtszügen ihres steinernen Abbildes zu spüren. Zu ihren Füßen ruhen zwei Schafe, die ihre Sanftmut symbolisieren sollen und auf ihren Namen anspielen (agnus = lat. Schaf). Die gefalteten Hände sind eine Erfindung des Restaurators zu Anfang des 19. Jahrhunderts. Ursprünglich hielten sie ein Buch.

Die ehemalige Stiftskirche Notre-Dame, seit dem 19. Jahrhundert SAINT-OURS, verwirrt auf den ersten Blick mit ihrer Silhouette: Zwei hohe Außentürme fassen auf gleicher Linie zwei niedrige pyramidenartige Bauteile ein (vgl. Abb. 98), die sich zunächst nicht eindeutig erklären lassen. Im Inneren enträtseln sie sich als die spitzen achtseitigen Gewölbe über den beiden Mittelschiffjochen.

Die Kirche stammt aus verschiedenen Zeiten. Sie wurde Ende des 10. Jahrhunderts durch Geoffroi Grisegonelle, Graf von Anjou, gegründet. Die ältesten Teile des ursprünglich einschiffigen, heute dreischiffigen Baues gehören jedoch erst dem 11. Jahrhundert an: der starke durch Strebepfeiler gegliederte Glockenturm, durch den man das Innere betritt, Teile der Seitenmauern des Mittelschiffs und des nördlichen Querschiffs. Der dreiapsidiale Chor und der größte Teil des Querschiffs, der Vierungsturm,

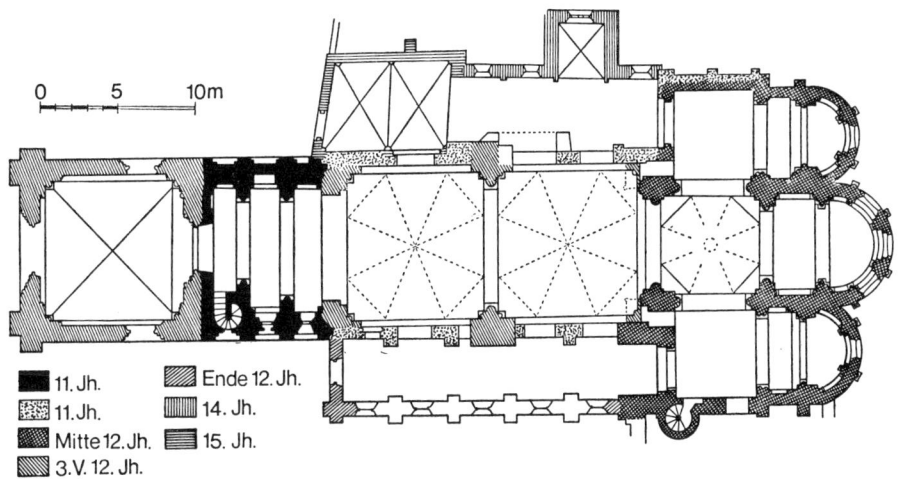

0 5 10m

11. Jh.
11. Jh.
Mitte 12. Jh.
3. V. 12. Jh.
Ende 12. Jh.
14. Jh.
15. Jh.

Loches, Grundriß der Kirche Saint-Ours

das Oktogongeschoß des Glockenturms und die Vorhalle entstanden im 12. Jahrhundert. Auch die Pyramiden über dem Mittelschiff und das südliche Seitenschiff gehörten ursprünglich in diese Zeit; sie wurden – neben anderem – im 19. Jahrhundert rekonstruiert. Eine ähnliche Pyramide findet man in der berühmten Klosterküche von Fontevraud (s. S. 241 f.) wieder.

Beachtenswert ist der *Skulpturenschmuck* der Kirche, insbesondere am rundbogigen Stufenportal in der Vorhalle. Die Archivolten zeigen phantastische Tier- und Zwischenwesen. Die monumentalen Plastiken, die die Fläche um das Portal füllen, sind stark zerstört. Man erkennt als zentrale Darstellung eine Anbetung der Heiligen Drei Könige und rechts davon die schlafenden Könige unter gemeinsamer Bettdecke, denen im Traum ein Engel erscheint und sie vor Herodes warnt. Von den beiden Heiligen seitlich des Portals ist nur noch Petrus durch sein Attribut, den Schlüssel, zu deuten.

Einen Blick verdient das steinerne Weihwasserbecken am Portal: Es ist aus dem Überrest eines gallo-römischen Denkmals gefertigt. In einer engen Krypta hat sich hervorragend ein *Fresko* aus der 2. Hälfte des 11. Jahrhunderts erhalten, das den hl. Brictius zeigt, den Nachfolger des hl. Martin von Tours als Bischof.

Die UNTERSTADT wartet mit einer Vielfalt an reizvollen Gassen und Häusern auf. An besonderen Baudenkmälern sind zuerst zwei Tore zu erwähnen. Das schönste mit runden Ecktürmen und einem Wehrgang ist die PORTE DES CORDELIERS (Tor der Franziskaner) vom Ende des 15. Jahrhunderts, einst der Hauptzugang in die Stadt, unmittelbar am Indre gelegen, in dem es sich mit den angrenzenden Häusern spiegelt (Abb. 99). Durch dieses Tor zogen die Pilger zum hl. Jakobus nach Santiago de Compostela in Spanien.

Kunstloser ist die PORTE PICOYS, wahrscheinlich aus dem zweiten Drittel des 15. Jahrhunderts. Sie gewinnt erst an Reiz durch das graziöse HÔTEL DE VILLE, das mit ihr verschmolzen ist. 1519 erlaubte Franz I. den Bürgern von Loches, dieses Gebäude zu errichten. Notwendige Enteignungen lösten Streitigkeiten aus, die lange Jahre den Bau verzögerten. Erst 1535 konnte Meister Jean Baudoin mit den Arbeiten beginnen, und er verstand es, den denkbar eng bemessenen, durch Tor und Stadtmauer begrenzten Bauplatz geschickt zu nutzen. Er errichtete in noblen Renaissance-Formen senkrecht zur Stadtmauer einen Flügel mit hohen Fenstern und verband ihn mit dem Tor durch einen turmartigen Trakt, in dem er die Treppe unterbrachte.

Ganz in der Nähe, in der Rue du Château, haben sich zwei weitere Renaissancebauten erhalten: Die Maison du Centaure erhielt ihren Namen von einer Skulpturengruppe, die Herkules in Gestalt Franz' I. zeigt, wie er den Centauren Nessus erlegt. Das mit Pilastern gegliederte Nachbarhaus, die Maison de la Chancellerie, trägt die Jahreszahl 1551 und die Devise: Prudentia Nutrisco, Justitia Regno (ich erziehe mit Klugheit und herrsche mit Gerechtigkeit).

Das markanteste Renaissance-Bauwerk der Unterstadt ist die schlanke TOUR SAINT-ANTOINE (1529–1575), der Glockenturm einer heute verschwundenen Kapelle, vielleicht auch als Wachtturm genutzt. Seine herrliche zweigestufte Bekrönung, ein Schmuckakzent im Stadtbild sondergleichen, ist von den Fassadentürmen der Kathedrale in Tours angeregt. Die Stadt besaß nur eine Pfarrkirche, Saint-Ours (während der Französischen Revolution zerstört, ihr Patrozinium im 19. Jahrhundert auf die ehemalige Stiftskirche übertragen), deren leise Glocke nicht überall zu hören war; statt dessen läutete die von Saint-Antoine: »In Loches gibt es einen Glockenturm ohne Pfarrkirche und eine Pfarrkirche ohne Glockenturm«, sagt eine Redensart.

Azay-le-Rideau

Viele halten Azay-le-Rideau für das schönste Loire-Schloß der Renaissance, ja für seinen Inbegriff überhaupt (Farbt. 22 u. Abb. 101). Honoré de Balzac hat es vortrefflich charakterisiert als einen geschliffenen Diamanten, vom Indre eingefaßt, auf blumenverdeckten Pfählen errichtet.[76]

Im 12. Jahrhundert gehörte die Herrschaft Ridel (Rideau) d'Azay, der dem Ort den Namen gab. Gegen 1518 ließ Gilles Berthelot, Schatzmeister von Frankreich und Bürgermeister von Tours, die stark verfallene Burg des Mittelalters abbrechen und das heutige Schloß beginnen. Ähnlich wie Catherine Briçonnet in Chenonceaux kümmerte sich Berthelots Gemahlin, Philippe Lesbahy, hauptsächlich um die Bauarbeiten, denn ihren Gatten hielten die Staatsgeschäfte hiervon ab. Aus Tours holte sie den Maurermeister Étienne Rousseau, der wohl der Bauleiter war. Die Grundmauern legte 1518 Denis Guillourt.

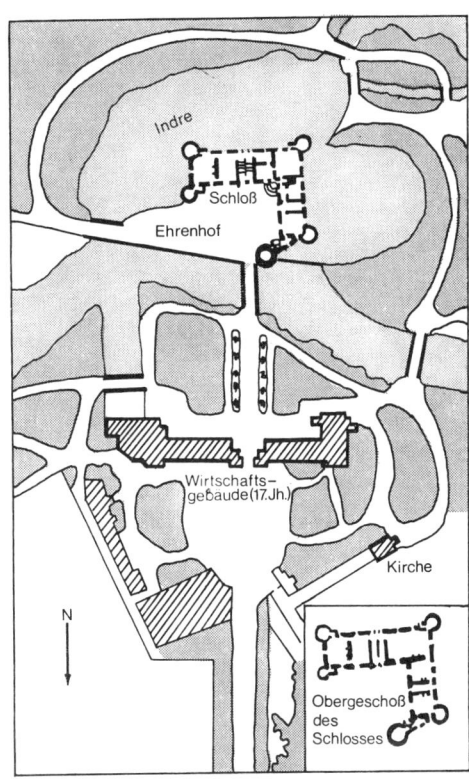

Azay-le-Rideau, Lageplan und Grundrisse des Schlosses

Berthelot sollte die Vollendung des Schlosses nicht erleben. Sein Verwandter Semblançay, der Oberintendant der königlichen Finanzen, dem Berthelot seine Stellung verdankte, wurde beschuldigt, öffentliche Gelder veruntreut zu haben und kurzerhand gehängt. Berthelot hatte ebenfalls kein reines Gewissen, suchte das Weite und starb bald darauf. Franz I. beschlagnahmte 1528 das Schloß und belohnte damit Antoine Raffin für treue Dienste während des Italien-Feldzuges. 1905 erwarb es der französische Staat.

Azay-le-Rideau begeistert durch seine Lage. Unvermittelt ragt es – auf Pfahlrosten gegründet – aus dem Indre hervor, umgeben von einem herrlichen Park und weiten Rasenflächen, die dicht ans Wasser heranreichen. Das SCHLOSS besteht aus einem Hauptflügel und einem rechtwinklig angesetzten kürzeren Nebenflügel. Vermutlich sollten zwei weitere Flügel die Anlage um einen Binnenhof schließen. Runde Ecktürme, die auf konsolenartigen Substruktionen wie schwebend wirken, geben mit ihren Kegeldächern den Baukörpern vornehme Akzente. Nicht verzichtet hat man auf einen Wehrgang rund um die Außenfronten. Daß er nur noch den Sinn eines Schmuckmotivs hat, lassen die reichverzierten Lukarnen erkennen, die aus ihm hervorkommen und die Fensterachsen der beiden Untergeschosse in die hohen Dachflächen hineinziehen. Anstelle eines niedrigen Turmmassivs an der kürzeren Hofseite, das ältere Stiche zeigen, und das wohl ein Rest der mittelalterlichen Burg war, steht seit 1845 ein Rundturm; von 1856 stammt der hofseitige Eckturm des Hauptflügels. Beide Türme sind einfühlsam den älteren an den Gebäudeecken angeglichen.

Wenn Balzac vom geschliffenen Diamanten spricht, so meint er die klaren Proportionen, die vollkommene Harmonie zwischen den glatten aus weißen Quadersteinen gefügten Wandflächen und den aufgelegten plastischen Gliederungselementen, exakt geschnittene Gesimse und Pilaster. »Alles ist im Gleichgewicht, entspricht und wiederholt sich, aber es ist der Reißfeder und dem Zirkel gelungen, dabei eine Vielfalt und eine Geometrie des Raumes von seltsamer Zartheit erstehen zu lassen, die durch das Spiel der spiegelnden Gewässer mit ihren auf dem Kopf stehenden Bildern noch erhöht wird.«[77] Darf man die Makellosigkeit der Architektur auf den Schönheitssinn der Philippe Lesbahy, der eigentlichen Bauherrin, zurückführen?

Den rhythmischen Gleichklang der Fassadengliederung unterbricht zum Hof hin das DOPPELPORTAL mit einem offenen zweiachsigen Aufbau, hinter dem sich das Treppenhaus verbirgt und dessen Giebel hoch in die Dachfläche ragt (Abb. 103). Aus dem plastischen Zierat des Aufbaus stechen unter den Doppelfenstern unübersehbar der Salamander Franz' I. und der Hermelin der Claude de France sowie ihre Initialen im Giebel hervor. »Doch täuschen wir uns nicht! Azay war niemals königlicher Wohnsitz, sondern Wohnsitz eines Höflings, der Wert darauf legte, seinen Souveränen Ehrerbietung zu erweisen und ihnen zu schmeicheln. Eine Liebedienerei, die dennoch eine baldige Ungnade nicht hindern sollte.«[78] Vom Selbstbewußtsein Gilles Berthelots und Philippe Lesbahys zeugen ihre Initialen G, B und P, die monumental und dekorativ verspielt in den Giebelflächen der Lukarnen erscheinen.

Im Inneren des Schlosses haben nur das TREPPENHAUS und die Küche ihr ursprüngliches Aussehen bewahrt. Die Treppe ist für das 16. Jahrhundert architektonisch etwas Neues, denn sie ist anstelle einer sonst üblichen Spindeltreppe geradläufig mit Umkehrpodesten angeordnet (ähnlich wie in Chenonceaux). Kassetten in Verbindung mit hängenden Baldachinen überdecken sie, wobei die Kassetten teils mit Rosetten oder mit den Kopfprofilen der französischen Könige und Königinnen von Ludwig XI. bis Heinrich IV. geschmückt sind (Abb. 106).

Die geräumige KÜCHE ist mit einem flachen Kreuzrippengewölbe überspannt. Im vorigen Jahrhundert erhöhte man den Boden, weil er häufig bei Hochwasser überschwemmt wurde. Nur um den stattlichen Kamin herum beließ man das alte Bodenniveau, ebenso um einen Ziehbrunnen, der unmittelbar in die Indre hinabreicht.

Die übrigen Räume des Schlosses Azay-le-Rideau sind in historischem Sinne neu eingerichtet mit zum Teil kostbaren Möbeln, Gemälden und Wandteppichen des 16. und 17. Jahrhunderts.

Am Wege zum Schloß liegt rechterhand die KIRCHE SAINT-SYMPHORIEN. Sie besteht aus einem südlichen Schiff des 11. und einem nördlichen des 12. und 16. Jahrhunderts. Die Westfront des älteren Schiffs enthält in zwei Arkaden übereinander archaisch skulptierte Figuren in und unter einem giebelartigen Wandaufbau, den rautenförmige Steine und ornamentierte Gesimse aus der umgebenden Mauerfläche heraussondern. Das Ganze ist ein Fragment, die untere Arkatur durch ein später eingefügtes Spitzbogenfenster gestört. Von den Figuren, die nicht ohne expressive Wirkung sind, läßt sich nur Christus in der Mitte der oberen Arkade aufgrund seines Kreuznimbus deuten. Aus der Geschichte der Kirche ergibt sich eine Datierung in die Mitte des 11. Jahrhunderts.

Saché

Das Landschloß Saché (Abb. 102) ist für alle, die Honoré de Balzac verehren, eine Wallfahrtsstätte. Hier, im Herzen seiner über alles geliebten Touraine, verbrachte der Dichter eine lange Zeit seines Lebens. Im Roman ›Die Lilie im Tal‹, der in Saché entstand und dessen Handlung in der näheren Umgebung spielt, beschreibt Balzac das Schloß als einen schwermütigen Herrensitz »voller Harmonien, die zu ernst für oberflächliche Menschen sind, aber den Dichtern mit schmerzenden Seelen teuer. Daher habe auch ich später seine Stille geliebt, die großen, blätterlosen Bäume, und jenes unbestimmt Geheimnisvolle, das sich über sein einsames Tal breitet! Und jedesmal, wenn ich wiederum am Hang des benachbarten Hügels das schmucke Schloß gewahrte, das mein erster Blick sich erkoren hatte, ließ ich meine Augen wohlgefällig darauf ruhen.«[79]

Das unregelmäßige Gebäude vom Ende des 16. Jahrhunderts, dessen Grundmauern ins Mittelalter zurückreichen, ist künstlerisch anspruchslos. Romantischen Reiz gewinnt es erst durch seine Lage an einem sanft abfallenden Hang zwischen Wiesen, dem Dorf auf der einen und einem herrlichen Wald mit Eichen, deren Stärke Balzac immer wieder bewundert hat, auf der anderen Seite.

Die Geschichte der Beziehungen Balzacs zu Saché könnte einem seiner Romane entstammen. Besitzer des Schlosses war zu Anfang des 19. Jahrhunderts Jean de Margonne. Er war der Geliebte von Balzacs Mutter Laure Sallambier, einer bezaubernden Pariserin, zweiunddreißig Jahre jünger als der Vater Balzacs. Der Verbindung mit Jean de Margonne verdankte Laure Sallambier wahrscheinlich ihren jüngsten Sohn Henry, um dessentwillen der acht Jahre ältere Honoré viel zu leiden hatte, denn die Mutter schenkte Henry ihre ganze Gunst. Dafür aber nahm sich Jean de Margonne des vernachlässigten Honoré an und gewährte ihm Gastfreundschaft auf seinem Landgut. Schon als Knabe kam Balzac gelegentlich nach Saché, regelmäßig in seiner fruchtbarsten Schaffensperiode von 1830 an, nachdem er zu einem der beliebtesten Schriftsteller Frankreichs geworden war. In Paris von Verlegern und Gläubigern ständig bedrängt, fand er in Saché die nötige Ruhe und Abgeschiedenheit für sein Werk.

Das SCHLOSS – heute BALZAC-MUSEUM – hat seinen Charakter so bewahrt, wie es der Dichter gekannt hat. Eine gerade Treppe im Innern führt zu den Wohngemächern der Familie de Margonne. Man wirft einen Blick in das Speisezimmer und vor allem in den großen Salon mit seiner original erhaltenen gemalten Vorhangtapete (Abb. 107). Manchmal ließ sich Balzac in diesem Raum dazu bewegen, den Gästen des Hausherrn vorzutragen, was er gerade zu Papier gebracht hatte.

Balzacs bescheidenes Arbeits-, Wohn- und Schlafzimmer, seine »Mönchsklause«, wie er es nannte, liegt im Obergeschoß mit Blick auf den nahen Eichenwald (Abb. 104). Vor einigen Jahren brachten Restaurierungsarbeiten Teile der Tapete aus der Zeit um 1820 zutage: hellgelber Grund mit feinem Punktmuster und Fries aus Lorbeerblättern. Man entschloß sich, die Tapete zu rekonstruieren, so daß der Raum jetzt wieder genau so erscheint wie zur Zeit, als Balzac ihn bewohnte. Auch sein Bett in der Alkovennische, sein rustikaler Schreibtisch und seine Schreibutensilien sind noch vorhanden.

Um fünf Uhr morgens begann Balzac zu arbeiten, bald im Bett, bald am Schreibtisch, stets bei abgedunkeltem Fenster und Lampenlicht. Er schrieb bis zum späten Nachmittag und nahm nur etwas Brot mit Kaffee zu sich, den er sich selbst auf einer Spiritusflamme kochte. Viele seiner Hauptwerke entstanden hier in rauschhafter Eile. »Die Tage sind nicht lang genug für mich«, sagte er. Oder: »Nicht Inspiration noch Mut fehlen mir, sondern Zeit«.

Die übrigen Räume des Obergeschosses sind museal eingerichtet. Im Zimmer neben Balzacs Arbeitsraum findet man Karikaturen über ihn und über zeitgenössische Schriftsteller, außerdem Erinnerungen an den Aufenthalt Balzacs in Rußland bei der Gräfin von Hanska, mit der er einen berühmten Briefwechsel führte und die er kurz vor seinem Tode heiratete.

Unter den Darstellungen Balzacs ist eine der zahlreichen Studien Auguste Rodins für sein Denkmal des Dichters hervorzuheben. Als der Bildhauer mit den Vorbereitungen hierfür begann, war Balzac bereits vierzig Jahre tot. So nahm Rodin als Modell einen fettleibigen Fuhrmann aus Azay-le-Rideau, der dem Dichter ähnlich sah.

Manuskripte und Andrucke geben Einblicke in die Arbeitsweise Balzacs. Man kann den Schriftsetzern nachfühlen, daß sie sich weigerten, länger als zwei Stunden an seinen Texten zu arbeiten: Die Korrekturen der Druckfahnen, die er ihnen zurückschickte, gleichen einem unentwirrbaren Spinnennetz (Abb. 105).

Der Blick aus dem Fenster des Hauptraumes hinunter ins Tal gehört zu den schönsten Eindrücken von Saché. Linkerhand liegt die kleine Dorfkirche mit dem Friedhof, auf dem die junge Gräfin im Roman ›Die Lilie im Tal‹ nach einem entsagungsvollen Leben ihre letzte Ruhe findet.

Tours

Tours, das Herz der Touraine, ist seinem Ursprung nach Römerstadt. Erstmals nennt sie der Geograph Ptolemäus im 2. Jahrhundert n. Chr. als Caesarodunum. Seit dem 4. Jahrhundert heißt sie Urbs Turonum – Stadt der Turonen. Sie war der Kreuzungspunkt wichtiger Straßen, die sie rasch mit den Nachbarstädten verbanden. Der Handel blühte üppig, und im 5. Jahrhundert zählte die Stadt 20 000 Einwohner. Heute lebt das römische Tours im Viertel um die Kathedrale nach (Abb. 112).

Daß Tours jedoch zwei Altstädte hat, die sich unabhängig voneinander entwickelten, verdankt es seinem berühmtesten Bischof, dem hl. Martin. Als Legionssoldat – so berichtet die Legende – teilte er seinen Mantel mit Christus in der Gestalt eines frierenden Bettlers, als Bischof festigte er das Christentum in der Touraine. Nachdem er 397 in Candes gestorben war (s. S. 235), wurde er nach römischer Sitte auf dem öffentlichen Friedhof westlich vor der Stadt Tours beerdigt. Der hl. Brictius, Martins Nachfolger als Bischof, errichtete über dem Grab eine Kapelle, um die ein Wallfahrtsort und ein Kloster entstanden. Am Grabe des hl. Martin geschahen viele Wunder, die den Pilgerstrom vermehrten, und die Kapelle schien der heiligen Stätte nicht mehr würdig. Eine prächtige Kirche wurde gebaut, die Gregor von Tours, Bischof und Historiograph, in seiner Frankengeschichte um 580 mit statistischer Präzision beschrieben hat: »Sie hat 160 Fuß in der Länge, 60 Fuß in der Breite; ihre Höhe beträgt bis zur Decke 45 Fuß; im Altarraum hat sie 32 Fenster, im Schiff 20, und 41 Säulen; im ganzen Gebäude sind 52 Fenster, 120 Säulen und 8 Türen, 3 im Altarraum und 5 im Schiff.«[80]

In dieser Kirche verkündigte Chlodwig, der Gründer des Frankenreiches, am Martinstag 498 feierlich, er werde sich und seine Familie taufen lassen. Seit Chlodwig war der hl. Martin Schutzpatron der fränkischen Könige und des fränkischen Volkes. Die Martinskirche in Tours wurde das fränkische Nationalheiligtum. Noch im 10. Jahrhundert bestätigte Papst Leo VII., daß sie nach der Peterskirche in Rom die meistbesuchte Wallfahrtsstätte der Christenheit sei.

Mehrfach suchten die Normannen im 9. Jahrhundert den Wallfahrtsort heim, nachdem die Reliquien des hl. Martin stets rechtzeitig in Sicherheit gebracht worden waren. Bei einem der letzten Angriffe 903 brannten Kirche und Kloster ab. Um künftig besser geschützt zu sein, umgaben die Mönche den wiederaufgebauten Wallfahrtsort mit einem Befestigungsring, im Gegensatz zur antiken Cité im Osten ›Châteauneuf‹ genannt. Erst im 14. Jahrhundert während des Hundertjährigen Krieges verband man beide Befestigungskerne durch einen neuen Mauerring, um auch die inzwischen außerhalb der Mauern entstandenen Ansiedlungen zu sichern. Mit einer zweiten Ummauerung im 16./17. Jahrhundert, die die Stadt mehr als verdoppelte, entstand die heutige langgestreckte Form des Grundplans zwischen der Loire und den breiten Boulevards im Süden, die das 19. Jahrhundert anstelle der Befestigung anlegte.

Beginnen wir den Rundgang durch das historische Tours im Bereich der antiken Cité – im Umkreis der Kathedrale (Abb. 112).

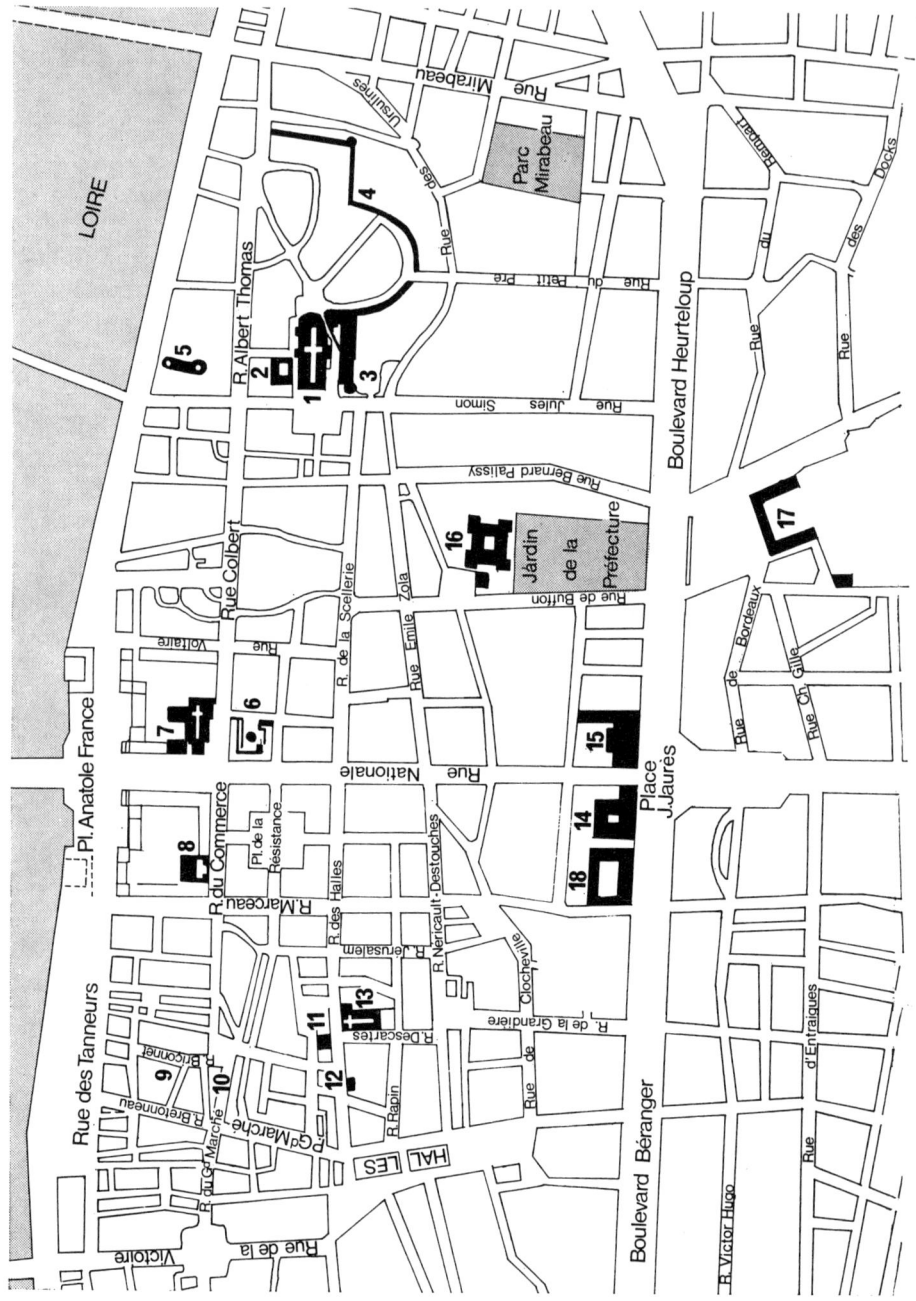

Trapezförmig ummauert, 350 Meter lang und 225 Meter breit, reichte die Römerstadt bis ans Ufer der Loire heran. Erhalten sind große Mauerstücke und ein runder Eckturm der Ostseite an der Rue du Petit-Cupido. An der Südseite schwingt die Mauer ellipsenförmig aus, innen heute begleitet von der Rue du Général-Meusnier: Die Mauer umschloß hier die Arena, die mit einem Durchmesser von 143 zu 124 Metern 12000 Zuschauer fassen konnte. In den Kellern vieler Häuser innerhalb der Ellipse trifft man auf zahlreiche Reste dieses Bauwerks. Auf dem westlich angrenzenden Mauerabschnitt steht der ehemalige Erzbischofpalast, an dessen Westfront das Gegenstück zum östlichen runden Eckturm erhalten ist. Die Westmauer, die von diesem Turm an die Loire hinunterführte, wurde als Fundament für die Türme der KATHEDRALE genutzt.

Eine erste Kirche erbaute um 338 der zweite Bischof von Tours, Litorius. Spätestens im 6. Jahrhundert wurde sie durch einen Brand verwüstet. Gregor von Tours erstellte einen prunkvollen Neubau, den er 590 weihte. Eine dritte Bischofskirche des frühen 12. Jahrhunderts fiel schon 1167 einem Brand zum Opfer; sie wurde zwar restauriert, aber schon zu Beginn des 13. Jahrhunderts war sie größtenteils abbruchreif, weil sie aus schlechtem Steinmaterial errichtet war. Reste dieses Baues stecken noch in den heutigen Türmen und im südlichen Querschiff.

Um 1239 wurde mit dem bestehenden Chor begonnen, der um 1280 fertig war. Doch schon 1267 übertrug man feierlich die Reliquien des hl. Mauritius und seiner Gefährten. Im 14. Jahrhundert wurde der hl. Gatianus, der erste Bischof von Tours, neuer Patron der Kathedrale.

Anfang des 14. Jahrhunderts beschloß das Kapitel, die Bauarbeiten fortzusetzen, wobei es die noch brauchbaren Teile vom Querschiff des romanischen Vorgängerbaus erhalten wissen wollte. Diese Aufgabe übernahm Meister Simon du Mans. Er schuf auch die beiden anschließenden Joche des Langhauses. Die restlichen wurden zwar noch im 14. Jahrhundert begonnen, doch erst im folgenden Jahrhundert durch den Baumeister Jean de Dammartin fertiggestellt. Er arbeitete auch noch an der Turmfassade, mit der Jean Papin und Jean Durand bis zum Ende des 15. Jahrhunderts beschäftigt waren. Schon der Renaissance gehören die phantastischen Hauben auf den Türmen an: Die nördliche war 1507 aufgesetzt (Abb. 118), die südliche folgte um 1547. Damit war nach dreihundertjähriger Bauzeit die Kathedrale vollendet.

Schon bald jedoch, 1562, verwüsteten die Hugenotten das neuerrichtete Gotteshaus und zerstörten die Portalstatuen, die noch heute unersetzt sind.

Die TURMFASSADE erscheint mit einem Reichtum an Schmuckformen des Flamboyant-Stils, der sich kaum noch steigern läßt. Harmonisch fügen sich die Renaissancehauben

◁ Stadtplan von Tours

1 Kathedrale 2 Kreuzgang 3 Museum der Schönen Künste 4 Römermauer 5 Tour de Guise 6 Beaune-Brunnen 7 Saint-Julien 8 Hôtel Goüin 9 Gemmail-Museum 10 Place Plumereau 11 Tour Charlemagne 12 Tour de l'Horloge 13 Saint-Martin 14 Justizpalast 15 Hôtel de Ville 16 Präfektur 17 Bahnhof 18 Post

ein. Man muß den für Besucher zugänglichen Südturm besteigen, um aus der Nähe zu sehen, mit welch unerschöpflicher Dekorationslust sie gestaltet sind.

Prachtvollste Architektur nach der Turmfront ist der CHOR, der das Bild der Place Grégoire de Tours beherrscht. »Ohne an die Dimensionen der Chöre von Amiens oder Paris (Notre-Dame) heranzureichen«, schreibt Francis Salet, »erscheint der von Tours im Zusammenhang mit dem herrlichen alten Platz unter dem klaren Himmel der Touraine wie ein Musterbeispiel ruhiger und harmonischer Gestaltung. Mit seinen doppelten Strebebögen in zweifacher Staffelung, deren vielfältiges Spiel der Linien streng geordnet ist, mit der eleganten und einfachen Zeichnung seiner oberen Fenster, mit dem klaren und festen Umriß des Kapellenkranzes stellt dieses architektonische Ensemble das reinste, wenn nicht großartigste Beispiel der Baukunst in der Zeit Ludwigs des Heiligen dar.«[81]

Der INNENRAUM wirkt gewaltig, doch ohne Schwere (Abb. 114). Man hat den Eindruck, als seien alle Erfahrungen des französischen Kathedralbaus hier wirksam geworden. »Die beiden östlichen Langhausjoche sind wie der Langchor fünfschiffig angelegt, während die westlichen seitliche Kapellen haben. Das Mittelschiff wird durch die breite und raumabschließende Form der Pfeiler völlig abgetrennt von den Abseiten, dagegen erscheinen die doppelten Seitenschiffe als Hallenraum zusammengefaßt... Das System des Chores ist mit der Höhenlage des dreigeschossigen Aufbaues maßgebend für die späteren Bauteile. Wie dort wird die Oberwand durch das belichtete Triforium und die Fenster völlig aufgelöst... Im Mittelschiff wird die Tendenz auf stärkere Vertikalisierung gegenüber der Architektur des Chores sowohl durch die steileren Maßverhältnisse als auch durch die Veränderung im System (Durchführung der Vorlagen und des Maßwerks) evident und damit zugleich der Umschwung des Stilgefühles, der sich zwischen der Mitte des 13. Jahrhunderts und dem beginnenden 14. Jahrhundert vollzogen hat. Dennoch bleibt durch das kräftige Relief der Vorlagen und die Gewölbeform (fallender Scheitel in der Querrichtung, niedriger Kämpferpunkt und demzufolge starke Verdeckung der Schildbogen und der Fenster durch die tief heruntergezogenen Kappen) sowie durch die wegen der fünfschiffigen Grundrißbildung ganz besondere Helligkeitssteigerung in den oberen Zonen der Gesamteindruck noch in enger Beziehung zu der klassischen Hochgotik und ist selbst in den Westjochen aus dem 15. Jahrhundert gewahrt.«[82] Unregelmäßigkeiten der Grundrißbildung fallen vor allem im Querschiff auf; sie sind dadurch bedingt, daß der Baumeister Fundamente und aufgehendes Mauerwerk des älteren Baues wiederverwenden mußte. Hieraus erklärt sich auch, warum das Mittelschiff enger ausgelegt ist als der Chor.

Der HOCHCHOR (Abb. 115) und die drei mittleren Chorkapellen haben Glasmalereien, die größtenteils aus der 2. Hälfte des 13. Jahrhunderts stammen. Mit ihrer kraftvollen Farbigkeit – Blau, Rot, Grün und Gelb – sind sie der kostbarste Schmuck des Innenraums. In der Hauptsache stellen sie Heiligenlegenden und biblische Szenen dar.

Die übrige Ausstattung der Kathedrale ist nicht besonders nennenswert bis auf eine Ausnahme: das *Marmorgrabmal der Kinder Karls VIII.* und der Anne de Bretagne

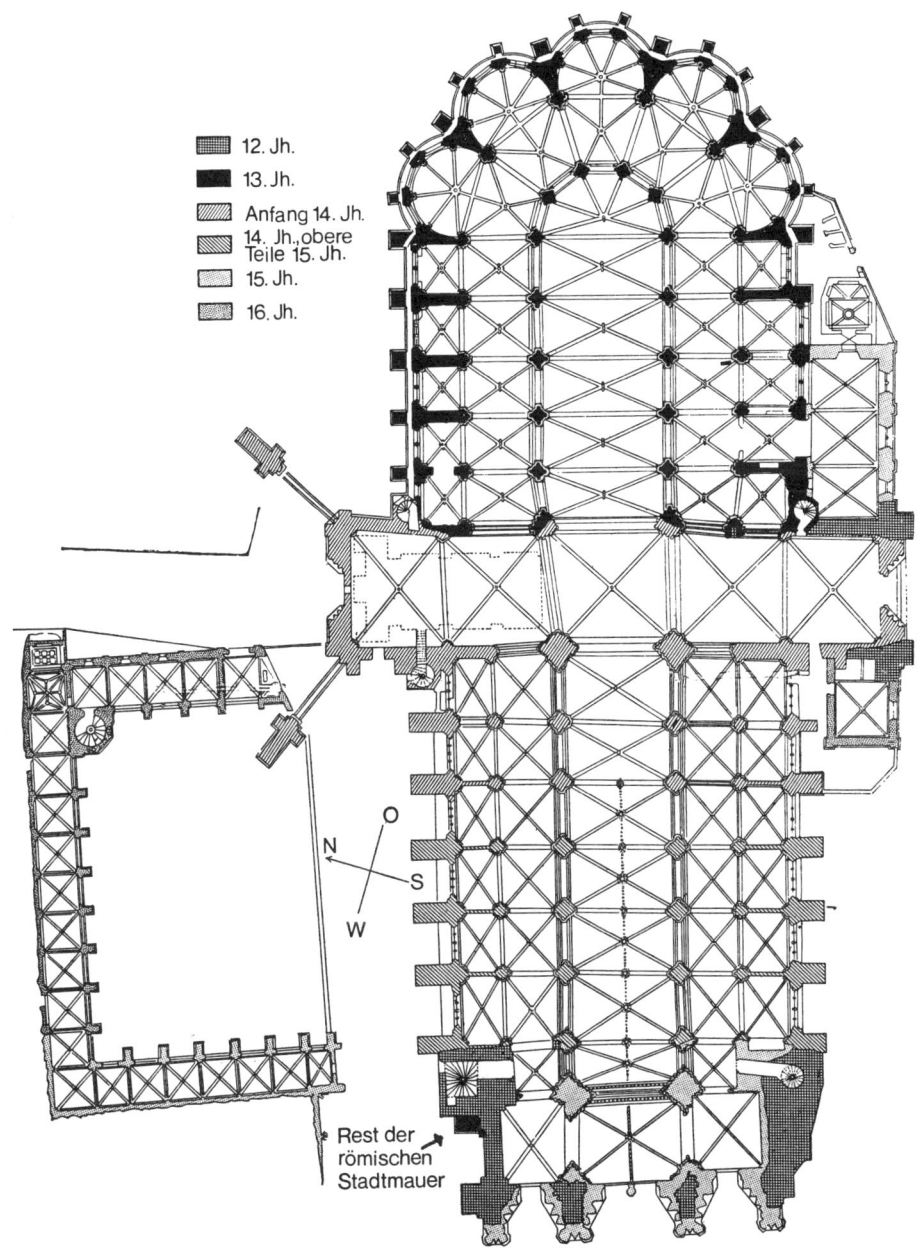

12. Jh.

13. Jh.

Anfang 14. Jh.

14. Jh., obere
Teile 15. Jh.

15. Jh.

16. Jh.

O

N

S

W

Rest der
römischen
Stadtmauer

Tours, Grundriß der Kathedrale

(Abb. 117) in der ersten südlichen Chorkapelle. 1506 in der Martins-Basilika aufgestellt, überstand es die Französische Revolution, wurde vor dem Abbruch der Basilika
in Sicherheit gebracht und später der Kathedrale übergeben. Die Tumba, auf der die
beiden Knaben – Kronprinz Charles-Orland mit Krone (gest. 1495) und Charles
(gest. 1496) – aufgebahrt sind, ist ein prachtvolles Werk italienischer Meister, wahrscheinlich aus der Schar derer, die der König für den Bau des Schlosses Amboise verpflichtet hatte. Die beiden Knabenfiguren, von Engeln begleitet, die ihnen Kissen unter-
schieben und Wappen tragen, gelten als Werk französischer Bildhauer, vielleicht Schüler des Michel Colombe, des bedeutendsten Renaissancebildhauers in Tours. Die Gesichter der toten Prinzen wirken mit den geöffneten Augen und den molligen Bäckchen
voller Lebenswärme. Ein Zeitgenosse überliefert, der kleine Dauphin Charles-Orland
sei ein schönes Kind gewesen, altklug und furchtlos. Er wurde im Schloß zu Amboise
das Opfer einer Blatternepidemie. Auch die beiden anderen Kinder des Königspaares,
die nach Charles-Orland und Charles geboren wurden, starben in zartem Alter.

Dreiflügelig schließt sich an die Nordseite der Kathedrale der KREUZGANG an (Abb.
113, 116). ›La Psallette‹ – Choristenschule – heißt er klangvoll im Volksmund, denn hier
bereiteten sich die Chorknaben auf ihre Arbeit beim Gottesdienst vor. Ältester Teil ist
die westliche Galerie mit dem Bibliotheksraum im Obergeschoß aus der Mitte des
15. Jahrhunderts. Die beiden anderen Flügel mit dem schmucken durchbrochenen Treppenturm in ihrem Winkelpunkt entstanden zwischen 1508 und 1524.

Der PALAST DES ERZBISCHOFS lag schon zur Zeit des Gregor von Tours an der heutigen Stelle, in der Südwestecke der antiken Ummauerung. Das bestehende Gebäude
setzt sich aus zwei Teilen zusammen: der am antiken Rundturm entstand im 17. Jahrhundert, der anschließende größere Palast gehört in die zweite Hälfte des 18. Jahrhunderts. Den Zugang in den Hof vermittelt ein Säulenportal, das 1778 aus dem Material eines abgebrochenen Triumphbogens zu Ehren Ludwigs XIV. errichtet wurde.

Seine ursprüngliche Funktion als Bischofssitz verlor das Gebäude in der Französischen
Revolution. Seit 1910 ist hier das MUSEUM DER SCHÖNEN KÜNSTE eingerichtet, das zur
Zeit der Revolution gegründet wurde. Der Grundstock seiner Sammlung besteht aus
Kunstwerken der berühmten untergegangenen Schlösser Richelieu und Chanteloup,
sowie der großen Abteien Marmoutier und Bourgueil. Hinzu kamen staatliche Dauer-
leihgaben, hochherzige Schenkungen aus Privatbesitz und Ankäufe der Stadt. Aus
allem erwuchs eines der bedeutendsten Provinzmuseen Frankreichs.

In der zum Garten gelegenen Raumflucht der ersten Etage werden die Gemälde
französischer Meister des 18. Jahrhunderts im Zusammenhang mit gleichzeitigen Boiserien und Möbelstücken präsentiert. Der Salon im Stil Ludwigs XV. vereinigt die schönsten Bilder aus Schloß Chanteloup, darunter Gemälde von François Boucher (Abb. 123).

Unter den Werken italienischer, deutscher, österreichischer, flämischer und hollän-
discher Maler des 17. und 18. Jahrhunderts ragt eines hervor: Rembrandts kleine auf
Holz gemalte *Flucht nach Ägypten,* signiert mit dem Monogramm RH und datiert 1627
(Abb. 122). Es ist das frühestbekannte Gemälde in Rembrandts berühmter Hell-Dunkel-

112 TOURS Blick von Nordwesten auf die Kathedrale (12.–16. Jh.) und den Bereich der antiken Cité

113   Nördlicher Kreuzgangflügel (A. 16. Jh.)

114   Blick ins Langhaus nach Westen

115   Blick in den Chor

116 Blick vom Südturm der Kathedrale auf den Kreuzgang

117 Grabmal zweier Kinder Karls VIII. (E. 15. Jh.) in der Kathedrale

118 Nördliche Turmhaube der Kathedrale
120 Hôtel Goüin (15./16. Jh.)

119 Basilika Saint-Martin, Inneres
121 Basilika Saint-Martin (1887–1902) und ›Tour Charlemagne‹ (11./13. Jh.)

122   Rembrandt Harmensz. van Rijn, Flucht nach Ägypten (1627)

123   François Boucher, Sylvia flieht vor dem Wolf, den sie verwundete (1756)

124   Jean Fouquet, Kopf eines hl. Mönchs, Fragment einer größeren Komposition (um 1475)

125   Peter Paul Rubens, Antoine Goubeau und seine Gemahlin Anne vor der Gottesmutter (1614/15)

126 LUYNES Blick auf das Schloß (12.–17. Jh.)

127 LUYNES Römischer Aquädukt

128 VILLANDRY Blick auf das Schloß, den Gemüsegarten (links) und den Ziergarten (vorne und rechts)

130   LANGEAIS, Schloß   Mittelstück eines Triptychons (um 1500)

◁ 129   LANGEAIS   Eingang zum Schloß (2. H. 15. Jh.)

131 USSÉ Blick von Nordosten auf das Schloß (15.–17. Jh.)

132 Portal der Kapelle (um 1530)

133 Terrakotta-Madonna in der Kapelle, Luca Della Robbia (1399/1400–1482) zugeschrieben

134 ›Chambre du Roi‹

135 CHINON Blick vom Quai Danton auf Stadt und Schloß ▷

136 Jeanne d'Arc vor Karl VII. in Chinon 1429 Miniatur des 15. Jhs. aus der ›Chronique abrégée des Rois de France‹. Paris, Bibliothèque Nationale

137 CHINON, Schloß Kaminwand des ›Großen Saals‹, in dem sich Jeanne d'Arc und Karl VII. begegneten

138 CHINON, Schloß Mühlenturm (12. Jh.)

139 CHINON, Schloß Uhrturm (wohl 12. Jh. und später)

140 TAVANT Krypta der Kirche Saint-Nicolas (um 1120)

141   Engel, Fresko (M. 12. Jh.) in der Krypta

142   König David, Fresko (M. 12. Jh.) in der Krypta

143   Kapitell mit Sirenen im Chor

144   Außenansicht von Südosten

Manier. Von Rubens besitzt das Museum das Bildnis eines gealterten Stifterehepaars vor der Muttergottes (Abb. 125).

Im Erdgeschoß sind Werke des Mittelalters und der Renaissance ausgestellt, darunter von Jean Fouquet, dem größten Maler des 15. Jahrhunderts aus Tours, der *Kopf eines hl. Mönchs* (Abb. 124). Besondere Kostbarkeiten sind zwei Tafeln Andrea Mantegnas, *Christus im Garten Gethsemane* und *Auferstehung*: Es handelt sich um die Seitenteile der Predella vom Hochaltar der Kirche San Zeno in Verona, ausgeführt 1456/59; das Mittelstück, eine Kreuzigung, bewahrt der Louvre in Paris.

Die dritte Etage des Museums ist der Malerei des 19. und 20. Jahrhunderts vorbehalten.

Nach einem Besuch des Museums sollte man nicht versäumen, die Terrasse oberhalb des Gartens zu besteigen: Mit einem Blick erfaßt man fünfzehn Jahrhunderte abendländischer Architekturgeschichte, repräsentiert durch die antike Mauer um die Arena, die gotische Kathedrale, die Renaissancehauben ihrer Türme, das Erzbischofspalais mit seinen Fassaden des 17. und 18. Jahrhunderts.

Tours besaß auch einen Donjon, den Heinrich II. Plantagenet im 12. Jahrhundert zur Verteidigung der Loirebrücke in der Nordwestecke der Cité errichtet hatte. Er wurde im 13. Jahrhundert mit Mauern und Türmen verstärkt, von denen zwei noch zu sehen sind.

Zwei mittelalterliche Parallelstraßen – Rue Colbert/Rue du Commerce und Rue de la Scellerie/Rue des Halles – verbinden die Cité mit der Altstadt um Saint-Martin. Es sind enge Geschäftsstraßen voller Leben und Farbe. Wählt man die Rue Colbert – in römischer Zeit Durchgangsstraße von Chinon nach Amboise – so durchquert man das Adelsviertel des 16. Jahrhunderts. Die schöne enge PLACE FOIRE-LE-ROI – Platz der freien Märkte, die Johann der Gute (1355) und Franz I. (1545) eingerichtet hatten – ist von Giebelhäusern gesäumt. Haus Nr. 8 war einst das anmutige Stadtpalais des Philibert Babou de la Bourdaisière, Oberintendant der Finanzen unter Franz I., erbaut 1524.

Vom reichen Stadtpalast eines anderen Oberintendanten der Finanzen unter Ludwig XII. und Franz I., Jacques de Beaune de Semblançay, der wegen angeblicher Veruntreuung von Steuergeldern am Galgen endete, blieben nach einem Brand von 1940 nur eine Fassade und eine Galerie mit Renaissancekapelle darüber erhalten. Davor ist heute – restauriert – der aufwendige BEAUNE-BRUNNEN von 1511 aufgestellt, den sich der Oberintendant von Bastien und Martin François, Neffen des Michel Colombe, anfertigen ließ.

Die ehemalige ABTEIKIRCHE SAINT-JULIEN an der Kreuzung der Rue Colbert mit der Rue Nationale geht auf eine Gründung in merowingischer Zeit zurück. Von einem Bau des 10. oder 11. Jahrhunderts ließ 1225 ein Sturm nur den Turm stehen. Das bald darauf neuerrichtete Langhaus ist als fünfjochige Basilika mit Querschiff und flachgeschlossenem dreijochigen Chor gestaltet, den beidseitig zwei niedrige Schiffe begleiten.

Dienstsäulen mit hochansetzenden Rippengewölben und Maßwerktriforien prägen das schöne eindrucksvolle Raumbild.

Von den Gebäuden des ehemaligen Klosters blieb auf der Nordseite der gewölbte Kapitelsaal des 12. Jahrhunderts erhalten. In der Etage über ihm ist ein Museum des Gesellenwesens eingerichtet. In den mittelalterlichen Weinkellern des Klosters klärt heute das Comité interprofessionel des vins de Touraine über seine Weine auf.

Der prachtvollste Profanbau der Stadt ist das HÔTEL GOÜIN (Abb. 120) in der Rue du Commerce, im 16. Jahrhundert von der wohlhabenden Kaufmanns- und Magistrats-familie Gardette bewohnt. Das Haus stammt im Kern aus dem späten 15. Jahrhundert; aus dieser Zeit ist die Rückfront mit einem Treppenturm unverändert geblieben. Die Vorderfront wurde im 16. Jahrhundert repräsentativ erweitert durch einen Eingangs-risalit und einen kurzen Loggienflügel auf der linken Seite, der später auf der Gegen-seite ein Pendant erhielt. Wand- und Giebelflächen prunken in üppigstem Renaissance-dekor. Vielfach restauriert und 1940 ausgebrannt, dient das Hôtel Goüin heute als Museum für antike, mittelalterliche und Renaissance-Kunst in Tours.

Der Kernbau der zweiten Altstadt von Tours, die Martinsbasilika, ist bis auf zwei Türme verschwunden. Im 11. Jahrhundert wurde sie neuerrichtet und der Prototyp der großen Pilgerkirchen ihrer Zeit, das Vorbild z. B. für Santiago de Compostela in Spanien, eine der berühmtesten Pilgerstätten des Mittelalters.[83] SAINT-MARTIN in Tours war eine Station der Wallfahrer auf dem Weg dorthin. Nach mehreren Bränden wurde die Kirche im 13. Jahrhundert zum damals größten Gotteshaus des Abendlandes aus-gebaut: Mit 110 Metern Länge übertraf sie die Kathedrale um 13 Meter. Sie war fünf-schiffig und hatte im Westen eine Doppelturmfront. Zwei weitere Türme begrenzten das Querschiff. Der Chor, in dessen Zentrum das Grab des hl. Martin lag, hatte einen doppelten Umgang und einen Kranz von Kapellen.

Die Französische Revolution verwandelte die Kirche in einen Militärstall. Ihrer Blei-dächer beraubt, stürzte sie 1797 teilweise ein. 1802 gab der Präfekt von Tours den Befehl zum Abbruch. Erhalten blieben nur der nördliche Querhausturm (Tour Charle-magne), der südliche Turm der Eingangsfront (Tour de l'Horloge) und der östliche Kreuzgangflügel des Klosters aus dem 16. Jahrhundert. Wo einst der Chor und das Langhaus gestanden hatten, wurde die Rue des Halles angelegt – als Zeichen dafür, daß der Martinskult für immer ausgelöscht sei, wie man vorgab.

Aber das Interesse am Grab des hl. Martin war keineswegs erloschen. Als Ausgra-bungen es 1860 zutage brachten, wurde Frankreich von einer Welle der Begeisterung ergriffen. Stimmen wurden laut, die den Wiederaufbau der alten Martinskirche forder-ten. Doch weigerten sich der Staat und die Stadt Tours, die Rue des Halles zu opfern. Es kam zu einem Kompromiß. Nach Plänen des Architekten Laloux entstand 1887 bis 1902 über dem Martinsgrab ein nordsüdlich orientierter wesentlich kleinerer Neubau in romanisch-byzantinischem Stil – würdig einer der heiligsten Stätten der abend-ländischen Christenheit (Abb. 121). Die Kirche ist eine kreuzförmige Basilika mit Vie-rungskuppel, unter der sich in der KRYPTA das *Grab des Heiligen* befindet. Er selbst

Tours, Ansicht der Stadt von G. Hoefnagel (1561)

krönt als Bronzestatue die Kuppel, und der zum Segensgestus erhobenen Rechten ist eine Martinsreliquie eingefügt.

Das LANGHAUS – ausgezeichnet in seiner Raumwirkung (Abb. 119) – ist durch Granitsäulen gegliedert. Zum Schmuck der Kapitelle gehören die Köpfe der Bischöfe, Könige und Heiligen, die im Laufe der Jahrhunderte die untergegangene Martinskirche erbauten oder durch ihren Besuch beehrten.

Vom Befestigungsring, der den Bezirk um die Martinskirche umschloß, sind einige Mauertürme erhalten. Nördlich zwischen Klosterbezirk und Loire-Ufer siedelten sich, angelockt vom Bedarf der Pilger, die Kaufleute an. So entstand ein malerisches geschäftiges Viertel rund um die Place Plumereau. Im Verlauf des 19. Jahrhunderts verlagerten sich die wirtschaftlichen Aktivitäten in den Bereich der Boulevards im Süden, wo sich das neue moderne Tours entfaltete. Die alte Kaufmannsstadt verlor ihre Anziehungskraft und bildete fortan ein Wohngebiet für Bevölkerungsschichten mit niedrigeren Einkommen. Angesichts überalterter Bausubstanz und mangelhafter Innenausstattung der Häuser hat man in den letzten Jahren eine grundlegende Sanierung begonnen, die für die Sanierungsbestrebungen in ganz Europa Modellcharakter gewonnen hat. Ein erster Abschnitt der Arbeiten umfaßte die PLACE PLUMEREAU und den nach

Norden anschließenden Baublock. Die historische Bebauung, hauptsächlich aus dem
15.–17. Jahrhundert, ist charakterisiert durch einen Wechsel von Fachwerkkonstruktion
und Massivbauweise. Die Häuser wurden von innen nach außen erneuert, wobei man
von Fall zu Fall bereit war, historische Innenraumstrukturen zugunsten moderner
Wohnansprüche aufzulösen. Das historische Außenbild der Häuser wurde jedoch origi-
nalgetreu wiederhergestellt. Durch Entkernung der gesamten Blockinnenfläche schuf
man öffentliche Wohninnenhöfe. Die Sanierungszone steht mit ihrem zu neuer Wirkung gebrachtem Reichtum an gewachsenen Bauformen als Wohngebiet von hoher
Lebensqualität in starkem Gegensatz zu den noch unsanierten Bereichen mit ihren
heruntergekommenen Häusern. Problematisch ist jedoch, daß die ursprünglich ansäs-
sige Bevölkerung durch die Sanierung bewußt verdrängt wurde.

Ein Gang durch die modernisierte alte Kaufmannsstadt sollte mit einem Besuch im
GEMMAIL-MUSEUM verbunden sein, das im Hôtel Raimbault, einem Bau von 1825 in der
Rue du Mûrier, eingerichtet ist. ›Gemmail‹ ist ein neues künstlerisches Ausdrucksmittel,
bestehend aus farbigem mosaikartig zerkleinertem Glas, das geschichtet wird und so,
von rückwärts beleuchtet, zu phantastischsten Wirkungen gestaltet werden kann. Das
Verfahren geht auf Roger Malherbe-Navarre zurück, der sein Pariser Atelier nach
Tours verlegte und die Stadt zum Zentrum dieser Kunstgattung machte. Bedeutende
moderne Künstler wie Picasso, Braque, Rouault und Cocteau haben sich begeistert in
der Gemmail-Technik versucht. Das Museum besitzt von ihnen zahlreiche Arbeiten.

Das Zentrum des modernen Tours liegt um die Place Jean-Jaurès am Schnittpunkt
der Rue Nationale mit den Boulevards. Hier brandet der Verkehr, hier haben sich Stra-
ßencafés und Restaurants angesiedelt. Zwei disharmonierende Bauwerke beherrschen
das Platzbild an der Einmündung der Rue Nationale: der Justizpalast (1840/43) mit
einer dorischen Säulenfront und das Prunkpalais des Rathauses von Laloux (1896/1904).

Das Schloß LE PLESSIS-LÈS-TOURS im Südwesten der Stadt errichtete sich nach 1463
Ludwig XI. und machte es zu seiner Lieblingsresidenz. 1483 starb er hier. Von der ursprünglich wesentlich umfangreicheren Anlage steht noch ein zweigeschossiger Flügel
mit polygonalem Treppenturm aus Ziegel mit belebender Werksteinzier.

Von Le Plessis-lès-Tours aus führt der Weg loirewärts zur EHEM. PRIOREI SAINT-
CÔME, die im Mittelalter auf einer Insel des Flusses lag. Hier schlossen sich 1092 Kanoniker der Abtei Saint-Martin in Tours zu einer neuen Klostergemeinschaft zusammen. Berühmtester Prior war der Dichter Pierre de Ronsard, der 1585 in Saint-Côme
verstarb. 1933 fand man seine Gebeine in der seit der Französischen Revolution zerstörten Klosterkirche wieder und bestattete sie würdig an gleicher Stelle. Außer dem
Chor der Kirche ist aus dem 12. Jahrhundert das Mönchsrefektorium erhalten. Im Haus
des Priors aus dem 15. Jahrhundert (umgestaltet im 17. Jh.) lebte und dichtete Ronsard.

Eines der mächtigsten und reichsten Klöster der Christenheit war die ABTEI VON MAR-
MOUTIER, nordöstlich der Stadt auf dem anderen Ufer der Loire gelegen. Sie geht auf

den hl. Martin zurück, der die Einsamkeit liebte, und hier, nachdem er Bischof von Tours geworden war, gegen 372 eine Mönchsgemeinschaft um sich sammelte. Sie bewohnte anfangs die Grotten im Kreidefelsen über dem Fluß. Später entstand das berühmte Kloster, das die Normannen 853 zerstörten. 982 ließen sich Benediktiner aus Cluny hier nieder; es begann eine lange Zeit der Hochblüte. Noch im 17. Jahrhundert unterstanden Marmoutier mehr als zweihundert Prioreien und Domänen in Frankreich und England. Als nationales Gut verkauft, ging die Abtei 1818 unter.

Von den einst umfangreichen Baulichkeiten ist wenig erhalten: am besten noch das Klosterportal aus der Zeit um 1220 mit einer Verteidigungsgalerie und einem Flankenturm. Seit 1847 gehört die Domäne den Schwestern vom Heiligen-Herz-Jesu, die neue Gebäude errichteten. Ein Rundgang führt zu den Resten der mittelalterlichen Abteikirche und in die Mönchsgrotten.

Luynes

Das SCHLOSS von Luynes, in einem Seitental nördlich der Loire hoch über dem Ort gelegen, ist ein imposantes Beispiel mittelalterlicher Festungsbaukunst. Unzugänglich für Besucher, verdient es doch einen kurzen Blick aus der Entfernung. Am besten überschaut man die Anlage vom Friedhof des Ortes am gegenüberliegenden Hang aus (Abb. 126).

Das Schloß war Sitz der Baronie, später der Grafschaft Maillé, die in der Touraine hochangesehen war. 1619 erwarb sie Charles d'Albert, Herr von Luynes in der Provence, der zukünftige Minister und Siegelbewahrer Ludwigs XIII. Charles d'Albert erreichte vom König, daß die Grafschaft zum Pair-Herzogtum mit dem Namen Luynes umgewandelt wurde.

Ein erstes starkes Schloß auf dem strategisch günstigen Standplatz über dem Tal wurde durch den Grafen von Anjou 1096 zerstört. Anfang des 12. Jahrhunderts errichtete es der Herr von Maillé aufs neue. Vermutlich geht die heutige Grundform der Anlage in diese Zeit zurück. Ein wesentlicher Bauteil der Feste, der Donjon, verschwand im 17. Jahrhundert.

Das Schloß besteht aus einem viereckigen Mauermantel, der an drei Seiten mit mächtigen Rundtürmen gesichert ist. Nur die Südseite über einem steilen Hang blieb ohne Türme. Die der Nord- und Ostseite sind heute gekappt. Vollständig bewahrt die Westseite mit ihren vier Rundtürmen das mittelalterliche Bild. Die beiden mittleren Türme, durchsetzt mit voluminösen Bossen, werden ins 15., die beiden äußeren ins 13. Jahrhundert datiert.[84]

In der Zeit Ludwigs XI. ließ Hardouin de Maillé in die Türme und Ringmauern große Fenster brechen und innen an die Westmauer ein elegantes Wohngebäude aus Ziegel und Werkstein mit oktogonalem Treppenturm errichten (im 19. Jahrhundert stark restauriert). Im 17. Jahrhundert füllte Charles d'Albert die offene Südseite mit einem Gebäudetrakt aus, der zum Hof hin kurze Nebenflügel hatte. Sie allein sind erhalten.

Außerhalb des Schlosses liegt die einschiffige Kirche eines Kanonissenstifts, das der Herr von Maillé 1486 als Kanonikerstift gegründet hatte.

Zur Römerzeit bestand in der Nähe des heutigen Schlosses ein castrum. Wahrscheinlich war es mit einem AQUÄDUKT verbunden, von dem einige Bögen etwa 1,5 km nördlich von Luynes erhalten und spätestens ins 4. Jahrhundert zu datieren sind (Abb. 127).

Langeais

Die kleine Stadt Langeais auf dem rechten Ufer der Loire bestand schon im 5. Jahrhundert unter dem Namen Alangavia. Gegen Ende des 10. Jahrhunderts baute Fulko Nerra, Graf von Anjou, hier eine Festung, denn er wollte sich der Gebiete des Grafen von Blois und Tours bemächtigen. Von dieser Anlage sind die Reste des rechteckigen DONJONS erhalten. Er gilt als der älteste aller noch bestehenden und als einer der ersten, die in Stein errichtet wurden. Während des Hundertjährigen Krieges fiel die Burg den Engländern in die Hände. Sie gaben 1428 die Feste für ein Lösegeld unter der Bedingung frei, daß sie bis auf den Donjon geschleift würde.

Das neue SCHLOSS unterhalb der Festung des Fulko Nerra erbaute von 1465 an der Schatzmeister und Geheime Rat Ludwigs XI., Jean Bourré, auf Befehl des Königs zum Schutz der Krondomäne. Bis 1631 blieb es im Besitz der Krone. Dem jeweiligen Schloßherrn war es vom König nur zur Nutznießung übertragen. Zuletzt erwarb es 1886 Monsieur Jacques Siegfried, der leidenschaftlich um eine originalgetreue Wiederherstellung bemüht war und seine Zeit damit verbrachte, das Innere im Sinne des 15. und 16. Jahrhunderts wieder zu beleben. 1904 vermachte er das Schloß samt Einrichtung und Kunstschätzen dem ›Institut de France‹.

Zu den glanzvollen Ereignissen von Langeais gehört die Hochzeit Karls VIII. mit Anne de Bretagne im Jahre 1491. Man könnte diese Heirat als eine Episode unter vielen nehmen, hätte sie die Geschichte Frankreichs, ja Europas nicht so nachhaltig beeinflußt. Durch sie wurde die Vereinigung der Bretagne mit Frankreich besiegelt und verhindert, daß die Bretagne an Habsburg fiel. Denn zwischen Anne, der Erbin der Bretagne, und König Maximilian von Österreich, dem späteren Kaiser, bestand bereits ein Heiratsvertrag. Karl VIII. war verlobt mit der Tochter Maximilians, Margarete von Österreich. Es gelang, Anne zu bewegen, den Heiratsvertrag zu lösen und sich mit dem jungen König von Frankreich zu vermählen. Im Ehekontrakt war zur Sicherung der Vereinigung von Bretagne und Frankreich festgelegt, daß Anne den Nachfolger in der Königswürde heiraten müsse, falls Karl vor ihr ohne Nachkommen sterben sollte. Genau dies traf ein. Karl VIII. verunglückte in Amboise (s. S. 128), und Anne wurde in zweiter Ehe 1499 die Gemahlin Ludwigs XII.

Langeais, Schloß und Donjon. Zeichnung von B. Ebhardt

Mit welchem Aufwand die Braut zur Hochzeitszeremonie 1491 im gerade vollende-
ten Schloß Langeais erschien, belegen die Spesenrechnungen. »Hier eine Zusammenfas-
sung der hauptsächlichsten Gegenstände: die Herzogin hatte in ihrem Reisewagen zwei
Feldbetten. Das eine, bescheidene, war aus schwarz-weißem und violettem Damast gemacht, von dem einundfünfzig Ellen für die Vorhänge und den Betthimmel und neun-
zehn und eine halbe Elle für die Draperie verbraucht wurden; mehr als zwölf Ellen
roten Tafts kamen dazu, um den Himmel zu füttern. Das andere, noch reichere Bett
bestand aus einem Himmel, Vorhängen und Bettvorhängen in dunkelrotem Goldbrokat, der Kranz des Himmels und die Draperie aus violettem Goldbrokat waren mit
einer schweren schwarzen Seidenfranse eingefaßt. Dies alles war mit rotem Taft gefüttert. Die Geschirre der Zelter und die innere Ausstattung der Wagen verschlang zwölf-
einhalb Ellen schwarzen und drei Ellen dunkelroten Samtes.
Anne de Bretagne trug auf dieser Reise einen gefütterten Unterrock aus schwarzem
Satin, bei dem sechseinhalb Ellen schwarzen Samtes für den unteren Saum benötigt
wurden ... Die über diesen Unterrock anzuziehende Kleidung bestand aus schwarzem,
mit feinem Zobel gefütterten Samt, neun Ellen Samt und hundertneununddreißig
Zobelpelze wurden dazu gebraucht.
Was aber alles übertraf, war das Hochzeitskleid selbst, aus Goldbrokat voll erhaben
gearbeiteter Applikationen, wodurch dieser Stoff den Namen ›drap-d'or-trait-enlevé‹
erhielt. Man hatte diese Robe zuerst mit feinen schwarzen Lammfellen aus der Lom-
bardei gefüttert. Weil dieses Futter aber als nicht genügend aufwendig angesehen wurde,
ersetzte man es durch eintausendeinhundertsechzig Zobelfelle.«[85]
Der König hatte dafür gesorgt, daß die Möblierung des Schlosses so reich wie nur
möglich war. Die Rechnungen berichten von golddurchwirkten und seidenen Draperien
sowie von Teppichen, mit denen die nackten Wände behangen waren.

Der Donjon des Fulko Nerra, erst 1841 an zwei Seiten niedergelegt, und das königliche Schloß verkörpern Beginn und Ende des Mittelalters. »Hier dieser rauhe viereckige Turm, ein Rest der lichtlosen Bauten, in denen sich die herrschaftliche Familie
drängte, dort, tiefer liegend, dieser ansprechende und schmucke Wohnsitz, der, in zahlreiche und verschiedenartige Wohnräume aufgeteilt, zwar noch für die Verteidigung,
aber ebenso für das höfische Leben und für andere Vergnügungen als die des Krieges
eingerichtet ist.«[86]

Selten trifft man auf ein Loire-Schloß mitten in der Stadt. Drei mächtige Rundtürme
mit charakteristisch zurückspringenden Obergeschossen und Kegeldächern geben der
Außenfront des Hauptflügels Plastizität. Zwei enggestellte Türme, darunter der besonders dicke Eckturm der Nordseite, der neue Donjon, fassen den Eingang zwischen sich,
vor dem Monsieur Siegfried die Zugbrücke wiederherstellen ließ (Abb. 129). Der Teil
zwischen dem weiten Turmabstand war Wohntrakt, ein zweiter schließt sich stumpf-
winklig an. Die gesamte Außenfront umzieht ein hundertdreißig Meter langer Wehrgang. Der Wassergraben um das Schloß ist verschwunden. Die Hofseite wirkt durch
polygonale Treppentürme und schlanke Lukarnen über den Fensterachsen weniger
streng und wehrhaft. Trotz der Unregelmäßigkeiten im Grund- und Aufriß erscheint
das Gebäude dank der raschen Bauzeit wie aus einem Guß. Von einschneidenden Veränderungen in späterer Zeit blieb es verschont (Farbt. 17).

Das INNERE hat Monsieur Siegfried mit erstaunlichem Einfühlungsvermögen so wieder einzurichten versucht, wie es zur Erbauungszeit und in den Jahrzehnten danach
hätte aussehen können. Bei seinen Ankäufen ließ er sich von Wissenschaftlern und
Künstlern beraten. Der größte Teil der Möbel, üppig verzierte Schränke, Truhen, Sitz-
bänke und dergleichen, ist original, vieles italienischer Herkunft. Doch scheute der
Sammler nicht vor Kopien zurück, um die Einrichtung so vollständig und zeitentspre-
chend wie eben möglich zu präsentieren; vor allem Betten, Wandvertäfelungen und
Fußbodenfliesen ließ er zeitgenössischen Vorbildern nachgestalten. Die künstlerisch
kostbarsten Stücke der Sammlung sind neben Gemälden (Abb. 130) und Skulpturen die
Wandbehänge aus dem 15. und 16. Jahrhundert, mehr als dreißig Stück, viele aus
Flandern, ein Teil aus der Manufaktur von Aubusson.

Zur wandfesten Ausstattung gehören insbesondere Kamine: Einer im Gardensaal ist
in der Form einer Burg mit Wehrgang gestaltet, zwischen dessen Zinnen Köpfe hervor-
schauen. – Die Hochzeit zwischen Karl VIII. und Anne de Bretagne fand nach der örtlichen Überlieferung im GROSSEN SAAL der ersten Etage des Südflügels statt (Farbt. 15).
Man zeigt hier als Hauptelement der Raumgestaltung sieben Tapisserien der ›Neun
Recken‹ (um 1530). Von den zahlreichen Möbeln beflügelt vor allem eine Hochzeits-
truhe der Anne de Bretagne die Phantasie. Auch ein köstliches *Diptychon* mit den Bildnissen des Königspaares erinnert an das Fest von 1491 (Abb. 75, 76).

Der Garten des Schlosses im Stil des 15. Jahrhunderts ist nach zeitgenössischen Miniaturen rekonstruiert. Weiter oberhalb zu Füßen des Donjons haben Madame und Monsieur Siegfried ihre letzte Ruhestätte gefunden.

Villandry

Den Zauber der Renaissance-Gärten bei den Schlössern der Loire kennen wir hauptsächlich aus den Stichen des Jacques Androuet Du Cerceaus. Keine dieser Anlagen – den Zeitgenossen ein Abbild des irdischen Paradieses – ist erhalten geblieben. Um so bedeutsamer erscheint das einzige nachgeschaffene Beispiel in Frankreich: Villandry (Abb. 128).

Das SCHLOSS ist z. T. noch mittelalterlich. 1532 kaufte es der Rat und Staatssekretär Franz' I., Jean Le Breton, der schon in Villesavin als Bauherr begegnete. Er ließ die Anlage des Mittelalters bis auf einen Eckturm niederreißen und auf den Fundamenten des alten Schlosses ein neues errichten, eines der letzten an der Loire im Renaissancestil: drei zweigeschossige Flügel um einen Binnenhof, wobei sich die Seitenflügel hofseitig in flachbogigen Laubengängen öffnen und in Pavillons enden. Beibehalten wurden die mittelalterlichen Wassergräben.

Die Fassaden sind ausgewogen gegliedert durch Pilaster, Doppelgesimse und hohe Lukarnen, die die Fensterachsen hervorheben. Der Sinn des architektonisch geschulten Bauherrn für Regelmäßigkeit und Maßverhältnisse ist wie in Villesavin (das wenig später entstand) nicht zu verkennen.

Bis ins 18. Jahrhundert blieb das Schloß in den Händen der Bretons. Die Nachbesitzer nahmen Veränderungen am Bau und an der Umgebung vor. Einem kunstbegeisterten Privatmann schließlich ist die Wiederherstellung im Sinne des 16. Jahrhunderts zu verdanken; dem spanischen Arzt Dr. Joachim Carvallo. Er kaufte Villandry 1906 einem Apotheker ab, befreite die Fassaden von Zutaten des Barock, stellte ihren ursprünglichen Zustand wieder her und ließ die Bäume eines englischen Gartens fällen, um – durch Du Cerceau angeregt – RENAISSANCE-GÄRTEN anzulegen. Dr. Carvallo dachte jedoch nicht daran, ausschließlich Formen dieses Meisters zu kopieren, sondern er ließ in die Neuschöpfung auch Anregungen aus seiner spanischen Heimat einfließen.

Es gibt auf drei Ebenen drei verschiedene Gartenparterres, die am eindrucksvollsten von den Terrassen des 18. Jahrhunderts am östlichen Hang zu überblicken sind. Treppen und Rampen verbinden sie. Auf der mittleren Ebene liegen – im rechten Winkel angeordnet und durch einen Wassergraben getrennt – die beiden Parterres des *Ziergartens* mit ihren geometrisch exakt geschnittenen Ornamentbeeten aus Buchsbaum und Eiben, durch Blumen farbig ausgefüllt und mit Brunnen belebt. Zugrunde liegen spanisch-maurische Vorbilder. Der phantasievollste Teil des Ziergartens erstreckt sich entlang der Aussichtsterrassen. Die vier gemusterten Beete nächst dem Schloß bedeuten die vier Charaktere der Liebe (Farbt. 10): Die zärtliche Liebe veranschaulichen Herzen, Masken und Flammen; die tragische Liebe Schwerter und Dolchklingen; die leidenschaftliche Liebe ist durch ein Labyrinth deformierter Herzen dargestellt; schließlich die flüchtige Liebe, symbolisiert durch Fächer, Hörner und Liebesbriefe. Auch die Farben der Blumen sind nicht ohne symbolischen Sinn gewählt: So gehören Rosa zur zärtlichen Liebe, Rot zur tragischen, gemischte Farben zur leidenschaftlichen und Gelb zur flüchtigen Liebe. Den Abschluß dieses Parterres zur anderen Seite hin bildet ein Feld mit drei unterschiedlich geformten Kreuzen: Malteserkreuz, Kreuz des Languedoc und Kreuz des Baskenlandes. Figurenfelder ähnlicher Art kennt auch Du Cerceau.

Auf der obersten Ebene liegt – abweichend von den anderen Teilen im Barockstil angelegt – der *Wassergarten* mit einem Bassin in der Mitte, flankiert von Rasenparterres und umgeben von Lindenalleen. Das Bassin speist den Gartengraben, der in den Schloßgraben übergeht. Oberhalb des Wassergartens ist nach Du Cerceaus Vorbild ein Obstgarten mit linear geordneten Bäumen angepflanzt.

Höhepunkt aller Neuschöpfungen ist auf der niedrigsten Ebene der *Gemüsegarten,* den Dr. Carvallo besonders schätzte (Farbt. 9 u. Abb. 128). In einem Gespräch mit dem Schriftsteller René Benjamin hat er seine persönliche Interpretation gegeben.

Bei einem Gang durch die Gärten fragte Dr. Carvallo seinen Gast, ob er diesen Gemüsegarten liebe. Benjamin berichtet: »Meine trunkenen Augen begannen zu flimmern. Ich stammelte: ›Wo denn?‹ Lachend antwortete er: ›Er liegt ja vor Ihnen!‹

Dieses Wunder ein Gemüsegarten? Ich sah nur Blumenbeete. ›Das kommt daher‹, sagte der Doktor, ›weil die Gemüse sich zwischen den Blumen und den Früchten gut ausnehmen, wie auf dem Tisch eines Franzosen von Geschmack. Die Vierecke bestehen aus Gemüse, die Blumen als Rahmen aber bringen sie zu eigener Wirkung, dazu wachsen Obstbäume in den Ecken eines jeden Vierecks. Alles ist streng geometrisch angeordnet, Ausdruck reiner Intelligenz. Jedes Ding hat seinen Platz, und das Ganze wird durch eine entsprechende leichte und anmutige Hecke abgeschlossen.‹

Ich bemerkte dazu: ›Das sind wahrhaft himmlische Gärten!‹ Er antwortete, ernst geworden: ›Ich glaube nicht, daß sie das sind. Die ehrwürdigsten Theologen behaupten, daß der Himmel ganz aus Kreisen besteht. Ich habe nur festumrissene Vierecke. Der Kreis ist phantastischer, unendlicher.‹«[87]

Jedes der neun Felder ist im Sinne Du Cerceaus anders gemustert. Die Gemüse, die die Muster füllen, sind so nach Grüntönen ausgesucht, daß die symmetrische Musterstruktur auch farbig symmetrisch in Grünabstufungen erscheint. Nur solche Gemüsesorten kommen vor, die im Frankreich des 16. Jahrhunderts bekannt waren.

Als schattenspendende Elemente ziehen sich zwischen den Gartenteilen Weinlauben hin – verführerisch zur Zeit der Traubenreife.

Im INNEREN des Schlosses, das samt den Gärten bis heute Carvalloscher Besitz ist, zeigt man neben gutmöblierten Räumen und einer maurischen Decke die Gemäldesammlung Dr. Carvallos: alte spanische Meister, darunter Velázquez, Goya, Ribera und Zurbarán.

Ussé

»Ussé bietet sich von weitem über dem Fluß und über den Terrassengärten als ein weißer Komplex von großem Glanz dar, dessen komplizierte, mit spitzigen Türmen gespickte Silhouette sich ganz hell von einem Hintergrund aus dunklem Laub abhebt (Farbt. 35 u. Abb. 131).

Es ist ›das‹ Bild des schönen mittelalterlichen Schlosses für kühne Herren und zierliche Damen, das den Romantikern vorschwebt, jenes Schlosses, das wir in den Schilderungen der Dichter, in den Dekorationen der historischen Bühne und in den Abbildungen der alten Märchenbücher wiederfinden.«⁸⁸ Der Dichter Charles Perrault soll bei einem Besuch von Ussé zu seinem Märchen ›Die Schöne, die im Wald schlief‹, dem französischen ›Dornröschen‹, angeregt worden sein.

Der Bau wurde in der zweiten Hälfte des 15. Jahrhunderts durch die in der Touraine berühmte Familie de Bueil begonnen, wobei Reste einer älteren Anlage verwertet wurden. Das Schloß war noch unvollendet, als es 1485 an Jacques d'Espinay, den Kammerherrn Ludwigs XI. und Karls VIII. verkauft wurde. Er und sein Sohn Charles schlossen die Arbeiten bis 1535 ab.

Ursprünglich bestand das SCHLOSS aus vier Flügeln um einen Binnenhof. Unter dem Besitzer Louis de Valentinay wurde der Nordflügel im 17. Jahrhundert abgerissen, um den Blick auf das schöne Tal des Indre freizubekommen. Hangabwärts entstand vor dem geöffneten Schloß ein Terrassengarten, und an den Westflügel wurde ein Erweiterungsbau in klassischem Stil mit Flachdach angefügt. Nach zahlreichen Besitzerwechseln gelangte Ussé Ende des 19. Jahrhunderts an den Grafen de Blacas, dessen Nachfahren es noch heute gehört.

Mit seinen dicken runden Türmen und gedeckten Wehrgängen bewahrt das Schloß den Charakter einer mittelalterlichen Festung. Der Eingang auf den Hof befand sich ursprünglich an der Ostseite zwischen den beiden enggestellten Türmen, deren oberstes Geschoß über dem Wehrgang nach dem Vorbild von Langeais einen kleineren Durchmesser hat als die unteren. Hinter dem polygonal vorspringenden Teil der Ostfassade lag ursprünglich die alte Schloßkapelle, deren achteckiger Dachreiter sich an der Hofseite erhalten hat. Der runde Donjon an der Südwestecke steht auf dem Unterbau eines älteren Schlosses.

Die Fassade des Ostflügels zum Hof hin ist noch im Flamboyant-Stil gehalten; allerdings wurde sie im 19. Jahrhundert nicht ganz in ursprünglicher Form restauriert. Die gegenüberliegende Front des Westflügels geht in die Zeit Franz' I. zurück, wurde jedoch im 17. Jahrhundert verändert. Der südliche Verbindungsflügel war anfänglich ein offener Arkadengang, wurde um 1500 zu einem Flügel aufgestockt und erhielt im 17. Jahrhundert die heutige Gestalt.

Von den museal ausgestatteten INNENRÄUMEN ist vor allem das ZIMMER DES KÖNIGS erwähnenswert, das für Ludwig XIV. eingerichtet wurde, jedoch niemals die Ehre seines Besuches erlebte (Abb. 134). Es hat seine originale Wandbespannung aus roter mit weißen Chinoiserien durchsetzter Seide, das königliche Bett ›à la polonaise‹ mit einem Baldachin aus dem gleichen Material und entsprechend bespannten Sitzmöbeln bewahrt. Korinthische Säulen grenzen die Alkovennische ein und steigern die feierlich pomphafte Atmosphäre des Raumes.

Die KAPELLE, vom Schloß isoliert im Park errichtet, ist ein vollendetes Beispiel sakraler Architektur im Übergang von der Gotik zur Renaissance. Jacques d'Espinay ordnete den Bau testamentarisch an. Der Sohn Charles d'Espinay und seine Gemahlin Lucrèce de Pons führten ihn 1523–35 aus. Beide verewigten sich am Außenbau wie im Inneren mit ihren Initialen C und L. 1538 wurde die Kapelle geweiht und im gleichen Jahr ein Kolleg von sechs Kanonikern gegründet.

Die Kapelle ist ein vierjochiger Saalbau mit Chor und spitzbogigen Gewölben, in der Struktur also noch gotisch. Hinzu kommt ein Reichtum an Renaissanceornamentik, die an Feinheit ihresgleichen sucht. Die Strebepfeiler am Außenbau enden statt in Fialen in Kandelabern. Kostbar ist die EINGANGSACHSE gestaltet. Portal und Spitzbogenfenster darüber umschließt eine triumphale Blendarchitektur mit filigranhaftem Schmuck von außerordentlicher Lebendigkeit (Abb. 132). Vollplastische Büsten in Medaillons – Christus und die Apostel – sind ein neues ungewöhnliches Motiv in der französischen Kunst der Zeit. Als Vorbild gilt die Kartause von Parma.

Im INNEREN zeigt eine Sakristeitür den gleichen Formenreichtum wie der Eingang außen. Erhalten ist auch das schöne mit Figuren und Arabesken verzierte *Chorgestühl* (ca. 1535). Beachtenswert neben einer Serie von Aubusson-Teppichen des 17. Jahrhunderts eine farbig gefaßte Terrakotta-Madonna (Abb. 133), die Luca Della Robbia zugeschrieben wird (15. Jh.), und ein toskanisches Triptychon aus dem gleichen Jahrhundert.

Chinon

> Chinon, Chinon
> Petite ville, grand renom
> Assise sur pierre ancienne
> Au haut le bois, au pied la Vienne.

(Chinon, Chinon – kleine hochberühmte Stadt – errichtet auf altem Gestein – hochoben der Wald, zu Füßen die Vienne.) Mit diesen Versen setzte der Dichter François Rabelais im ›Pantagruel‹ seiner Heimatstadt ein literarisches Denkmal. Man könnte sie nicht kürzer und bildhafter beschreiben. Der eindrucksvollste Blick bietet sich vom Quai Danton jenseits der Vienne aus auf die Stadt, die sich am Fuße eines Bergsporns entlangzieht (Abb. 135). Ihn krönen über einem Baumgürtel die Überreste des Schlosses, »ein merkwürdiges Mauerwerk, das am Fuße mit dem Felsen verwurzelt ist und dessen Kamm sich dahinfranst, von dem Mühlenturm links bis zum Uhrturm, der sein spitzes Profil am anderen Ende emporreckt«.[89]

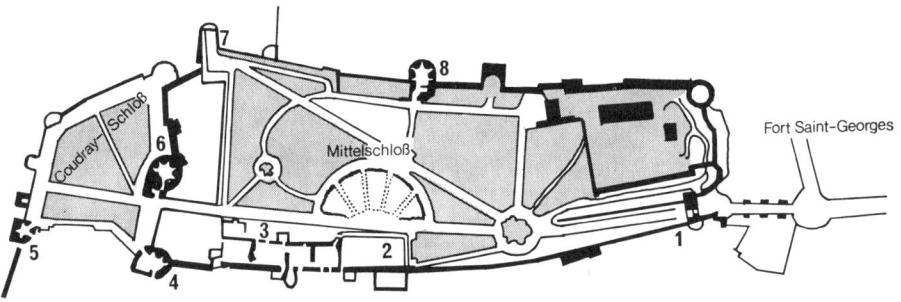

Chinon, Grundriß des Schlosses
1 Uhrturm 2 Großer Saal 3 Königliche Wohngemächer 4 Boisy-Turm 5 Mühlenturm
6 Donjon du Coudray 7 Argenton-Turm 8 Hundeturm

Schon in römischer Zeit bestand auf dem Bergsporn eine Festungsanlage. Im 10. Jahrhundert errichteten die Grafen von Blois hier eine ihrer festen Burgen, die 1044 an die Grafen von Anjou fiel. König von England geworden, wählte Heinrich II. Plantagenet Chinon als bevorzugte Residenz, die er fast vollständig erneuerte. Hier starb er 1189 aus Kummer über den Verrat seines Sohnes Richard Löwenherz.

1205 eroberte Philipp II. August Chinon für die französische Krone, bei der es als königliche Residenz fortan verblieb. Das berühmteste Ereignis im Schloß, durch das die französische Geschichte eine Wende nahm, war 1429 während des Hundertjährigen Krieges die Begegnung Jeanne d'Arcs mit dem unentschlossenen und mutlosen Karl VII. (Farbt. 11), den sie aufforderte, seine von den Engländern besetzten Gebiete zurückzuerobern und sich in Reims als König von Frankreich krönen zu lassen (Titelbild und Abb. 136).

Bis zum Ende der Regierung Karls VII. blieb Chinon der eigentliche Sitz der Regierung. An diese Zeit eines regen Hoflebens erinnern zahlreiche Häuser in der Stadt. Die nachfolgenden Könige zogen sich mehr und mehr zurück. Im 17. Jahrhundert ging das Schloß in den Besitz des Kardinals Richelieu über, dessen Familie es bis zur Französischen Revolution behielt. Schlecht unterhalten, zerfiel es zunehmend; Baufälliges wurde abgerissen. Erst um die Mitte des 19. Jahrhunderts begann man, die Mauern abzusichern, weil sie auf die Stadt zu stürzen drohten.

Es ist nicht einfach, ein halbwegs anschauliches Bild der Festung zu gewinnen. Sie setzt sich aus drei verschiedenen Teilen zusammen, die durch Quergräben voneinander getrennt sind. Im Osten des Bergsporns liegen die Ruinenreste des FORTS SAINT-GEORGES mit der heute bis auf die Krypta verschwundenen Georgskapelle. Es wurde im 12. Jahrhundert durch Heinrich II. Plantagenet errichtet, um den Hauptzugang ins Mittelschloß zu schützen, der an dieser Stelle besonders verwundbar war. Dieser vorburgartige Abschnitt diente einer größeren Besatzung als Unterkunft.

Ein tiefer Teilungsgraben trennt das Fort Saint-Georges vom Mittelschloß, dem größten Teil der Festungsanlage. Eine Steinbrücke anstelle der ehemaligen hölzernen Zugbrücke führt heute über den Graben auf den Tordurchlaß im UHRTURM (Abb. 135 rechts, 139), der im Kern wohl aus dem 12. Jahrhundert stammt. Fünfunddreißig Meter hoch, ist er das einzige vollständig erhaltene Bauwerk des Schloßberges. Seinen Namen hat er nach einer alten Uhr und einer Glocke von 1399 in der Laterne des Daches. In den engen Stockwerken findet man ein kleines JEANNE D'ARC-MUSEUM.

Das Gelände des stark dezimierten MITTELSCHLOSSES umfaßt eine Fläche von etwa 180 Metern Länge und 80 Metern Breite. Sie ist umwehrt von einer Ringmauer mit gekappten Türmen aus dem 12./13. Jahrhundert. An der Nordwestecke steht der außen halbrunde innen gerade geschlossene Argenton-Turm vom Ende des 15. Jahrhunderts, der als Gefängnis diente. Der ebenfalls außen halbrunde Hundeturm in der Mitte der Nordmauer aus dem 13. Jahrhundert ist vermutlich nach der königlichen Hundemeute benannt, die man hier eingesperrt hielt.

Einen Teil der Wohngemächer, die der Annehmlichkeit wegen an der sonnigen Südseite über Stadt und Fluß errichtet wurden, hat man neuerdings zu rekonstruieren versucht. Vom GROSSEN SAAL, in dem sich 1429 die Begegnung zwischen Karl VII. und Jeanne d'Arc abspielte, steht nur noch die westliche Giebelwand mit einem schönen *Kamin* (Abb. 137). Wie alle vom König bewohnten Räume lag der Saal in der ersten Etage. Man gelangte zu ihm über eine Steintreppe, von der einige Stufen erhalten sind – für die Franzosen ein Heiligtum, weil Jeanne d'Arc auf ihnen geschritten ist.

Den westlichsten Teil der Festungsanlage, CHÂTEAU DU COUDRAY genannt, trennt ein breiter tiefer Graben vom Mittelschloß. Eine Steinbrücke verbindet beide. Die Ringmauer dieses westlichen Festungsteils, der wie das Mittelschloß heute gärtnerisch gestaltet ist, umgeben mächtige Türme: An der Südostecke steht der vieleckige Boisy-Turm aus dem 13. Jahrhundert mit einem gewölbten Raum, der als Kapelle diente. Von seiner Plattform aus bietet sich ein herrlicher Blick ins Tal und auf die Stadt. Die östliche Angriffsseite neben der Brücke sichert der runde Donjon du Coudray (13. Jh.). Graffiti im Inneren sollen von Tempelherren stammen, die 1308 hier eingekerkert waren. Vor dem Bau dieses Donjons hatte der durch Außenwerke verstärkte Mühlenturm des 12. Jahrhunderts auf der Südwestecke die gleiche Funktion (Abb. 138). Die angrenzende Westmauer geht zum Teil noch ins 10. Jahrhundert zurück, wurde im 12. Jahrhundert aufgemauert und durch die Mauertürme verstärkt.

Jenseits der Straße nach Tours, gegenüber der nördlichen Ummauerung des Schloßberges, ist die Stelle eines berühmten Echos bezeichnet. Die Franzosen rufen in Richtung des Schlosses:

> »Les femmes de Chinon sont-elles fidèles?«
> Antwort des Echos: ». . . Elles?«
> »Oui, les femmes de Chinon?«
> Antwort des Echos: ». . . Non.«

(»Die Frauen von Chinon, sind sie treu?« – »Die?« – »Ja, die Frauen von Chinon?« – »Nein.«)

Ein Gang durch die Stadt versetzt ins späte Mittelalter zurück. Enge winklige Gassen und zahlreiche Häuser vor allem des 15./16. Jahrhunderts aus Fachwerk oder Kalkstein prägen das überaus lebendige Stadtgefüge. Mittelpunkt des alten Chinon ist der Grand-Carroi, die Kreuzung zwischen der Rue Voltaire, der Rue du Grand-Carroi, die zur Vienne-Brücke führt, und einem schmalen steilen Aufstieg zum Schloß, die Rue Jeanne d'Arc. Vor dem Eckhaus an der Rue Voltaire und der Rue Jeanne d'Arc zeigt man einen Brunnen, auf den die Jungfrau von Orléans, als sie 1429 nach Chinon kam, beim Absteigen vom Pferd ihren Fuß gestellt haben soll. Die Rue Voltaire hat den geschlossensten Bestand an Häusern des 15.–18. Jahrhunderts und gilt als eine der besterhaltenen historischen Straßen Frankreichs.

Der älteste Sakralbau der Stadt, die Kollegiatskirche SAINT-MEXME, wurde während der Französischen Revolution in ein Salpeterwerk umgewandelt. 1817 stürzte der Vierungsturm ein und zerstörte die Ostteile des Baues. Das erhaltene Langhaus aus dem 10. Jahrhundert wurde später in eine Schule umgestaltet. Die Seitenschiffe sind verschwunden. Die Vorhalle im Westen und ihr nördlicher Flankenturm stammen aus dem 11. Jahrhundert; der südliche Flankenturm ist eine Rekonstruktion des 15. Jahrhunderts.

SAINT-ÉTIENNE, eine fünfjochige Saalkirche mit zweijochigem Chor und polygonaler Apsis, entstand zwischen 1477 und 1483. Man betritt den vornehmen großzügigen Raum durch ein prunkvolles Doppelportal im Flamboyant-Stil.

Die Kirche SAINT-MAURICE unterhalb des Schlosses, in der Jeanne d'Arc gebetet hat, geht auf Heinrich II. Plantagenet zurück. Ursprünglich war sie einschiffig dreijochig erbaut, mit einem Glockenturm an der Nordseite. Ende des 12. Jahrhunderts wurde sie durch ein Chorjoch mit nördlicher Seitenkapelle, im 14. Jahrhundert durch eine südliche Chorkapelle und im 16. Jahrhundert durch ein südliches Seitenschiff erweitert. Den Turm krönt ein steinerner Helm aus dem 15. Jahrhundert. Die Raumteile des 12. Jahrhunderts haben schöne hochbusige Gewölbe im angevinischen Stil mit einem reichen Figurenprogramm, darunter als Schlußsteine im Langhaus eine Verklärung Christi und das Lamm Gottes, jeweils getragen von einem Engelkranz.

Die BRÜCKE über die Vienne ist ursprünglich ebenfalls eine Schöpfung Heinrichs II. Plantagenet. Doch nur einige wenige ihrer Bögen aus dem 12. Jahrhundert entgingen der Zerstörung durch die Deutschen 1944 (Farbt. 19).

Tavant

Man besucht die Dorfkirche SAINT-NICOLAS in Tavant wegen ihrer Fresken aus der Mitte des 12. Jahrhunderts. Der anspruchslose Bau aus weißen Quadersteinen war ursprünglich eine dreischiffige Basilika aus der Zeit um 1120 mit Querschiff, Vierungsturm, Chor und Apsidiolen an den Querschiffarmen (Abb. 144). Vermutlich errichteten sie Mönche der Abtei Marmoutier, von wo aus Tavant gegen Ende des 10. Jahrhunderts als Priorat gegründet worden war. Heute fehlen die Seitenschiffe und die südliche Apsidiole. Die nördliche ist vermauert. Das dreibogige mit filigranem Ornamentschmuck ausgezeichnete Eingangsportal, dessen Seitenteile zu engen Blendbögen vermindert sind, beansprucht die gesamte Breite des Schiffs.

Man muß sich das Raumbild, das Halbsäulen mit primitiv skulptierten *Kapitellen* (Abb. 143), Rundbogengurte und Tonnengewölbe prägen, ganz mit Malereien bereichert vorstellen, wie sie im Chor – beschädigt – erhalten sind. Sie kamen 1945 unter der Tünche zutage: In der Apsiskalotte die Majestas Domini mit den Evangelistensymbolen und Engeln. Das Tonnengewölbe des Chorjochs ist in zwei Bildzonen unterteilt. Man erkennt auf ihnen Begebenheiten aus der Kindheitsgeschichte Christi: Verkündigung, Heimsuchung, Geburt, Kindermord von Bethlehem (?), Verkündigung an die Hirten und Flucht nach Ägypten.

Die eigentliche Überraschung der Kirche ist die KRYPTA (Abb. 140). Acht gedrungene Säulen tragen ein massiges Gewölbe; fast hat man Mühe, sich in dem winzigen Raum zu bewegen. Mauern und Gewölbe wurden völlig mit kleinfigurigen Darstellungen bemalt. Sie gehören zu den besterhaltenen und eigenwilligsten *Fresken* der französischen Romanik, stammen aus der gleichen Werkstatt, die im Chor der Kirche arbeitete und scheinen nie übertüncht gewesen zu sein. Alle Szenen und Einzelfiguren verraten eine Freude am Spiel der Linien und wirken auf dem weißen Putz wie skizziert (Abb. 141, 142). Auch das Programm ist improvisiert. Eine gedankliche Linie zu erkennen, fällt schwer. Biblische Szenen (Adam und Eva bei der Arbeit, Kain und Abel, Saul?, David mit der Harfe (Abb. 142), Maria, Christus in der Vorhölle, Kreuzabnahme, Kreuzigung Petri) wechseln unbekümmert ab mit hagiographischen (weibliche Heilige), ethischallegorischen (Laster, Dämonen) und kosmologischen Themen (Atlanten, Sagittarius?) sowie mit der Darstellung der Majestas Domini. »Also ein sehr weitmaschiges Kompendium, für dessen Zustandekommen wohl persönliche Wünsche der Auftraggeber maßgebend waren.

Das Überraschendste an den einzelnen Kompositionen und Figuren ist die expressive Note, besonders in Figuren wie der Luxuria, der schmerzhaften Maria, des Königs David und in Kompositionen wie der Höllenfahrt und der Kreuzabnahme. Die französische Forschung hat versucht, diesen ›élan sauvage‹ mit deutschen Einflüssen zu erklären, eine durchaus irrige Annahme. Vieles mag sich aus der volkstümlichen Atmosphäre, in der die Malereien entstanden zu sein scheinen, verstehen, wie Dornenkrone und Astkreuz in der Kreuzabnahme, oder die häufigen seltsamen Wolkenmotive, die Flammen in der Höllenfahrt ... Auch die Farben sind zum Teil die der Volkskunst: Gelb, Rot, grüne Erde, Weiß und Schwarz.«[90]

145 CHAMPIGNY-SUR-VEUDE Kapelle (1508–43) und Schloß (ehem. Wirtschaftsgebäude)

146 CHAMPIGNY-SUR-VEUDE Laubengang der   147 CHAMPIGNY-SUR-VEUDE Inneres der Kapelle
Kapelle

148 Entführung des toten St. Martin, Glasmalerei in der Martinskapelle

149 Außenfront der Vorhalle

150 Blick ins Innere

151 Inneres der Vorhalle und Nordportal

152   MONTREUIL-BELLAY   Blick auf das Neue Schloß (ca. 1485–1505) aus dem Thouet-Tal

153   MONTREUIL-BELLAY   Kleines Schloß und Küche (links)

FONTEVRAUD   Ehem. Abtei

154   Küche (12. Jh.)

155   Inneres der Küche

156   Kapitelsaal (M. 16. Jh.)

157 FONTEVRAUD Inneres der Abteikirche (1. H. 12. Jh.); im Vordergrund Grabfigur des Richard Löwenherz (gest. 1199)

158 SAUMUR Blick über die Loire auf die Stadt

161 CUNAULT Inneres der Kirche Notre-Dame (12. Jh.) ▷

159 CUNAULT, Kirche Notre-Dame Kapitell mit der Verkündigung (12. Jh.)

160 CUNAULT, Kirche Notre-Dame Kämpfender Ritter auf einem Kapitell (12. Jh.)

162 Léon Cogniet, Madame Clicquot und ihre Urenkelin Anne de Mortemart (1859)

163 Hauptfassade (15./1. V. 17. Jh.)

164 ›Salle des Gardes‹

165 Gesamtansicht (M. 16.–A. 18. Jh.)

166 Rückfront

167 Antoine Coysevox und Gaspard Collignon,
Grabmal des Marquis de Vaubrun (voll. 1705)
in der Kapelle

168 LE PLESSIS-BOURRÉ   Gesamtansicht des Schlosses (1468–1473)

169 MONTGEOFFROY   Hauptfront des Schlosses (1773/75)

170 Großer Salon
171 Speisesaal

172 Schloß (13./15. Jh.)

173 Sog. Adamhaus (15. Jh.)

174 Der hl. Julian läßt Wasser aus einem Felsen springen, Glasfenster des 13. Jhs. in der Kathedrale

175 Dame an der Orgel, ›Tausend-Blumen‹-Teppich (A. 16. Jh.) im Schloß

176 Kirche Saint-Serge, Chor (um 1200)

177 Kathedrale, Statuen vom Westportal (ca. 1155/60)

178 Die Kelter des göttlichen Zorns (Apok. 14, V. 19–20)

180 Engel mit Posaunen (Ausschnitt) ▷

179 Das Tier der Erde läßt Feuer vom Himmel fallen (Apok. 13, V. 11–13)

181 ANGERS, Schloß   Ehem. Zugang (Porte de Champs)

Champigny-sur-Veude

Nur einem Zufall ist es zu verdanken, daß die Renaissance-Kapelle von Champigny-sur-Veude (Abb. 145), die schönste ihrer Art an der Loire mit einem zauberhaften Schatz an Glasmalereien, heute noch steht.[91] In der ersten Hälfte des 16. Jahrhunderts bauten Ludwig I. von Bourbon, Herzog von Montpensier, und sein Sohn Ludwig II. auf den Grundmauern einer mittelalterlichen Festung ein neues Schloß. 1508–43 entstand die Kapelle. Kardinal Richelieu, der allmächtige französische Staatsmann des frühen 17. Jahrhunderts, der sich in der benachbarten Stadt gleichen Namens von 1625 an eine Residenz errichtete, betrachtete das glanzvolle Schloß von Champigny mit Mißbehagen. Er fürchtete, es könne seine eigene Schöpfung in den Schatten stellen. Deshalb erwarb er es von Gaston d'Orléans, dem Bruder König Ludwigs XIII., und ließ es kurzerhand abreißen. Auch die Kapelle sollte verschwinden. Doch verweigerte Papst Urban VIII. hierzu seine Zustimmung und nahm das Bauwerk in die rechtliche Obhut des Vatikans, denn er erinnerte sich seiner Schönheit, hatte er hier doch das Meßopfer gefeiert, als er Nuntius in Frankreich war.

Die KAPELLE, dem Heiligen Kreuz geweiht, ist ein vierjochiger Saalbau mit dreiseitig geschlossenem Chor, in der architektonischen Struktur unverkennbar gotisch. Doch sind die Formen ganz im Sinne der Renaissance modifiziert, ähnlich wie an der Kapelle von Ussé oder an der Stiftskirche von Montrésor. Statt Fialen sitzen auf den Strebepfeilern baldachinartige Gebilde aus Rundstäben um einen kräftigen Rundpfeiler. Entlang der Seitenwände ziehen sich durch die Strebepfeiler hindurch mit Rippengewölben versehene Lauben (Abb. 146), die jedoch in Segmentbögen nach außen geöffnet sind. Die Lauben verbinden kleine Kapellen neben dem Chor mit einer Vorhalle an der Eingangsfront in reinen Renaissanceformen nach italienischen Vorbildern. Pilaster und Halbsäulen korinthischer Ordnung gliedern die Außenseiten der Vorhalle und tragen ein Gebälk. Eine hohe Rundbogenöffnung führt ins Innere. Ionische und korinthische Säulen, übereinandergestellt mit Zwischengebälk, teilen hier die Wände rhythmisch auf; hinzukommen heute leere Figurennischen. Über dem breiten Abschlußgebälk spannt sich ein mit Kassetten verziertes Tonnengewölbe. Die Ornamentik ist überreich und besteht zu einem großen Teil aus Symbolen und Emblemen: zwei Flügel, das Wappenzeichen der Bourbon-Montpensier, das gekrönte L Ludwigs von Bourbon, der Gürtel des Ordens Notre-Dame du Chardon, den ein Vorfahre Ludwigs von Bourbon 1360 gegründet hatte, und anderes mehr.

Der INNENRAUM der Kapelle (Abb. 147) lebt ganz aus der Farbenglut seiner *Glasfenster*, ein Ensemble, wie man es in dieser Geschlossenheit kein zweites Mal mehr an der Loire betrachten kann. Stifter war um 1550 der Kardinal de Givry, Bischof von Langres, der Anlaß dieser hochherzigen Tat vielleicht die Heirat seiner Nichte Jacquette de Longwy mit Ludwig II. von Bourbon.

Zentrum des Zyklus ist im mittleren Chorfenster die Kreuzigung Christi; darunter erscheint der hl. Ludwig, einer der bedeutendsten französischen Könige des Mittelalters, der 1226–70 regierte und auf einem Kreuzzug starb. Neben ihm ist seine Gemahlin Marguerite de Provence dargestellt. Die übrigen Fenster zeigen über einer großen Zahl von Mitgliedern – hauptsächlich des Hauses Bourbon-Montpensier – Begebenheiten aus dem Leben des hl. Ludwig (von links nach rechts): Salbung, Erziehung, Übertragung von Reliquien, Buße und Nächstenliebe des Heiligen, Kreuzzugsgelübde, Einschiffung zum Kreuzzug, Einnahme von Damiette, Schlacht von Mansura, Rückkehr vom Kreuzzug, Tod des hl. Ludwig in Tunis.

Einziges Ausstattungsstück ist inmitten des Raumes die *Marmorstatue* des Herzogs Henri von Bourbon-Montpensier aus dem 17. Jahrhundert. Sie stammt von seinem Grab in der rechten Seitenkapelle, das während der Französischen Revolution geschändet wurde.

Ein zwölfjähriger Prozeß mit dem Herzog von Richelieu, dem Erben des Kardinals, entschied, daß die Tochter Gaston d'Orléans', Anne-Marie-Louise (Grande Mademoiselle genannt), Champigny zurückerhielt. Sie ließ die vom Abbruch ebenfalls verschonten Wirtschaftsgebäude zu einem charmanten dreiflügeligen Schloß in klassizistisch wohlproportionierten Formen ausgestalten, das noch heute den Schönheitssinn seiner ersten Besitzerin widerspiegelt. (Das Schloß ist als Privatbesitz unzugänglich.)

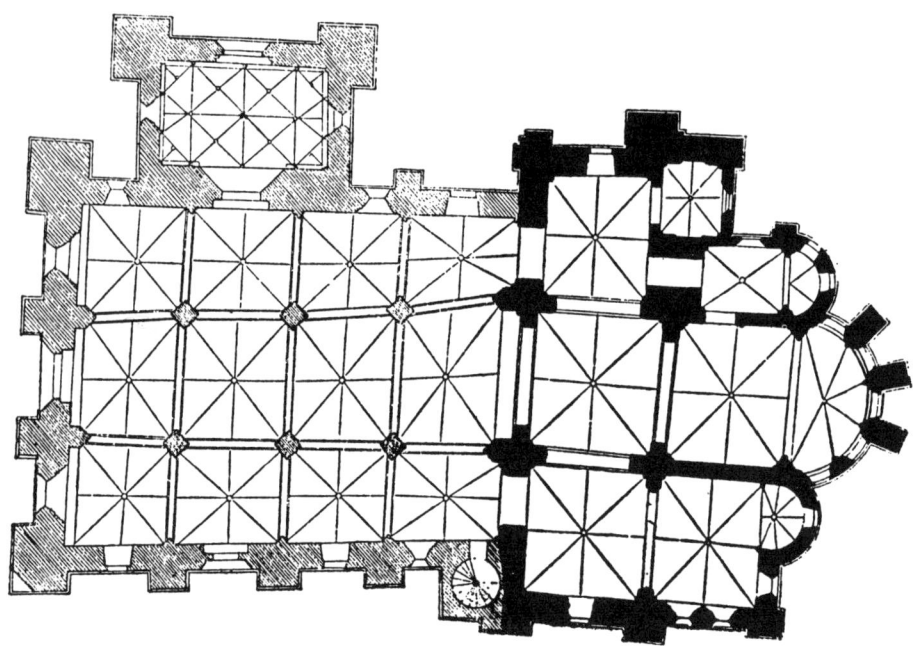

Candes, Grundriß der Kirche Saint-Martin ▷

Durch das Anjou

Candes

Candes, am Zusammenfluß von Loire und Vienne, ist mit dem Namen des heiligen
Martin von Tours verbunden. Hier gründete er eine Kirche zu Ehren des hl. Mauritius,
hierhin zog er sich gerne ins Kloster zurück, hier starb er im Jahre 397. »Nach seinem
Hingang«, so erzählt die ›Legenda aurea‹ des Jacobus de Voragine um 1270, »kamen
die von Poitiers und Tours zusammen, und stund ein großer Krieg auf zwischen ihnen.
Die von Poitiers sprachen ›Unser ist er als Mönch, wir wollen ihn wiederhaben; der
uns befohlen ward‹. Die von Tours sprachen ›Er ist euch genommen worden und uns
von Gott gegeben‹. Um Mitternacht entschliefen die von Poitiers alle, da ward der
Leichnam von den anderen zum Fenster herausgelassen, und auf der Loire in einem
Kahn gen Tours geführt«[92] (Farbt. 18).

An der Stelle, wo das Sterbehaus gestanden hatte, begann man im letzten Viertel
des 12. Jahrhunderts mit dem Bau der heutigen Wallfahrtskirche SAINT-MARTIN. Der
ersten Bauperiode gehören Chor und Querschiff an, das dreischiffige Hallenlanghaus
wurde um die Mitte des 13. Jahrhunderts vollendet. Es erscheint wie eine Festung. Die
starken turmartigen Eckbauten der Westfront und der nördlichen Portalhalle erhielten
im 15. Jahrhundert Zinnen und Pechnasen (Abb. 149). »Es wird behauptet, die Kirche
sei ... befestigt worden, um das geweihte Fläschchen mit Blut von Märtyrern der
Thebaischen Legion zu schützen, das der heilige Martin mitgebracht hatte. Oder sollte
nicht eher dem armseligen Volk der Schiffer und Winzer, das sehr unter den Plünde-
rungen des Englischen Krieges zu leiden hatte, ein sicherer Unterschlupf geschaffen
werden?«[93]

Am Grundriß fällt insbesondere die Unregelmäßigkeit der Raumkompartimente
an der Nordseite von Chor und Querschiff auf. Die Forschung nimmt an, daß der
Baumeister zuerst die mit Apsis geschlossene einschiffige MARTINSKAPELLE an der Nordseite des Chorjoches errichtete. Sie soll die Stelle des Sterbelagers bezeichnen. Ein *Glasfenster* stellt dar, wie die Mönche von Tours vorbei an den schlafenden Mönchen von
Poitiers den Leichnam des greisen Martin zu einem Loire-Schiff bringen (Abb. 148).

Von der Martinskapelle aus wuchs die Kirche weiter, wobei offensichtlich ältere
Bausubstanz berücksichtigt wurde. Anders läßt sich die dicke Mauer zwischen nörd-

lichem Querhausarm und Martinskapelle nicht erklären, die ein rundbogiger Verbindungsgang durchstößt. Eine zweite Kapelle füllt die Ecke zwischen Querhaus und Martinskapelle. Der Hauptchor endet in einer großen Apsis, der sich eine kleine am südlich angrenzenden Joch als Pendant zu der an der Martinskapelle anfügt.

Auch das vierjochige LANGHAUS ist – bedingt durch die Querschiffjoche – im Grundriß verzogen. Doch beeinträchtigt dies wenig den Raumeindruck, den präzis geschnittene schlankaufschießende Bündelsäulen prägen (Abb. 150). Wie in den älteren Ostteilen überspannen achtrippige angevinische Gewölbe die Joche. Zum Reichtum der Bauglieder kommt ein vielfältiges Programm an Figuralplastik, wie es zu dieser Zeit im Anjou üblich ist (vgl. Angers, Saint-Serge). Bewundernswert vor allem ist die Sorgfalt der Ausführung. Nach André Mussat hat der Baumeister nicht nur das gesamte Formenrepertoire der angevinischen und poitevinischen Kunst angewandt, sondern darüber hinaus sich Anregungen aus den großen Kirchen in Le Mans, Bourges und Tours nutzbar gemacht.[94]

Neben dem Langhaus gehört die VORHALLE DER NORDSEITE mit einer Michaelskapelle im Obergeschoß zu den architektonischen Besonderheiten von Candes (Abb. 149). Um die Monotonie der hohen Mauermasse aufzulösen, hat der Baumeister ihr in drei Zonen Säulenreihen vorgeblendet. Die größte in der Mitte, in die das Spitzbogenportal einschneidet, beließ er ohne Figurenschmuck. Ein großer Teil der Skulpturen zwischen den Säulen der unteren Zone wurde nicht ausgeführt, ebenso blieben die Sockel der ausgeführten, leider arg beschädigten Figuren als Bossen stehen. Die oberste vollständig ausgeführte Reihe von Heiligen ist seit dem 15. Jahrhundert im Bereich des Portals durch Zinnen gestört. Wer in feindlicher Absicht in die Kirche eindringen wollte, dem konnte der Zugang wirkungsvoll mit heißem Pech vereitelt werden.

Gegenüber der Wucht des Äußeren überrascht die Vorhalle innen durch die Sensibilität der Architekturglieder (Abb. 151). Eine fast zerbrechliche Mittelsäule auf hohem polygonalen Sockel nimmt ein segelartig gespanntes Rippengewölbe auf. Das Kirchenportal ist wie die Außenfront der Vorhalle reich skulptiert mit Figuren. Im Tympanon erscheint Christus als Weltenrichter zwischen Maria und Johannes. Weitere Gerichtsszenen sind auf der inneren Archivolte begonnen. Die übrigen Bogenläufe blieben gänzlich unbearbeitet. Die Portalgewände und die Rückwand der Vorhalle sind mit Heiligenfiguren in Architekturen aus Säulen und Kleeblattbögen ausgestattet: Außer Aposteln und weiblichen Heiligen erkennt man Abraham und Isaak vor dem Opferaltar. Einzigartiger noch als die teils fragmentarischen Figuren, die stilistisch mit Plastiken der Kathedrale von Reims vergleichbar sind, sind die feingliedrig skulptierten Gewändesockel. Bewegtes Blattwerk, vermischt mit Vögeln, Drachen, Monstern und Sirenen, rahmt Köpfe, die teils Kronen oder Gebände tragen. Nach Willibald Sauerländer dürften sie nicht vor 1225/30 entstanden sein. Die Statuen gehören der Zeit um 1250 an.[95]

Fontevraud

Die Gebäude der ehemaligen ABTEI FONTEVRAUD bilden trotz schwerer Zerstörungen während und nach der Französischen Revolution noch immer einen der umfangreichsten Klosterkomplexe Frankreichs.[96] In waldreicher Gegend gründete der Sohn eines Priesters und glänzende Kreuzzugsprediger Robert d'Arbrissel 1099 eine Einsiedelei, wo er mit einigen Freunden ein Leben in der Zurückgezogenheit führen wollte. Bald schlossen sich ihnen Hunderte von Männern und Frauen an, darunter auch Dirnen und Aussätzige, so daß für die Klostergemeinschaft eine besondere Organisationsform notwendig wurde. Robert d'Arbrissel gründete sie auf die Worte Christi am Kreuz zu Johannes: »Sohn, siehe da deine Mutter.« So wurde der Frauenkonvent Maria, die Gemeinschaft der Mönche Johannes geweiht. An der Spitze der gesamten Klosterorganisation stand die Äbtissin des Frauenkonvents, womit die geistige Mutterschaft Mariens – getreu dem Christuswort – ausgedrückt werden sollte. Dem Beispiel Christi folgend, der sich Sünderinnen und Aussätziger angenommen hatte, richtete Robert d'Arbrissel zwei weitere Klostergemeinschaften ein: Sankt Lazarus für die Leprakranken und Sankt Magdalena für die reumütigen gefallenen Frauen.

Wirtschaftliche Grundlage des Klosters waren reiche Schenkungen, vor allem der Grafen von Anjou. 1106 durch den Bischof von Poitiers bestätigt, breitete sich der Orden von Fontevraud, der sich an den Regeln des hl. Benedikt orientierte, im gesamten Herrschaftsgebiet der Grafen und späteren Könige von England aus. Sie bestimmten die Gründungsabtei zu ihrer Grablege.

Fontevraud, Lageplan der Abteigebäude

 1 Tor- und Stallgebäude
 2 Durchgang zur Abtei
 3 Abteikirche
 4 Königsgräber
 5 Galerie
 6 Großer Kreuzgang
 7 Kapitelsaal
 8 Benedikt-Kapelle
 9 Kreuzganghof
10 Siechenhaus St. Benedikt
11 Durchgang ins Siechenhaus
12 Renaissance-Treppe
13 Refektorium
14 Romanische Küche
15 Priorei St. Lazarus
16 Äbtissinnenpalast
17 Intendantur (19. Jh.)
18 Haus der Töchter Ludwigs XV. (1739)
19 ehem. Kloster St. Magdalena

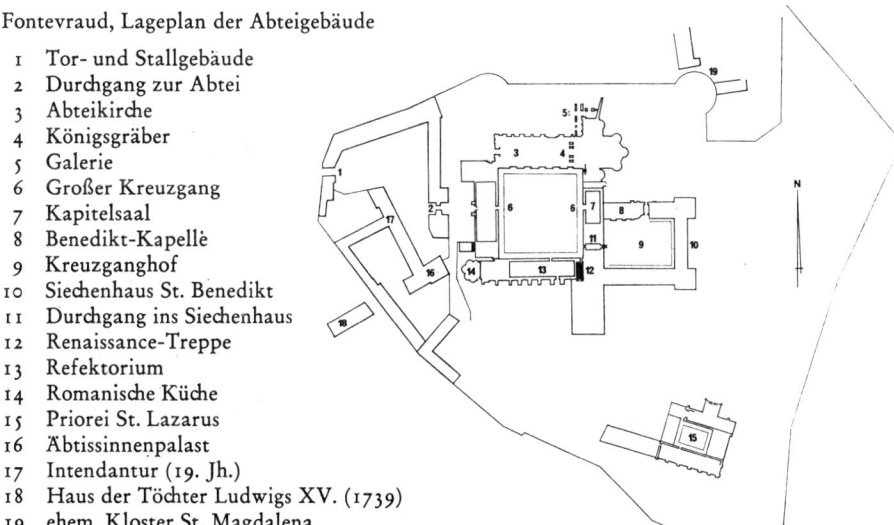

Alle 36 Äbtissinnen von Fontevraud waren adeliger Abstammung, vierzehn von ihnen Prinzessinnen. Auch die Nonnen stammten zumeist aus Adelskreisen. So verwundert es nicht, daß am Vorabend der Französischen Revolution Fontevraud mit 80000 Livres Jahreseinkommen das reichste Frauenkloster Frankreichs war. Gelebt wurde wie am Hof eines Fürsten. In den Revolutionswirren hatte die Abtei schrecklich zu leiden und ging schließlich in ihnen unter. Die Gebäude wurden geplündert, verwüstet und teilweise in Brand gesteckt. Einige Nonnen endeten unter der Guillotine.

Napoleon wandelte die noch verbliebenen Gebäude in ein Gefängnis um, das bis 1963 bestand. Seit dieser Zeit ist man dabei, die gesamte Klosteranlage zu restaurieren.

Kernstück der noch bestehenden Baulichkeiten ist das große Frauenkloster mit Klosterkirche, Kreuzgang und der berühmten Küche. Südlich etwas abseits von diesem Kernbereich liegt die Priorei Sankt-Lazarus. Verschwunden sind das Männerkloster Sankt-Johannes und das Kloster der Sünderinnen Sankt-Magdalena. Sie lagen östlich der Hauptgebäude.

Um vom Ort aus in die Abtei zu gelangen, durchschreitet man einen Torbau (um 1785), dem sich linkerhand der aufwendige Pferdestall der Äbtissin anschließt. Er war gerade erst beim Ausbruch der Französischen Revolution 1789 fertiggestellt und zeugt noch vom Reichtum des Klosters kurz vor dem Untergang. Aus der zweiten Hälfte des 18. Jahrhunderts stammt ferner an der Südseite des Eingangshofs gegenüber der romanischen Küche der Äbtissinnenpalast. Die übrigen Gebäude, die den Hof umschließen, wurden hauptsächlich im 19. Jahrhundert errichtet und gehörten zum Gefängnis.

Bemerkenswert als ein Beispiel für französische Revolutionsarchitektur ist vor dem westlichen Kreuzgangflügel des Klosters das niedrige Eingangsportal zum ehemaligen Gefängnis mit Säulen im ägyptischen Stil und vorgezogenen mit Diamantquadern geschmückten Seitenpavillons. Es gilt als Schöpfung des Architekten und Ingenieurs Normand, den Napoleon mit der Umgestaltung der Abtei 1804 beauftragt hatte.

Die ABTEIKIRCHE – durch Gefängniseinbauten im 19. Jahrhundert arg verstümmelt – hat nach umfangreichen Wiederherstellungsarbeiten ihren ursprünglichen Charakter zurückerhalten. Sie gehört zu den schönsten romanischen Sakralbauten des Anjou, in zwei Abschnitten in der ersten Hälfte des 12. Jahrhunderts entstanden. Der basilikale Umgangschor mit drei Kapellen und stattlichen enggestellten Säulenarkaden sowie das Querschiff (Abb. 157) wurden 1119 durch Papst Calixtus II. der Jungfrau Maria geweiht. Das etwas spätere Langhaus besteht nur aus einem breitgelagerten Schiff, das von vier Kuppeln auf kraftvoll vortretenden Vorlagen überwölbt ist. Blendarkaden gliedern die Wandzone und bereichern noch die lebendige plastische Struktur des Raumbildes, für das die Kathedrale von Angoulême Vorbild war. Die Kuppeln und die Wandarkaden wurden 1906 erneuert, als man den Raum von Schlafsälen für Gefangene befreite, die um 1830 in mehreren Etagen hier eingerichtet worden waren. Die übersprudelnde Kapitellplastik ist im Bereich der Wandarkaden vielfach erneuert, größtenteils jedoch an den Gewölbestützen original erhalten.

Besonderen Rang erhielt die Kirche dadurch, daß sie die *Grablege* von Mitgliedern des englischen Königshauses der Plantagenet wurde. Erhalten, wenn auch aus ihrem ursprünglichen Zusammenhang gerissen, während der Französischen Revolution stark beschädigt und im 19. Jahrhundert ergänzt, haben sich vier überlebensgroße Figuren von Toten. Sie ruhen auf drapierten Paradebetten, »und ihre Gewänder sind mit großer Sorgfalt so angeordnet, daß sie denen einer feierlich aufgebahrten Leiche entsprechen«[97]. Der Typus dieser Grabmäler ist ungewöhnlich und außerhalb Westfrankreichs nicht nachzuweisen. Drei der Gestalten sind durch aufgefundene Inschriften sicher zu identifizieren. Es sind:

HEINRICH II. PLANTAGENET, Herzog der Normandie, Graf von Anjou, König von England seit 1154, gestorben in Chinon 1189. Er bestimmte die Abteikirche zu seiner Grabstätte.

ELEONORE, Herzogin von Aquitanien und Gräfin des Poitou, nach der Scheidung von dem französischen König Ludwig VII. in zweiter Ehe Gemahlin Heinrichs II. Plantagenet, gestorben 1204 als Nonne im Altar von 81 Jahren in Fontevraud.

RICHARD LÖWENHERZ (Abb. 157), Sohn Heinrichs II. und der Eleonore, König von England, Graf des Poitou, Herzog von Aquitanien, tödlich verwundet auf Schloß Chalus, gestorben 1199.

Umstritten ist die Deutung der vierten Figur. Sie gilt als Isabella von Angoulême, Königin von England, die im hohen Alter 1246 als Nonne von Fontevraud verstarb, zunächst auf dem Klosterfriedhof bestattet, später in die Kirche überführt wurde.

Die drei erstgenannten Grabfiguren aus Tuffstein entstanden kurz nach 1200, die der sog. Isabella von Angoulême aus Holz dürfte ihnen um die Mitte des 13. Jahrhunderts nachgebildet worden sein. Die heutige Farbfassung der Plastiken stammt aus der

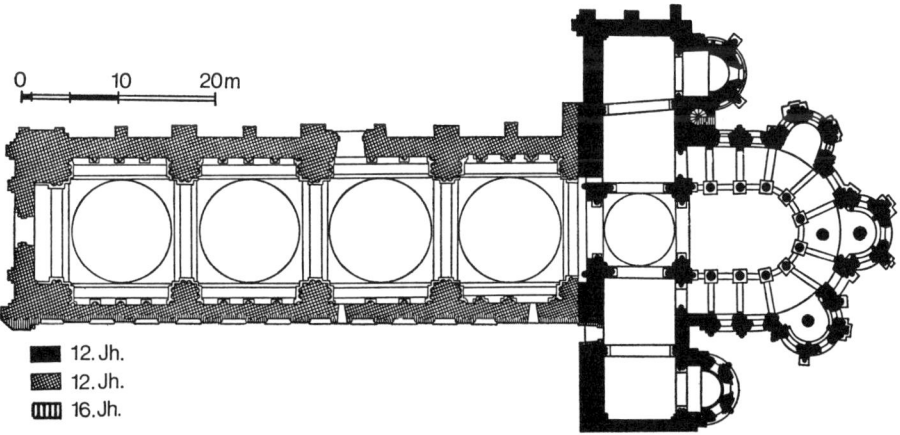

0   10   20m

■ 12. Jh.
▨ 12. Jh.
▥ 16. Jh.

Fontevraud, Grundriß der Abteikirche

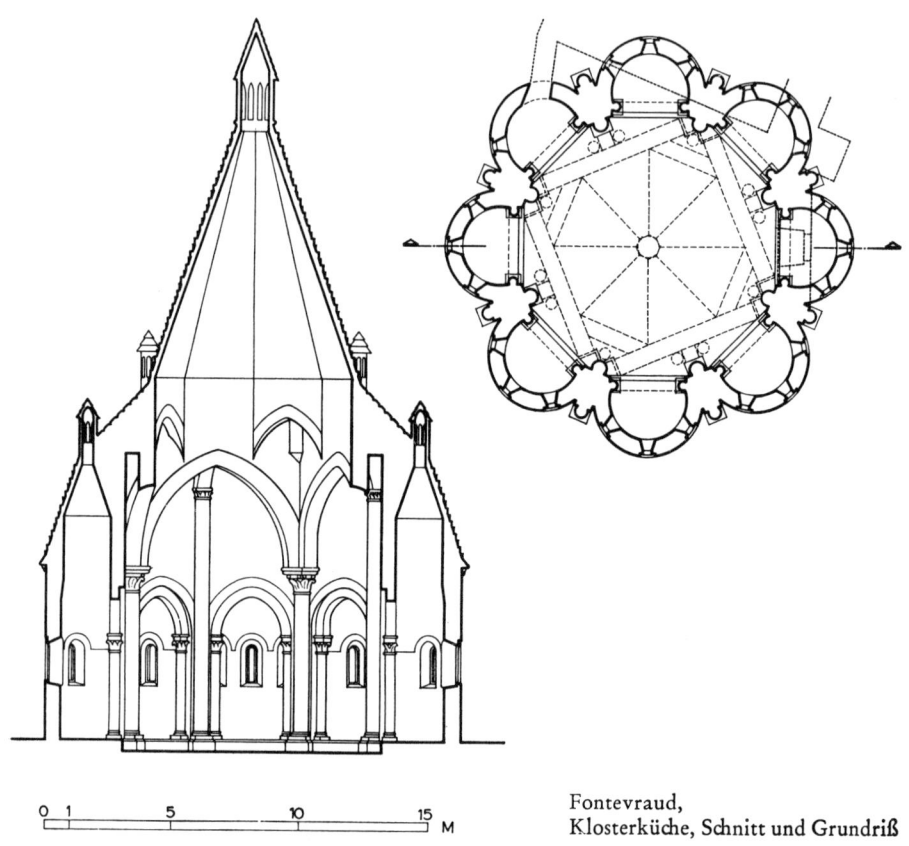

0 1   5   10   15   M

Fontevraud,
Klosterküche, Schnitt und Grundriß

Barockzeit und aus dem 19. Jahrhundert. »An dem bewegten Schicksal, das in jedem Jahrhundert erneut auf die Grabfiguren eindrang, läßt sich etwas von der Wirkung ablesen, die in allen Zeiten von ihnen ausging. Und es ist ein großer Eindruck, wenn man unter den hohen, weiten Kuppelbaldachinen der Abteikirche auf die Versammlung derer zuschreitet, denen das Land diesseits und jenseits der Loire gehörte, die den König von Frankreich in Schach zu halten vermochten und zwischen Themse und Pyrenäen herrschten. Bei ihrem Anblick wird die ganze Geschichte dieses Landes lebendig bis zum jähen Ende, das 1205 der französische König durch die Eroberung Chinons der mächtigen englischen Dynastie bereitete.«[98]

Vom romanischen KLOSTER ist wenig erhalten geblieben. Mit einer Reform des Ordens von Fontevraud seit der 2. Hälfte des 15. Jahrhunderts wurden auch die Gebäude erneuert, vor allem unter den Äbtissinnen Renée de Bourbon (1491–1534), Louise de Bourbon (1534–1575) und Eléonore de Bourbon (1575–1611).

240

Am nördlichen Querschiffarm besteht noch ein Galerietrakt des späten 15. Jahrhunderts. 1515 ließ Renée de Bourbon das romanische Refektorium neugestalten und mit einem mächtigen neunjochigen Rippengewölbe versehen, über dem Zellen für 47 Nonnen eingerichtet wurden. Die westlichen beiden Joche waren den neuen Küchen vorbehalten. Gleichzeitig entstand der anschließende Kreuzgangflügel, während die anderen um die Mitte des 16. Jahrhunderts vollendet waren. Schlußsteine und Rippenkonsolen sind mit Motiven aus der Passion Christi verziert, die ständig an die geistige Grundlage des Ordens von Fontevraud gemahnen.

Aus der Zeit der Äbtissin Louise de Bourbon stammt der Ostflügel des Kreuzgangs mit Renaissance-Treppe, Dormitorium im Obergeschoß und dem zweischiffigen KAPITELSAAL im Erdgeschoß mit zeltartig auf Konsolen und Säulen gespannten Rippengewölben (Abb. 156). Man betritt den Raum durch ein kostbar verziertes Renaissance-Portal (im 19. Jahrhundert erneuert). Wandmalereien von Thomas Pot aus Angers (nach 1563) stellen Szenen aus der Passion Christi, den Tod und die Himmelfahrt Mariens dar. Bis ins 18. Jahrhundert wurden den stark erneuerten Malereien Porträts von Äbtissinnen der Familien Bourbon und Rochechouart eingefügt. Südlich an den Flügel mit dem Kapitelsaal ließ Eléonore de Bourbon nach 1575 einen Noviziat-Flügel anbauen.

An diesen Kernbereich des großen Klosters schließen sich nach Osten um einen Innenhof die Gebäudetrakte des SIECHENHAUSES SANKT-BENEDIKT für kranke und alte Nonnen an. Die einschiffige KAPELLE gehört noch in die Zeit um 1180. Die übrigen Gebäude mit einem Kreuzgang entstanden im 17. Jahrhundert.

Der Tod spielte im Klosterritual von Fontevraud eine große Rolle, erinnerte er doch an den sterbenden Christus am Kreuz, auf dessen Worte sich die Klostergemeinschaft gründete. War eine Nonne dem Hinscheiden nahe, brachte man sie in die Kapelle, wo man ihr die heilige Wegzehrung reichte. Dann legte sie vor dem Kapitel ein öffentliches Schuldbekenntnis ab. Während des Todeskampfes bedeckte man sie mit einem Büßerhemd und legte sie auf ein mit Asche bestreutes Bett; die umstehenden Nonnen beteten unterdessen das Glaubensbekenntnis. War sie verstorben, so zeichnete man mit den Tropfen einer geweihten Kerze ein Kreuz auf ihr Leichentuch.

Auch die etwas abseits gelegene PRIOREI SANKT-LAZARUS, ursprünglich für Aussätzige bestimmt und mit einer hohen Mauer abgeschlossen, umgrenzt mit ihren Flügeln einen Kreuzganghof. Als die Lepra in der Zeit Ludwigs XIV. verschwand, wurde die Priorei in ein Haus für genesende Nonnen umgewandelt. Auch fanden hier die alten Mütter und Schwestern der Nonnen Unterkunft, wenn sie wünschten, ihren Lebensabend in Fontevraud zu verbringen. Von der Priorei des 12. Jahrhunderts bestehen nur noch die Kirche und Teile des Refektoriums wie des Kapitelsaals. Alles übrige stammt hauptsächlich aus dem 17. Jahrhundert.

Berühmtestes Bauwerk der Abtei von Fontevraud ist die romanische KLOSTERKÜCHE, die einzig erhaltene ihrer Art überhaupt (Abb. 154). Andere sind durch Kupferstiche bekannt. Die von Fontevraud wurde zwischen 1144 und 1189 mit Mitteln errichtet,

Fontevraud,
Rekonstruktion der Klosterküche
von Viollet-le-Duc (1875)

die Heinrich II. Plantagenet gestiftet hatte. Lange war die Funktion des achteckigen mit einer Steinpyramide gedeckten und von einem Apsidenkranz umschlossenen Gebäudes unklar. Man hielt es für den Schlupfwinkel des Räuberhauptmanns Évrault, der im Mittelalter die umliegenden Wälder mit seiner Bande unsicher gemacht hatte. Andere dachten an die Grabkapelle der Plantagenet. Ein englischer Forscher schließlich klärte die Franzosen über die wahre Bedeutung auf. Viollet-le-Duc beschrieb die Küche ausführlich in seinem ›Dictionnaire raisonné de l'architecture‹ und erklärte als erster den technischen Sinn ihrer Bauformen.[99] Für eine Wiederherstellung des Gebäudes 1902 wurden mehrere Rekonstruktionsvorschläge gemacht. Man entschied sich leider für den, der sich am weitesten von der ursprünglichen durch Violett-le-Duc überzeugend rekonstruierten Form der Küche entfernte.

Sie ist ganz aus Stein errichtet und von den übrigen Abteigebäuden abgesondert, so daß es keinerlei Belästigung durch Rauch oder Küchengerüche geben konnte. Die apsisartigen Gebilde, seit 1902 mit Schlitzfenstern in Rundbogenblenden, waren geschlossene Feuerstellen, ursprünglich acht Stück (die an der östlichen Seite fielen im 16. Jahrhundert der neuen Küchenanlage im Refektorium zum Opfer). Der Rauch entwich durch Abzugsrohre auf den ursprünglich halbkuppeligen Dächern, die jetzt durch Kegeldächer ersetzt sind. Durch kleinere Schornsteine am Rand der Dachpyramide konnte noch verbliebener Rauch ins Freie, während durch den mächtigen Hohlraum der Pyramide der heiße Küchendunst nach außen geleitet wurde. Die Bauformen sind zum Teil der Sakralarchitektur entlehnt, so die Säulen mit Blattkapitellen als Wandvorlagen. Der Eindruck, daß die Feuerstellen einem Kapellenkranz gleichen, wird fälschlicherweise verstärkt durch die nicht ursprünglichen Rundbogenfenster (Abb. 155).

Im 12. Jahrhundert bereiteten die Nonnen hier für mindestens 500 Personen die Tagesmahlzeiten zu, die in der Hauptsache aus Fleisch oder Fisch bestanden. Während in den Nischen die Feuer knisterten, wurde unter der Dachpyramide auf großen Tischen das Fleisch zum Braten fertiggemacht.

Die PFARRKIRCHE SAINT-MICHEL, wenige Schritte von der Abtei entfernt, wurde um 1170 durch die Äbtissin Audeburge für die Bevölkerung errichtet, die sich vor den Mauern des Klosters angesiedelt hatte und von ihm lebte: Kaufleute, Handwerker, Bauleute und Künstler. Die Kirche ist einschiffig, hat einen Chor mit einem herrlichen Anjou-Gewölbe und zeigt reichen bauplastischen Schmuck. Das westliche Joch stammt aus dem 15. Jahrhundert. Um den schlichten Außenbau zieht sich ein Laubengang des 18. Jahrhunderts.

Das INNERE bewahrt kostbare Ausstattungsstücke aus der Abteikirche, vor allem Altäre, darunter einen Teil des Hochaltars mit dem außerordentlich reich geschnitzten und vergoldeten Tabernakelaufsatz, den die Äbtissin Louise de Bourbon 1621 in Auftrag gab. – Eine Seitenkapelle birgt zahlreiche Gemälde. Beachtenswert ist vor allem eine Darstellung der Kreuzigung von Étienne Dumonstier (gest. 1603), der Kammerherr am Hofe Heinrichs II. und der Katharina von Medici war. Einigen Gestalten unter dem Kreuz gab er Porträtzüge der königlichen Familie. Die betende Maria Magdalena in der Mitte ist Katharina von Medici, Maria im Lilienmantel Elisabeth von Österreich, die Gemahlin Karls IX., neben ihr mit gekröntem Haupt Maria Stuart, begleitet von ihrem Gemahl Franz II. Der Reiter, der Christus die Lanze in die Seite stößt, ist Heinrich II.; vielleicht spielt der Maler auf den Tod des Königs an, der 1559 bei einem Turnier durch einen Lanzenstich tödlich verwundet wurde.

An der Lindenallee, die vom Haupteingang der Kirche ausgeht, liegt rechterhand die ehemalige FRIEDHOFSKAPELLE SAINTE-CATHERINE des Klosters vom Anfang des 13. Jahrhunderts. Erst bei der Klosterreform des 15./16. Jahrhunderts wurde die Begräbnisstätte der Nonnen in den engeren Klosterbezirk verlegt. Der Bau ist auf quadratischem Grundriß über einem gewölbten Beinkeller errichtet. Das Gewölbe des Kapellenraums setzt achteckig an und geht in eine (heute erneuerte) Totenlaterne über, die wie ein Schornstein der Klosterküche hoch aus dem Dach herausragt.

Montsoreau, Ansicht des Schlosses von Gaignières (1699)

Montsoreau

Montsoreau ist ein strategisch interessantes Schloß, errichtet, um die Straße von Chinon nach Saumur und die Loire zu beherrschen. Nach der Französischen Revolution wurde es unter mehrere Besitzer aufgeteilt und im Inneren verbaut. Es verfiel im Laufe des 19. Jahrhunderts. Schließlich kaufte es der Staat und ließ es geschickt restaurieren. Nicht wenig hat der Roman ›La Dame de Montsoreau‹ von Alexandre Dumas dazu beigetragen, daß dieses Schloß trotz seines ruinösen Zustandes bekannt blieb.

Die Herren von Montsoreau sind bis ins 11. Jahrhundert zurückzuverfolgen. An der Stelle eines älteren Bauwerks errichtete Jean de Chambes, Vertrauter und Diplomat Karls VII., reich belohnt für seine Mühen im Dienste des Königs, um die Mitte des 15. Jahrhunderts das heutige Schloß. Seit 1820 führt zwischen Flußufer und Gebäude die Nationalstraße 147 vorbei. Ursprünglich brandete die Loire unmittelbar an die Schloßmauern, und ein künstlicher mit ihr verbundener Wassergraben umzog den Schloßhof. Bevor es die Uferstraße gab, verlief der Durchgangsverkehr – leicht kontrollierbar – über die Große Straße des befestigten hangwärts gelegenen Dorfes.

Das SCHLOSS besteht aus einem zweigeschossigen Hauptflügel auf hohem Sockel, seitlich durch Pavillontürme flankiert. Das Äußere gibt den Anschein, als sei es ganz auf Verteidigung angelegt, obgleich zur Bauzeit ein im mittelalterlichen Sinne befestigtes Schloß kaum mehr Bedeutung hatte. Wie sehr es dem Bauherrn auch um Repräsentation ging, zeigt die aufwendige Gestaltung der Dachzone des Hauptflügels. Aus dem Wehrgang wachsen doppelgeschossige Lukarnen mit gotischem Zierat heraus und überspielen den Festungscharakter des Bauwerks. Die Pavillontürme trugen einst hohe abgewalmte Helme, die das Dach des Mittelbaus überragten. Sie verschwanden im 19. Jahrhundert, und man möchte wünschen, daß sie eines Tages wiederhergestellt werden. Zum Hof hin setzen an die Pavillontürme kurze Nebenflügel an. Die Ecken sind mit polygonalen Treppentürmen ausgestellt. Der Ostflügel ist verbunden mit einem halbrunden jetzt ebenfalls helmlosen Turm, der vielleicht von einer älteren Anlage übernommen wurde. Der östliche Treppenturm, um 1520 entstanden, prunkt mit einer Tür- und Fensterachse in reichstem Renaissancedekor: Arabesken, Medaillons, Putti. Noch immer rätselt man über den Sinn eines Reliefs über dem dritten Fenster: Affen ziehen mit Hilfe einer Kette einen Steinblock hoch; darüber steht auf einem Spruchband: IE.LE.FERAY (ich werde es machen).

Im INNEREN haben sich Säle mit ursprünglichen Balkendecken und Kaminen erhalten. Seit 1957 ist hier das Musée des Goums marocains zur Erinnerung an die Eroberung Marokkos und an die marokkanischen Reitergruppen, die Goums, eingerichtet.

Man darf nicht versäumen, vom Wehrgang den grandiosen Blick auf den Fluß bis hin zur Silhouette von Saumur zu genießen. Anschaulich wird aus der Höhe der ursprüngliche Zusammenhang zwischen Schloß und Dorf, das heute vor allem wegen seiner Weißweine einen Namen hat. Man erkennt den ausgetrockneten Wassergraben um das Schloß, der aus dem Felsen geschlagen wurde.

Montreuil-Bellay

Das Schloß von Montreuil-Bellay ist ein malerisches Ensemble von Bauwerken innerhalb eines mächtigen Mauergürtels hoch über dem Tal des Thouet. Die unregelmäßige
Ummauerung mit ihren vorspringenden Rundtürmen geht ins 13. Jahrhundert zurück,
als das Schloß den Grafen von Melun gehörte.

Insgesamt umfaßt es heute vier verschiedene Gebäudekomplexe: das Alte Schloß,
das Kleine Schloß und das Neue Schloß; dazu kommt ein Küchengebäude.

Das ALTE SCHLOSS aus dem 13. Jahrhundert, umgestaltet im 14. Jahrhundert, ist
nichts anderes als ein starkbefestigter Eingangsbau in Zusammenhang mit dem Mauerring, der von der Stadt aus in den inneren Schloßbezirk führt. Mächtige Rundtürme
flankieren das enge Portal, das ursprünglich durch eine Zugbrücke gesichert war.

1415 gelangte das Schloß an die Familie d'Harcourt. Ende des Jahrhunderts gab
Guillaume d'Harcourt der Anlage ihr heutiges Gepräge, vor allem durch den Bau des
NEUEN SCHLOSSES (ca. 1485–1505), das mit seiner wuchtigen hochaufgeschossenen Ge-
stalt das Flußtal beherrscht (Abb. 152). Glatte Rundtürme an den Ecken betonen die
Wehrhaftigkeit des Bauwerks zur Landseite hin, während ein polygonaler Treppenturm
nach der Hofseite zu den Repräsentationsanspruch des Bauherrn mit den Formen der
Spätgotik am Übergang zur Renaissance dokumentiert.

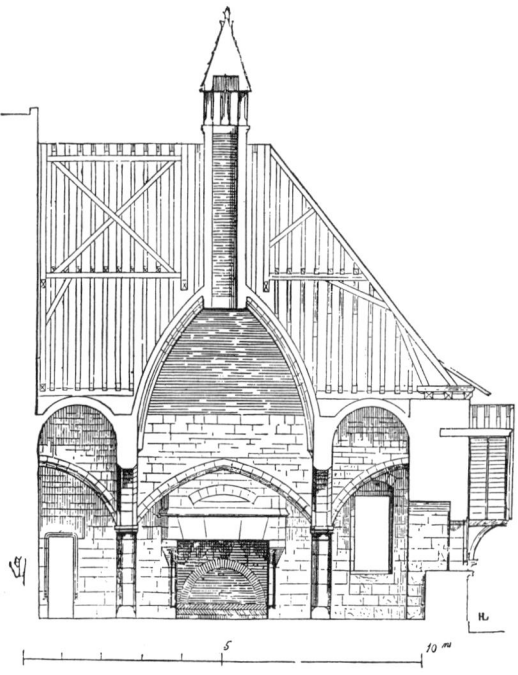

Montreuil-Bellay, Längsschnitt
durch die Schloßküche nach
Viollet-le-Duc (1875)

Im Inneren sind einige Räume mit Kaminen und Balkendecken erhalten. Künstlerisch beachtenswert ist jedoch eigentlich nur die zweijochige elegant gewölbte KAPELLE mit einer arg beschädigten Ausmalung: Abendmahl, Kreuzigung, Heilige und in den Gewölbekappen Engel mit Musikinstrumenten.

An die Kapelle schließt sich das wohl gleichzeitig mit dem Neuen Schloß errichtete KLEINE SCHLOSS an, das aus zwei winzigen winklig angeordneten Flügeln mit eigenartiger Raumdisposition besteht (Abb. 153): Vier voneinander unabhängige Wohnungen werden jeweils durch einen runden Treppenturm erschlossen. Man vermutet, daß hier vier Kanoniker der benachbarten Kollegiatskirche wohnten, die das Archiv des Schloßherrn zu verwalten hatten. Eine örtliche Redensart läßt respektlos verlauten, daß sie mehr gesoffen als geschrieben und geordnet hätten.

Ins späte 15. Jahrhundert gehört auch die KÜCHE. Auf quadratischem Grundriß ist sie neben dem Kleinen Schloß an die Ringmauer angebaut. Als Vorbild wird oft die Klosterküche von Fontevraud genannt, mit der sie gemeinsam hat, daß sie von den übrigen Gebäuden isoliert errichtet ist. Auch die technische Einrichtung ist ähnlich. Formal hat sie mit Fontevraud jedoch nichts zu tun. – An jeder Seitenwand sind Kamine angeordnet. Über der Mitte steigt auf vier Rundstützen eine mächtige Pyramide mit Schornstein hoch, die Rauch und Küchendünste aufzufangen hatte. Ein breites Fenster an der Vorderfront diente nach Viollet-le-Duc[100] dazu, Vorräte hereinzuschaffen.

Die heutige PFARRKIRCHE NOTRE-DAME innerhalb des Mauerrings ist die ehemalige Kollegiatskirche, die Yolande de Laval, die Gemahlin Guillaume d'Harcourts 1460–1481 neu erbauen ließ. Die Kirche ist einschiffig, hat einen polygonalen Chor und ist in ihren nicht aufwendigen Zierformen ganz im Flamboyant-Stil gehalten. Das kleine Oratorium an der linken Seite des Schiffs war Sitz der Schloßherren beim Gottesdienst.

Lohnend ist ein Abstecher nach LE PUY-NOTRE-DAME (etwa 8 km südwestlich von Montreuil-Bellay), dessen Kirche aus dem 12./13. Jahrhundert weithin das Landschaftsbild beherrscht. Als Reliquie wird ein Gürtel der Jungfrau Maria aufbewahrt, der eine lebhafte Wallfahrt begründete. Als Anna von Österreich, die Gemahlin Ludwigs XIII., ein Kind erwartete, ließ sie sich in der Hoffnung auf eine glückliche Niederkunft den Gürtel auf den Leib legen. Sie gebar den Thronfolger Ludwig XIV.

Die stattliche dreischiffige Hallenkirche ist für den Architekturhistoriker deshalb interessant, weil er in ihr charakteristische Bauformen des Anjou und des Poitou miteinander verschmolzen findet. So ist die riegelartige von Ecktürmen begrenzte Eingangsfront der Kathedrale von Poitiers nachgestaltet. Auch ist die Form der Stützen und Gewölbe von ihr angeregt, während der quadratische Chor und sein vielfältiges Gewölbe angevinischer Baugewohnheit entspricht, ebenso das reichhaltige Programm an Figuralplastik in der Gewölbezone (vgl. Angers, Saint-Serge). Der Glockenturm des 14. Jahrhunderts an der Südseite des Langhauses hat als Merkwürdigkeit eine spitzbogige gestufte Nische, belebt mit Säulchen und entsprechenden Rundstäben in der Bogenzone: Es ist der üppige Rahmen für eine Statue der Madonna mit dem Kind aus dem 16. Jahrhundert.

Saumur

Drei Bauwerke prägen den Stadtprospekt von Saumur, einen der schönsten überhaupt an der Loire (Abb. 158): dicht am Fluß der Doppelbau des Rathauses; links davon, weiter stadteinwärts gelegen, der starke Vierungsturm der Kirche Saint-Pierre, schließlich auf felsigem Hügel das kastellhafte Schloß, das in der Geschichte der Stadt stets ein Brennpunkt war.

Als Besitz der Grafen von Anjou und Könige von England wurde Saumur zu Anfang des 13. Jahrhunderts dem französischen Krongut einverleibt. Großen Gewinn zog die Stadt schon im Mittelalter aus dem Weinanbau und dem Weinexport.

Bedeutend war Saumur als Hochburg der Reformation im 16. Jahrhundert. Heinrich IV. setzte den Stadtgouverneur Duplessis-Mornay ein, den die Zeitgenossen ›Papst der Hugenotten‹ nannten. Er war Soldat und Gelehrter, richtete eine protestantische Hochschule ein, die von Studenten aus ganz Europa besucht wurde, er befestigte die Stadt und brachte sie zu wirtschaftlicher Hochblüte.

Der Niedergang begann unter Ludwig XIV. mit dem Widerruf des Edikts von Nantes 1685, das den Protestanten Religionsfreiheit zugebilligt hatte. Ein großer Teil der Bevölkerung verließ die Stadt. Obwohl durch die Errichtung einer Kavallerieschule im späten 18. Jahrhundert und durch den Weinhandel der völlige wirtschaftliche Ruin verhindert wurde, wirkt die Aufhebung des Edikts von Nantes mit seinen Folgen bis in unsere Tage nach: Saumur hat heute etwa 7000 Einwohner weniger als zur Blütezeit im 17. Jahrhundert.

Das SCHLOSS ist auf besondere Weise berühmt. Im ›Kostbarsten Stundenbuch‹ des Herzogs von Berry (um 1410) stellen es die Brüder Limburg minuziös in seiner einstigen Prachtfülle als Hintergrundarchitektur des Monatsbildes ›September‹ dar (Farbt. Einbandrückseite). In dieser Form ist es eine Neuschöpfung des Herzogs Ludwig I. von Anjou, der die Domäne 1356 von seinem Vater Johann dem Guten geerbt hatte. Ludwig war bestrebt, sich eine Residenz zu schaffen, die an Luxus mit den Bauten seiner Brüder, König Karls V. und des Herzogs Jean de Berry, wetteifern konnte. Von einer älteren Anlage übernahm Ludwig die starken Unterbauten und errichtete darauf um 1370 vier mit Ecktürmen bewehrte Flügel um einen Binnenhof. Über älteren Rundsockeln erhielten die Türme polygonale Form mit Ecklisenen. Das Schloß war ganz auf Verteidigung angelegt, tat zugleich aber nach außen hin die glänzende Hofhaltung des Schloßherrn kund. Geradezu verschwenderisch wurde die Dachzone oberhalb der Wehrgänge gestaltet. Lukarnen, Schornsteine, krabbenverzierte Giebel, eine Fülle von Lilien aus dem Wappen des Herzogs und vergoldete Wetterfahnen, deren Glanz bei Sonnenschein König René von Anjou, ein Nachfolger Ludwigs, so betörend fand, ergaben einen verwirrenden Anblick. Die Brüder Limburg haben ihn mit kaum zu übertreffender Sorgfalt festgehalten.

Es ist reizvoll, den Standplatz aufzusuchen, von dem aus die Miniatur skizziert wurde (Farbt. 34). Zwar fehlt heute die reiche Dachzier des Schlosses, aber dennoch sind genügend Details erhalten, die sich in der Miniatur wiederfinden. Verschwunden ist der Torbau, den die Brüder Limburg darstellen, ebenso der Küchenbau links davon mit seinen Schornsteinen und seiner zentralen Pyramide; er erinnert an die Küche von Fontevraud. Das abschüssige Gelände, wo sich auf der Miniatur die köstliche Szene der Weinlese abspielt (sie wurde übrigens erst Ende des 15. Jahrhunderts von Jean Colombe der bis dahin unvollendeten Miniatur hinzugefügt), ist heute Gartenland. Noch immer werden die Trauben an kurzgehaltenen Rebstöcken geerntet.

Verändert ist die engere Umgebung des Schlosses. Als der Stadtgouverneur Duplessis-Mornay hier residierte, ließ er um 1600 durch den italienischen Baumeister Bartolomeo mächtige Festungsmauern und Basteien errichten. Nach der Absetzung des Gouverneurs 1621 begann der Zerfall des Schlosses. Der Nordwestflügel stürzte ein und wurde nicht wieder aufgebaut. Napoleon befahl 1810 die Einrichtung eines Staatsgefängnisses, nachdem das Schloß bereits im 17. und 18. Jahrhundert als Kerker gedient hatte. 1830 bis 1890 wurde es als Waffenarsenal und Kaserne genutzt. 1906 erwarb es die Stadt und restaurierte es zu Museumszwecken.

Man gelangt in den Hof (Farbt. 30) durch einen mit Rundtürmchen besetzten Torbau, der – wie die Miniatur aus dem Stundenbuch des Herzogs von Berry zeigt – ursprünglich durch eine Zugbrücke gesichert war. Die Hoffassade des Nordostflügels ruht auf flachen Bögen. Ein polygonaler Turm an der Nordseite enthält die sogenannte Ehrentreppe. Sie ist in jedem Stockwerk durch eine maßwerkgeschmückte Loggia zum Hof hin geöffnet.

In einem kleinen Schutzbau vom Anfang dieses Jahrhunderts befindet sich ein etwa sechzig Meter tiefer Schacht, der ursprünglich im eingestürzten Nordwestflügel lag. Er

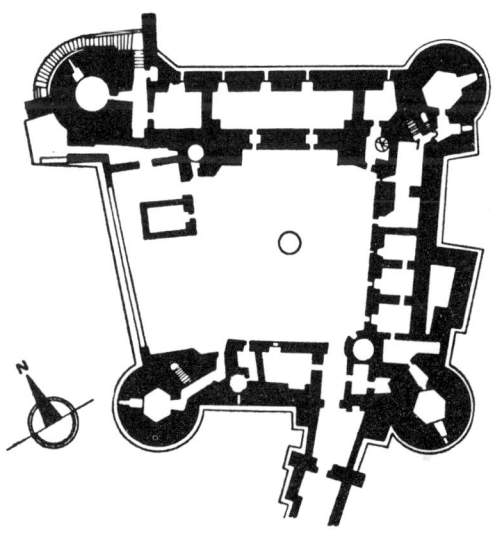

Saumur, Grundriß des Schlosses

gilt als Brunnen, aber auch als Versorgungsschacht, der durch einen unterirdischen Gang mit einem Mauerturm an der Loire verbunden gewesen sein soll, so daß Proviant und Munition unmittelbar vom Fluß aus durch den Gang befördert und mittels einer Winde zum Schloß hochgezogen werden konnten.

Im Südostflügel steigt man hinunter zu den Kerkern. Ein großes Gewölbe unter dem Hof soll als Wasserreservoir gedient haben. Zugänglich ist der WESTLICHE ECKTURM, von dem aus sich ein prachtvoller Blick auf die Stadt und den Fluß bietet.

In den Schloßräumen sind zwei bemerkenswerte Museen eingerichtet, die beide nur im Rahmen einer Führung zu besuchen sind. Das KUNSTGEWERBLICHE MUSEUM zeigt Kultgegenstände, Skulpturen, Gemälde und dergleichen des Mittelalters und der Renaissance sowie eine sehenswerte Sammlung von Porzellanen und Fayencen aus der Barockzeit, jeweils präsentiert zwischen Möbeln und Wandteppichen der gleichen Epochen. Für Liebhaber des Reitsports ist das PFERDEMUSEUM eine wahre Augenweide. Es bietet einen Einblick in die Natur- und Kulturgeschichte des Pferdes, wie er reichhaltiger nicht sein könnte. Saumur ist das traditionelle Zentrum der französischen Reiterei. Noch heute besteht die 1768 gegründete Kavallerieschule, bekannt durch ihren ›Cadre Noire‹, eine berühmte Reitertruppe, die jedes Jahr im Juli beim ›Carrousel de Saumur‹ ihren großen Auftritt hat.

Beherrschendes Bauwerk in der Altstadt zu Füßen des Schlosses ist die KIRCHE SAINT-PIERRE, ein einschiffiger Bau des frühen 13. Jahrhunderts mit Querschiff, kräftigem Vierungsturm und Chor des späten 12. Jahrhunderts. Die Seitenkapellen am Langhaus stammen aus dem 15. und 16. Jahrhundert. Die Eingangsfront wurde 1674 durch Brand zerstört und im Stil der Zeit wiederaufgebaut. – Zur Ausstattung gehören kostbare *Wandteppiche* des 16. Jahrhunderts, die das Leben der Hll. Petrus und Florentin darstellen.

Das Viertel um die Kirche mit seinen alten Häusern, die teilweise zur Zeit saniert werden, ist der Rahmen für Balzacs Roman ›Eugénie Grandet‹.

Ein strenges holzgeschnitztes Gnadenbild der Muttergottes mit Kind aus dem 13. Jahrhundert wird in der ehem. ABTEIKIRCHE NOTRE-DAME DE NANTILLY verehrt. Der ursprünglich einschiffige Bau, im Süden der Stadt, stammt aus der ersten Hälfte des 12. Jahrhunderts. Sein Querschiff wurde im 14. Jahrhundert erneuert. König Ludwig XI., ein großer Verehrer der Muttergottes, ließ die Kirche zwischen 1470 und 1483 durch ein Südschiff im Flamboyant-Stil erweitern. Das kostbar verzierte Oratorium des Königs dient heute als Taufkapelle. Notre-Dame de Nantilly besitzt wie Saint-Pierre einen großen Schatz an Wandteppichen des 15.–17. Jahrhunderts, von denen einige als Leihgaben im Kunstgewerbemuseum des Schlosses zu sehen sind.

Eine andere Marienkirche, etwa 1 km von der Loire-Brücke flußaufwärts am Quai Mayaud, ist NOTRE-DAME DES ARDILLIERS. Sie leitet ihren Namen von einer wundertätigen *Pietà* her, die ein Bauer 1454 auf tonigem Gelände fand. Erst in einem Bildstock, dann 1553 in einer Kapelle aufgestellt, war sie Ziel einer bedeutenden Wallfahrt. Im 17. Jahrhundert wurde das Heiligtum den Oratorianern übergeben, für die 1628–43 die noch bestehenden Konventsgebäude errichtet wurden. Wenig später entstand die Kirche, ein Zentralbau mit einer (nach der Zerstörung im letzten Weltkrieg erneuerten) Kuppel und einem kleinen Langhaus. 1655 begonnen, konnte die Rotunde erst 1693 vollendet werden – dank einer großherzigen Spende Ludwigs XIV. Das von zwei Kapellen flankierte Langhaus ersetzt seit 1673 die Kapelle von 1553. Gleichzeitig mit dem Langhaus entstand das monumentale Altarretabel der Bildhauer Biardeau und Charpentier, 1856 ergänzt durch eine zentrale Kreuzigungsgruppe von dem kunstsinnigen Kanoniker Choyer. Er schuf auch das Altarretabel der 1855 erneuerten Richelieu-Kapelle für das Gnadenbild, das wohl aus dem 15. Jahrhundert stammt.

An profanen Baudenkmälern von besonderem Charakter ist am Loire-Ufer das RATHAUS zu nennen, ein kubischer burghafter Bau des frühen 16. Jahrhunderts mit Wehrgang, Ecktürmchen und hoher laternengekrönter Dachpyramide. Ursprünglich war es in die Stadtummauerung einbezogen, an der unmittelbar die Loire vorbeifloß. Der Architekt Joly-Leterme erweiterte das Rathaus im 19. Jahrhundert durch einen Neubau im Renaissancestil, der sich mit dem älteren Teil zu einer kontrastreichen Gruppe verbindet.

Cunault

Die KIRCHE NOTRE-DAME von Cunault, gelegen in einer der schönsten Uferlandschaften der Loire, zählt zu den eindrucksvollsten romanischen Sakralbauten am Fluß. Weniger vermag das Äußere zu fesseln, das auf den ersten Blick eine Entstehungsgeschichte in verschiedenen Phasen vermuten läßt. Die ganze Wucht und Größe des Gotteshauses erlebt man erst im Innenraum (Abb. 161).

Die Kirche wurde von Benediktinern der Abtei Saint-Philibert in Tournus errichtet, die in Cunault eine reichdotierte Priorei besaß. Zur großartigen Anlage der Kirche trug sicher bei, daß sie wegen ihrer Heiligtümer Scharen von Pilgern anlockte. Sie besaß Reliquien des hl. Maxentiolus, der vermutlich das Christentum in Cunault eingeführt hatte und wohl ein Schüler des hl. Martin von Tours war. Von der Pfarrkirche zu Ehren des hl. Maxentiolus aus dem 12. Jahrhundert, die 1754 bei einem Orkan einstürzte, stehen noch die Ruinen inmitten des Ortsfriedhofs. Zwei andere Reliquien hatten für die Pilger gewiß eine stärkere Anziehungskraft: ein Fläschchen mit Staub aus der Geburtsgrotte von Bethlehem, angeblich eingetrocknete Muttermilch der Jungfrau Maria, und ein Ring, der als Hochzeitsring der Hl. Jungfrau galt.

Die Priorei wurde 1741 durch den Bischof von Angers aufgelöst und ihre Güter dem Séminaire Saint-Charles in Angers übertragen. Die Kirche teilte man durch eine Mauer in zwei Hälften; das Schiff diente als Ersatz für die zerstörte Pfarrkirche, der Chor wurde an einen Privatmann verkauft, der ihn als Scheune nutzte. Stark heruntergekommen, ging die Kirche 1842 in öffentlichen Besitz über und wurde grundlegend restauriert, wobei man aus Sparsamkeitsgründen die Dächer vereinfachte – leider nicht zum Vorteil der äußeren Gestalt.

Ältester Teil des Bauwerks ist der TURM aus der Mitte des 11. Jahrhunderts, bedeutend als Beispiel für die Sakralarchitektur im Anjou zu Beginn der Romanik. Er ist als Rest eines nicht näher bekannten Vorgängerbaus in die Nordseite des jüngeren Langhauses eingefügt. Die Vielfalt der Rundbogenarkaden im oberen Teil des Turmes und der bauplastische Schmuckreichtum, wie er nur selten an der Loire begegnet, hebt ihn gegen die jüngeren Bauteile, die ihn einschließen, ab. Eine monumentale Blendarkade im unteren Teil hat zwei bemerkenswerte *Kapitelle:* auf dem linken ist die *Verkündigung* dargestellt (Maria auf einem x-förmigen Sitz; davor der Engel), das rechte zeigt zwei Männer, davon einen in einem Schiff, wie er nach einem Fisch greift, den ihm ein geschwänztes Meerweib, eine Sirene, als Sinnbild weltlicher Lockung, hinhält.

Mit dem Bau der heutigen Kirche wurde zu Anfang des 12. Jahrhunderts begonnen. Sie ist eine dreischiffige Halle mit einem Pseudoquerschiff, an dessen kurzen Armen östlich Apsidiolen ansetzen, und einem gestreckten halbrund geschlossenen Umgangschor – typisch für Wallfahrtskirchen – mit zwei apsidialen Chorkapellen; eine dritte in der Mittelachse ist verschwunden. Die nördliche Chorkapelle wetteifert mit dem Turm durch eine ähnlich reiche bauplastische Gliederung.

Hochaufgeschossene kraftvolle Bündelsäulen nehmen verhältnismäßig kurze Gewölbezonen auf und beherrschen mit ihrer plastisch differenzierten Struktur die gewaltige Perspektive des Raumbildes.

Gebaut wurde offensichtlich vom Chor aus nach Westen. Es fällt auf, daß die Joche in dieser Richtung an Breite zunehmen. Die östlichen acht, vom Chorhaupt gerechnet,

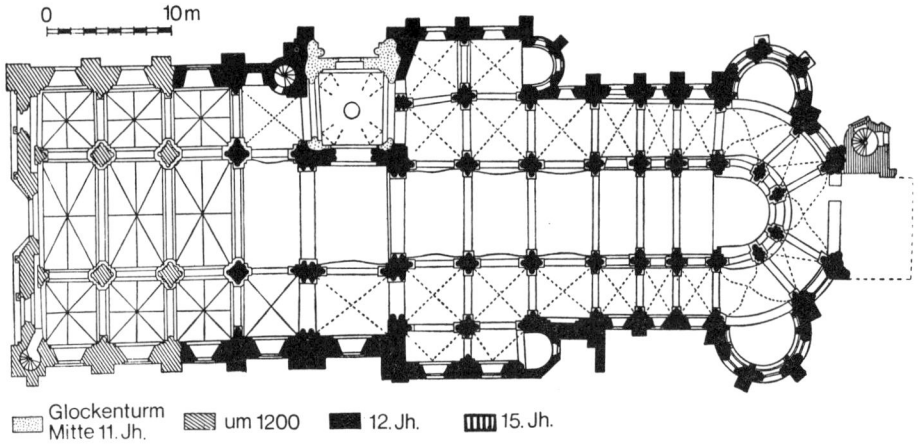

0   10 m

Glockenturm Mitte 11. Jh.   um 1200   12. Jh.   15. Jh.

Cunault, Grundriß der Kirche Notre-Dame

haben im Mittelschiff Tonnen-, der Chorumgang, die Seitenschiffe und die Pseudo-querschiffarme Gratgewölbe; lediglich das Turmjoch ist mit einer Kuppel überwölbt. Die westlichen drei Joche entstanden im Plantagenet-Stil mit achtkappigen Rippengewölben und gehören der Zeit um 1200 an. Von diesen Bauteilen abgesehen haben wir es mit einer Architektur zu tun, die stilistisch vom Poitou her beeinflußt ist.

Der besondere Schatz des Raumes sind seine herrlich skulptierten *Kapitelle* (Abb. 159, 160), weit über zweihundert an der Zahl. Ein Teil jedoch, vor allem im Chor, sind Neuschöpfungen des 19. Jahrhunderts.

Im Tympanon des HAUPTEINGANGS an der Westfassade thront in majestätischer Frontalität Maria mit dem Jesuskind auf dem Schoß. Engel auf schmalen Wolkenbändern zu seiten des Thrones schwingen zur Ehre der Himmelskönigin Weihrauchfässer. Andere kleinere Engel, wie die Muttergottes arg beschädigt oder ganz verschwunden, flankierten den Fuß des Thrones. Erhalten sind Spuren einer farbigen Fassung. Die Plastik entstand mit den Westteilen der Kirche um 1200.

Brissac

Trotz seiner Schönheiten im Detail vermag SCHLOSS BRISSAC nicht auf den ersten Blick zu begeistern. Seine übermäßig in die Höhe gezogenen Proportionen sind ungewöhnlich für ein Loire-Schloß, und die wie zufällig wirkende Ansammlung von Gebäudeteilen verwirrt (Abb. 163). Wir stehen – so formuliert vortrefflich knapp der zwölfte Herzog von Brissac, Pierre de Cossé – vor einem »halbverwirklichten neuen Schloß in einem halbzerstörten alten Schloß«.[101]

Die HAUPTFRONT flankieren zwei mächtige Rundtürme des 15. Jahrhunderts mit zurückspringenden Obergeschossen wie an den Schlössern von Langeais, Ussé oder Le Plessis-Bourré. Diese Türme stammen von einem Schloß, das Pierre de Brézé, Minister Karls VII. und Ludwigs XI., errichtete. 1465 wurde er in der Schlacht von Montlhéry getötet. Sein Sohn Jacques überraschte eines Tages seine Gemahlin Charlotte, eine Tochter Karls VII. und der Agnes Sorel, bei allzu intimen Beziehungen mit einem seiner Freunde und tötete beide. Dieser Vorfall brachte der Familie de Brézé mancherlei Unannehmlichkeiten, und vielleicht spielte er noch ein Rolle, als sie Brissac 1502 an den Kammerherrn Karls VIII., René de Cossé, verkaufte. Seine Nachkommen besitzen es noch heute.

Während der Religionskriege hatte das alte Schloß der Brézé stark gelitten, so daß sich Charles II. de Cossé, Marschall von Frankreich und erster Herzog von Brissac, 1606 zu einem Neubau entschloß, den der Architekt Jacques Corbineau leitete. Aber nur die Hälfte einer großzügig geplanten Anlage wurde verwirklicht, denn der Bauherr starb schon 1621. Sein Sohn und Nachfolger dachte nicht daran, die Arbeiten im Sinne des Vaters weiterzuführen. So wie die Bauleute 1621 das Schloß verließen, steht es noch heute.

Errichtet wurde der schlanke fünfgeschossige Eingangspavillon, der die Mitte des Hauptflügels bilden sollte. Zu diesem Zweck wurde er in den nördlichen Rundturm hineingebaut, der während der Bauarbeiten am neuen Schloß so noch bewohnbar war, später jedoch dem geplanten nördlichen Flügel hätte weichen müssen. Aber nur der südliche Flügel der Hauptfront wurde verwirklicht, und auch er zwängt sich in den Südturm hinein, der wohl ebenfalls niedergelegt werden sollte.

Aller bauplastische Reichtum ist auf den dreiachsigen EINGANGSPAVILLON konzentriert, hinter dem sich das Treppenhaus verbirgt. Vor der Französischen Revolution wirkte er noch schlanker als heute dank eines bekrönenden Glockenturms und einer Bronzestatue des Merkur obenauf. Pilaster der fünf klassischen Ordnungen – toskanisch, dorisch, jonisch, korinthisch, komposit – gliedern die Geschosse. Die großen Rundbogen-öffnungen der Mittelachse begleiten seitlich kleine Rundbogennischen und -fenster. Besonderes Leben erhalten die Fassaden durch Pilasterquaderung und gequaderte Rahmungen an Fenster- und Türöffnungen. Zwei weitere in gleichem Sinne gestaltete Trakte, die zur Bauperiode unter Charles II. de Cossé gehören, umschließen mit dem Hauptflügel einen engen Innenhof.

Den langgestreckten Nordflügel, der in einem hochhausartigen fünfgeschossigen Pavillon endet, fügte Louis de Cossé, der Sohn Charles II., nach 1621 an. Damit nahm er dem Bau vollends das architektonische Gleichgewicht.

Das Schloß ist noch heute von der Familie de Cossé bewohnt und mit vielerlei Kostbarkeiten ausgestattet. Ein Rundgang führt zuerst vom Vestibül aus durch den GROSSEN SALON aus dem 18. Jahrhundert mit einer reichgeschnitzten und vergoldeten Balkendecke. Im kleinen Salon hängt ein schönes Gemälde von Michel Garnier (1785), das den siebten Herzog von Brissac Jean-Paul-Timoléon de Cossé im Kreise seiner Familie zeigt. Der nach Norden zu gelegene SPEISESAAL mit Musikantenempore ist mit Tapisserien geschmückt, die Szenen aus der Geschichte Alexanders des Großen und die Entführung Helenas darstellen.

In der ersten Etage befindet sich die GROSSE GALERIE mit Bildnissen der herzoglichen Familie: hervorzuheben ein Paradeporträt des Jean-Paul-Timoléon de Cossé als Marschall von Frankreich, gemalt von Fabien Gautier d'Agoty (2. Hälfte 18. Jahrhundert), und ein amüsantes Ganzfigurenporträt der matronenhaft thronenden Witwe Clicquot (Abb. 162), der geschäftstüchtigen und gewandten Champagner-Königin, wohlbekannt auch durch Wilhelm Buschs ›Fromme Helene‹ (»Wie lieb und luftig perlt die Blase / Der Witwe Klicko in dem Glase«). Zu Füßen der Madame Clicquot ruht ihre Urenkelin und einziger Nachfahre, Anne de Mortemart, die spätere Herzogin von Uzès und Großmutter des zwölften Herzogs von Brissac. Sie starb sechsundachtzigjährig, als sie auf der Parforcejagd zu Pferde einem Hirsch nachsprengte. Der Maler des Bildes ist Léon Cogniet (1859).

Die letzten Räume des Rundgangs sind die Kapelle im Südturm, der Raum der Jagden mit flandrischen Teppichen, die die verschiedensten Jagdarten des 16. Jahrhunderts darstellen; es schließen sich das Mortemart-Zimmer mit großfigurigen Tapisserien

und kostbaren Möbeln, der museal gestaltete GARDENSAAL (Abb. 164) und das sogenannte JUDITH-ZIMMER an, in dem sich Ludwig XIII. und seine Mutter Maria von
Medici wiederversöhnten.

Serrant

Das Gesamtbild von Serrant ist das einer Residenz (Abb. 165): ein großer Park, die
dreiflügelige Anlage des SCHLOSSES mit Ehrenhof, Eckpavillons und mächtigem Portal,
ringsum ein Wassergraben, ein riesiger Teich in dem sich die Rückfront des Schlosses
spiegelt (Abb. 166). Ihre mächtigen Rundtürme, gekrönt von kuppeligen Hauben, erinnern an Valençay.

Im Mittelalter stand an der Stelle des Schlosses eine Burg der Familie de Brie. Um
die Mitte des 16. Jahrhunderts begann Charles de Brie, das alte Gebäude durch das
jetzige zu ersetzen. Bei seinem Tode 1593 war er durch die Bauarbeiten völlig ruiniert.
Fertig war nur die linke Hälfte des Hauptflügels (vom Hof aus gesehen) mit dem
großen Eckturm und der Mittelteil mit der Treppe im Inneren. Der Besitz wurde 1596
zunächst an den Herzog von Montbazon, Hercule de Rohan, verkauft, 1636 schließlich an den Diplomaten und Schöngeist Guillaume Bautru. Er vollendete den Hauptflügel. Sein Sohn Guillaume (gest. 1711) fügte die Seitenflügel hinzu, betonte die Ek-
ken des Hofes durch die zweigeschossigen Eckpavillons, die an die Stelle von Ecktürmen
der mittelalterlichen Anlage zu stehen kamen, und errichtete in der Mittelachse das
wuchtige Eingangsportal.

Die AUSSENFRONTEN des Hauptgebäudes und der Pavillons leben aus dem Kontrast
der Baumaterialien: braunfarbener Bruchstein als Hauptmaterial, durchsetzt mit sorgfältig bearbeitetem hellen Werkstein, der an den Hofseiten ganz vorherrscht. Von
Bauten aus der Zeit Franz' I. ist die Pilastergliederung der Fassaden übernommen, doch
wirkt sie auffallend kraftlos, vor allem am langgestreckten Mittelflügel. Nicht umsonst
ist das Eingangstor zum Hof so wuchtig ausgefallen: Es hat für den, der in der Mittelachse auf das Schloß zukommt, die Unzulänglichkeiten der Hauptfassade zu kaschieren.
Eine Zutat des 19. Jahrhunderts ist die Balustrade entlang dem Dachgeschoß und um
die Türme.

Im rechten Seitenflügel befindet sich eine KAPELLE vom Anfang des 18. Jahrhunderts,
die mitunter Jules Hardouin-Mansart zugeschrieben wird. Ihr wichtigstes Ausstattungsstück ist das *Marmorgrabmal* für Nicolas Bautru, Marquis de Vaubrun, den Neffen des
Schloßvollenders, der 1675 in der Schlacht von Altenheim verwundet wurde und seinen
Verletzungen erlag (Abb. 167). Seine Gemahlin bestellte das Grabmal 1677 beim bedeutendsten Bildhauer am Hofe Ludwigs XIV., Antoine Coysevox. Erst 1705 war es
fertig. Vor einem Hintergrund aus schwarzem Marmor, von schweren korinthischen
Säulen eingefaßt, ruht auf einem Sarkophag der Marquis wie ein siegreicher Feldherr.

Neben ihm kniet, ihn betrauernd, seine Gemahlin. Ihr Trauerritual erregte bei den Zeitgenossen Aufsehen. Sie sei wie verrückt gewesen, schreibt Madame de Sévigné. Sie habe den Leichnam ihres Mannes überführen lassen, und man habe für ihn eine prächtigere Totenfeier inszeniert als für Turenne, den bedeutendsten Feldherrn Ludwigs XIV. Das Herz ihres Gatten bewahre sie auf einem Kredenztisch auf, sie betrachte es, und sie habe zwei Kerzen davor aufgestellt. Sie verbringe davor ihr ganzes Leben zwischen Diner und Souper.[102] Auf dem Sarkophag stellt ein vergoldetes Bleirelief die Schlacht von Altenheim dar. Relief und Sarkophagfiguren stammen von Coysevox selbst. Die Gestalt der Viktoria, die über dem Sarkophag schwebt und den Ruhmeskranz über den Marquis hält, schuf Gaspard Collignon.

Kernstück aller Räumlichkeiten im Schloß ist die bravouröse HAUPTTREPPE im Renaissance-Stil mit parallelen durch Scheidemauern getrennten Läufen und schönen kassetierten Gewölben und Decken.

1749 ging das Schloß in den Besitz des irischen Schiffseigners Antoine Walsh über, dem es bald gelang, Graf von Serrant zu werden. Sein Sohn und seine Schwiegertochter fanden Zugang am Hofe Napoleons, Madame de Serrant als Hofdame der Kaiserin Josephine. Durch Heirat gelangte das Schloß an die Familie de la Trémoïlle; heute gehört es dem Prinzen de Ligne La Trémoïlle.

Man besucht eine Reihe im 19. Jahrhundert gediegen ausgestatteter Räume: so einen Speisesaal mit herrlichen Landschaftstapisserien und eine Bibliothek mit 20 000 Bänden; ein Kaminbild zeigt hier Antoine Walsh, wie er dem englischen Thronanwärter Karl-Eduard aus dem Hause Stuart Schiffe übergibt. Unter den Schlafzimmern im Empire-Stil befindet sich eines, das für den Besuch Napoleons 1808 hergerichtet wurde. Hier ist eine kostbare Marmorbüste der Kaiserin Marie-Louise von Antonio Canova aufgestellt.

Le Plessis-Bourré

Von einem breitflächigen Grabenviereck umgeben, auf rechteckigem Grundriß vierflügelig mit runden Ecktürmen errichtet, von denen der stärkste der Donjon ist, bietet Le Plessis-Bourré ein vollendetes Beispiel einer feudalen Wohnstätte des späten Mittelalters, die leicht zu verteidigen, aber auch angenehm zu bewohnen war (Abb. 168).

Der Geheime Rat und Schatzmeister Ludwigs XI., Jean Bourré, war ihr Bauherr. 1462 erwarb er die Domäne Plessis-le-Vent, der er fortan seinen Namen gab. Unter Karl VIII. und Ludwig XII. bekleidete Bourré bis zu seinem Tode 1506 das Amt eines Sekretärs der Finanzen.

Er verstand sich aufs Bauen. Im Auftrag Ludwigs XI. errichtete er Schloß Langeais (s. S. 206). Während die Arbeiten dort noch im Gange waren, begann er 1468 mit seinem eigenen Wohnsitz, den er dank seines Reichtums zügig voranbringen und schon 1473 beziehen konnte. Die Einheitlichkeit der Konzeption ist durch die Kürze der Bauzeit zu erklären. Bourré sah bei aller Eile darauf, daß nur die besten Materialien verwendet wurden. So kamen die Steine aus dem Bruch von Boullay bei Saumur, und noch heute wirken sie so frisch wie vor fünfhundert Jahren. Sie kosteten eine Unsumme, aber sie war lohnend investiert. Der Donjon erhielt mit seinem Wehrgang und dem obersten zurückspringenden Geschoß die Form der Türme von Langeais.

Vom Wirtschaftshof aus, dessen Gebäude aus der Barockzeit 1974 teilweise ausgebrannt sind, führt eine Steinbrücke über den Wassergraben auf den durch Pechnasen und Zugbrücke gesicherten Eingangsbau des Schlosses zu. Sein Hauptflügel gegenüber dem Eingangsportal ist hervorgehoben durch seine Dreigeschossigkeit, durch Lukarnen und polygonale Treppentürme als Eckakzente. Die übrigen drei Flügel, ausgenommen der Torbau und die angrenzende Kapelle, sind niedriger gehalten, damit sie dem Hauptflügel kein Licht wegnehmen. Mit mittelalterlichem Festungsdenken hat dies nichts mehr zu tun, obgleich auch für die Verteidigung vorgesorgt ist: Rings um die Flügel und die Türme verläuft außen eine Terrasse, um Kanonen aufzustellen und Angreifer abzuwehren, bevor sie über den Graben setzen konnten.

Im INNEREN zeigt man eine Reihe möblierter Räume, von denen vor allem der Große Salon mit seiner feingeschnitzten Wandvertäfelung im Stil Louis XV. beachtlich ist. Seine alte Fußbodenverplattung hat der schöne mit flachen Rippengewölben überspannte Parlamentsaal bewahrt; sein Hauptausstattungsstück ist ein mächtiger Kamin.

Wichtigster Raum des Schlosses ist der Gardensaal in der ersten Etage mit einer in Frankreich einzigartigen bemalten *Holzdecke*. Beiderseits eines Mittelbalkens sind insgesamt vierundzwanzig emblematische Bildfelder angeordnet, deren Sinn zu lösen für die Gäste des Bauherrn ein Zeitvertreib war. Acht der Bildfelder zeigen Figuren in Verbindung mit moralisierenden Versen, die übrigen sechzehn hauptsächlich Tiere mit einem bestimmten symbolischen Sinn. Man hat die Decke als Beweis für die Neigung Bourrés zur Alchemie interpretiert.[103]

Montgeoffroy

Nicht allzu häufig findet man an der Loire ein Schloß, dessen Ausstattung nicht musealen Charakter hat, wo der Besucher nicht ständig das unbehagliche Gefühl verspürt, hier seien die Tische, die Sitzmöbel und andere Kostbarkeiten willkürlich zusammengetragen, um ihm ursprüngliche Lebensatmosphäre vorzuspiegeln.

Montgeoffroy ist eine einzigartige Ausnahme. Hier ist fast alles Mobiliar, so wie es der Bauherr beschaffte, an seinem Platz geblieben. Nirgendwo sonst mehr in Frankreich kann man ein vollständigeres authentisches Bild davon gewinnen, wie ein Adeliger von Kunstgeschmack am Vorabend der Französischen Revolution auf seinem Landschloß lebte.

Der Bauherr des Schlosses Montgeoffroy war der Feldmarschall und Statthalter des Elsaß in Straßburg, Louis-Georges-Érasme de Contades, dessen Vorfahren den ursprünglich mittelalterlichen Landsitz im 17. Jahrhundert erwarben. Contades begann 1773 das Schloß nach den Plänen des Pariser Architekten Nicolas Barré neuzuerrichten, wobei einige ältere Gebäudeteile einbezogen wurden.

Das SCHLOSS öffnet sich auf sanft ansteigendem Gelände seinen Ländereien zu, die ihm durch strahlenförmig angeordnete Alleen zugeordnet sind (Abb. 169). Zwei flachgedeckte Pavillons und ein prächtiges Gittertor, durch Mauern miteinander verbunden, grenzen die Felder vom Schloßbezirk ab.

Das zweieinhalbgeschossige HAUPTGEBÄUDE, majestätisch schlicht in der Ausgewogenheit seiner Proportionen, hat einen Mittelrisalit, dessen Dreiecksgiebel den einzigen plastischen Schmuck am ganzen Schloß zeigt: das Wappen der Contades, umgeben von Trophäen. Zwei kurze Seitenflügel springen vor, niedrige Pavillons schließen sich zurückversetzt an und binden das Hauptgebäude mit den Ställen, Remisen und der Kapelle seitlich des Hofes zusammen. Die Kapelle und zwei Rundtürme, die die Wirtschaftsbauten begrenzen, sind vom Vorgängerschloß des 16. Jahrhunderts übernommen. In der Achse der rückwärtigen Parkfront bildet ein kleiner Pavillon einen schönen point de vue.

Das Schloß wurde erstaunlich rasch vollendet. Schon 1775 muß es vollständig eingerichtet gewesen sein, denn in diesem Jahr wurde ein Inventar der gesamten Ausstattung bis hin zur Einrichtung der Küche aufgestellt. Man kann dieses Inventar zur Hand nehmen und als Führer durch das Schloß benutzen. Die meisten der verzeichneten Ausstattungsstücke wird man an ihrem Platz vorfinden.

Der Marschall scheint die bewegliche Einrichtung geschlossen in Paris gekauft zu haben. Sie fügt sich mit den Wandvertäfelungen und der Architektur zu einem außergewöhnlichen Einklang zusammen. Dank seiner militärischen Vergangenheit und günstiger Beziehungen überlebte der hochbetagte Marschall die Schreckensherrschaft während der ersten Revolutionsjahre ohne Schaden. Nach seinem Tode 1793 wachten die Bewohner des Nachbardorfes Mazé darüber, daß nichts im Schloß abhanden kam. So bietet Montgeoffroy heute – wie Pierre Verlet formuliert – »die genaueste Lektion über die künstlerische Ausgestaltung eines französischen Schlosses am Ende der Regierungszeit Ludwigs XV.«[104]

Der Adelssitz ist noch immer von der Familie de Contades bewohnt. Für die Besucher sind einige der Erdgeschoßräume zugänglich. Billardsaal und kleiner Salon führen in den GROSSEN SALON (Abb. 170) mit seiner vornehm zurückhaltenden Wandvertäfelung aus Holz, die hauptsächlich durch streng geometrische Felderteilung wirkt. Kamin, Kaminböcke, Wandleuchter, die bronzevergoldeten Laternen, die verschiedenen Arten von Sitzmöbeln, die Konsoltische, Pendule und Barometer an der Wand – alles ist bereits 1775 im Inventar verzeichnet.

In der zum Park gelegenen Raumflucht des Erdgeschosses liegt das APPARTEMENT DER MADAME HÉRAULT. Für die textile Gestaltung der Wandfüllungen, der Bettnische, der Bettvorhänge, des Bettes und der Sitzmöbel im Hauptraum wählte der Marschall karmesinrot gemustertes venezianisches Brokatell; mit den abgestuften Grautönen der

Boiserie ergibt der original erhaltene Stoff einen erlesenen Farbklang. Das Inventar verrät, wie komfortabel Madame in ihrer Bettnische ruhte: »Das Bett mit einer Roßhaarmatratze, zwei Polstern aus Barchent, einem Federbett, zwei Kopfkissen, davon eins aus Roßhaar, zwei Decken aus Baumwolle.« Das benachbarte Kabinett der Madame Hérault hat seine bemalte Wachstuchtapete bewahrt.

Letzter der zugänglichen Räume ist der SPEISESAAL (Abb. 171), der wie alle Räume eigentlich nichts Prunkendes hat, vielmehr den Sinn des Marschalls für die schöne klare Form verrät. Prächtig nimmt sich in der strengen Wandfeldergliederung der in eine Nische gestellte Fayenceofen mit Aufsatz in der Form eines Palmenstammes aus, ein Geschenk der Stadt Straßburg. Ein schwungvolles Gitter aus Schmiedeeisen umschließt den Ofenkörper und steigert seine Schmuckwirkung. Stühle und Laterne gehören auch hier zum ursprünglichen Bestand.

Man beschließt den Besuch von Montgeoffroy mit einem Blick in die KAPELLE, die 1543 Guillaume de La Grandière und Marie de Soucelles errichteten. Erhalten ist aus dieser Zeit ein *Glasfenster,* das Gottvater, die Geburt Christi und die Stifter der Kapelle darstellt.

Im Stallgebäude auf der anderen Seite des Hofes zeigt man eine Sammlung alter Kutschen und Reisewagen, im Rundturm eine luxuriös bestückte Sattelkammer.

Angers

Angers, die Metropole des Anjou, bietet sich als eine schöne ringsum von Parks und Boulevards umgebene Mittelstadt dar. Sie ist eine der kunstreichsten Frankreichs. Die Viertel um Schloß und Kathedrale bewahren bis heute ihren historisch gewachsenen Charakter. Im Anschluß an diese Kernbereiche prägen Geschäftsbauten des 19. und frühen 20. Jahrhunderts das Stadtbild, hier und da von älteren Häusern durchsetzt. Die Boulevards um die Stadt lösten im 19. Jahrhundert den Befestigungsring des Mittelalters ab.

Die Geschichte der Stadt ist die seines SCHLOSSES, das man mit einer Kreuzfahrerburg verglichen hat (Abb. 172). Auf dem schroffen Felsen über dem Maine-Tal bestand schon in römischer Zeit eine Festung. Auch die Grafen von Anjou setzten auf die strategische Gunst dieses Platzes und errichteten hier ihre Residenz. Den Bau der bestehenden Anlage befahl Ludwig der Heilige 1230, nachdem das Anjou der französischen Krone einverleibt worden war. Zehn Jahre dauerten die Arbeiten an diesem gewaltigen fünfeckigen Festungswerk, das Ludwig seinem Bruder Karl 1246 samt der Grafschaft übertrug.

An vier Seiten besteht die Anlage aus Rundtürmen und Zwischenmauern, während die fünfte Seite, zum Fluß hin, durch den Steilabfall des Geländes gesichert ist. Tiefe Trockengräben umziehen den Mauermantel, heute gärtnerisch gestaltet und als Wildgehege hergerichtet. Zwei Eingänge (Abb. 181) führten auf das Schloßplateau, von denen heute nur noch die Porte de Ville besteht. Ursprünglich überragten die Türme den Wehrgang der Mauer und waren mit kegelförmigen Dächern ausgestattet. Heinrich III. gab 1585 in den Religionskriegen die Order, die Festung abzutragen, weil er fürchtete, die Protestanten könnten sich ihrer bemächtigen und sich in ihr festsetzen. Doch erwies sich die Zerstörung als schwierig, und nur die Türme wurden bis auf eine Ausnahme geköpft. Ihre Plattformen bewährten sich als Standplätze neuentwickelter Kanonen. Seit dem 17. Jahrhundert diente das Schloß hauptsächlich als Gefängnis. Die Deutschen benutzten es im letzten Weltkrieg als Munitionslager, das von der Mauer aus leicht zu bewachen war. Noch rechtzeitig konnten die Sprengkörper beiseitegeschafft werden, bevor Bomben auf das Schloß fielen.

Der Turm auf der Nordwestecke behielt seine ursprüngliche Höhe nur deshalb, weil er im 16. Jahrhundert eine Mühle trug. Man kann ihn besteigen und genießt einen herrlichen Blick über die Stadt, die Maine und das Schloßplateau.

An Baulichkeiten innerhalb der Befestigung ist die KAPELLE SAINTE-GENEVIÈVE, verbunden mit dem königlichen Logis, erhalten. Herzog Ludwig II. von Anjou errichtete beides Anfang des 15. Jahrhunderts. Sein Sohn, der auch heute noch im Anjou populäre Gute König René, baute neben der Kapelle das KLEINE SCHLOSS mit runden Ecktürmen und gestaltete den Platz um die Gebäude prächtig mit Gärten und Tiergehegen. Aus dem 18. Jahrhundert stammt das im Kern ältere Gouverneursgebäude an der Südostecke der Ummauerung. Die heutigen gärtnerischen Anlagen entwarf nach dem letzten Weltkrieg Bernard Vitry in Anlehnung an Formen des 16. Jahrhunderts. Der Rundgang über die Mauer führt zu einem köstlichen Gärtchen mit seltenen Pflanzen, wie sie schon die Herzöge von Anjou kannten und wie sie auf Wandteppichen des 15. Jahrhunderts identifiziert werden konnten. Neben dem Gärtchen ist ein in alter Form bepflanzter Weingarten angelegt, wobei die Rebstöcke statt an Holzpflöcken an wärmespeichernden Schieferpfählen angebunden sind.

Mehr als von den Gebäuden des Schloßplateaus wird der Besucher vom einzigartigen *Teppichzyklus* der ›Apokalypse‹ angezogen.[104a] Für diese Tapisserien des 14. Jahrhunderts, die für die Geschichte der mittelalterlichen Teppichkunst die gleiche Bedeutung haben wie die Fenster der Kathedrale von Chartres für die Geschichte der mittelalterlichen Glasmalerei, errichtete Bernard Vitry 1953/54 ein zweckmäßiges, so zurückhaltend wie möglich in das bauliche Ensemble des Schlosses eingefügtes Ausstellungsgebäude, das erstmals eine vollständige Präsentation der Bildteppiche erlaubt.

Von allen Wandteppichen, die in Frankreich gewebt wurden, ist die ›Apokalypse‹ von Angers der älteste erhaltene Zyklus von Teppichen (Abb. 178–180). Möglicherweise ist er der größte, der überhaupt jemals auf einem Webstuhl entstand.

Auftraggeber war der kunstliebende Herzog Ludwig I. von Anjou, der schon als Bauherr des Schlosses von Saumur begegnete. Beim Hofmaler seines Bruders Karl V., Hennequin von Brügge, ließ er Entwürfe anfertigen, wozu er dem Künstler als Vorbilder Miniaturen lieferte, die er sich aus der Bibliothek seines königlichen Bruders ausgeliehen hatte. Die Ausführung wurde Nicolas Bataille, dem berühmtesten Weber in Paris übertragen. Nach einer Herstellungszeit von weniger als sieben Jahren dürfte er 1380 das gewaltige Werk vollendet haben.

Die ›Apokalypse‹ setzte sich aus mindestens 84 Szenen zusammen, verteilt auf sieben einzelne Teppiche; nach dem Propheten Johannes, dem Verfasser der ›Apokalypse‹, entspricht die Zahl sieben der Vollkommenheit. Jeder Teppich war ca. sechs Meter hoch, fünf davon 24 Meter lang. Wir wissen nicht, in welchen Räumlichkeiten des Schlosses der Herzog die Stücke anbringen ließ. Vielleicht wurden sie auch nur bei großen Gelegenheiten draußen innerhalb des Schloßbezirks unter freiem Himmel aufgehängt. Jedenfalls schmückte der Sohn des Herzogs, Ludwig II., 1400 aus Anlaß seiner Hochzeit mit ihnen den erzbischöflichen Palast von Arles. Ein Bürger dieser Stadt, Bertrand Boysset, der sie bei dieser Gelegenheit sah, schrieb über sie voller Bewunderung: »Kein Mensch kann weder schriftlich noch mündlich den Wert, die Schönheit und die Vornehmheit dieser Tapisserien zum Ausdruck bringen.«[105] König René schenkte die von seinem Vater ererbte ›Apokalypse‹ der Kathedrale, wo sie an höchsten Feiertagen im Langhaus und Querschiff aufgehängt wurde. Erst in der Barockzeit ging der Sinn für ihre Kostbarkeit verloren. Vergeblich wurden sie 1782 zum Verkauf angeboten. Während der Französischen Revolution zerschnitt man sie und benutzte sie als Decken, Bettvorleger oder Abdeckplanen, um Orangenbäume im Winter vor der Kälte zu schützen. 1843 erwarb der Bischof von Angers einen großen Teil der Teppichfragmente von der Domänenverwaltung zurück, andere fanden sich nach hartnäckigem Suchen. Trotzdem blieb etwa ein Drittel der Szenen für immer verloren.

Fast vollständig erhalten ist der erste Teppich, ebenso sind der vierte und der fünfte in alter Größe vorhanden. Von den anderen blieben Einzelszenen und Fragmente übrig, die sich nicht mehr in allen Fällen einem bestimmten Teppich zuordnen lassen.

Die ›Apokalypse‹ (Offenbarung) des Johannes gehört zu den gewaltigsten, bildreichsten Texten der Heiligen Schrift; er ist zugleich aber auch ihr dunkelster und geheimnisvollster. Johannes schildert die Visionen, die er als Verbannter auf der Insel Patmos schauen durfte. Es sind Bilder der kommenden Schreckenszeit, der Herrschaft des Antichristen und seiner Helfershelfer. Am Ende aller Leiden und Peinigungen aber steht die Herrlichkeit der Herrschaft Gottes. Kein Buch hat die Menschen des Mittelalters so erschüttert, so in Ängste versetzt, zugleich aber auch so mit Hoffnung erfüllt wie die ›Apokalypse‹. Es gibt viele Versuche, das Absonderliche und Vernunftwidrige dieses Stoffes in Bildern anschaulich zu machen. Zwei dieser Versuche ragen heraus: Albrecht Dürers ›Holzschnitt-Apokalypse‹ von 1498 und die ›Apokalypse‹ von Angers.

»Am äußersten Ende eines Einzelteppichs sitzt eine ein Buch haltende große Figur auf einem Thron, über den sich ein damastener Himmel erstreckt, der wiederum von einem hohen Baldachin aus Stein umfaßt wird. Auf ihm stehen zwei Engel, die je eine Fahne halten. Eine ist mit den Lilien des Wappens von Anjou geschmückt, während die andere das braune Kreuz mit dem doppelten Querbalken trägt, welches Herzog Louis als sein persönliches Emblem gewählt hatte. Die Figur ist einem großen Rahmengefüge zugewandt, das die aufeinander folgenden Visionen, wie sie der Apostel beschreibt, in einzelne Bilder aufteilt. Die Visionen werden in zwei übereinanderstehenden Bilderreihen, jede sieben Bilder enthaltend, dargestellt. Die einzelnen Bilder haben abwechselnd einen roten oder einen blauen Hintergrund, so daß eine Art Schachbrettmuster entsteht. Unter jedem Bild stand ein Text, zweifellos eine – häufig abgekürzte – Passage aus der ›Offenbarung‹. Im 19. Jahrhundert gab es von diesen Kommentaren, deren Text uns leider nicht überliefert ist, noch einige, heute nicht mehr existierende Spuren. Auf der Oberseite eines Einzelteppichs erstreckte sich auf der ganzen Länge ein gestirnter oder bewölkter Himmelsstreifen, in dessen Mitte Engel auf allen damals gebräuchlichen Instrumenten spielen oder ihre Partitur singen. Indem sie hoch über das dramatischste Geschehen gestellt werden, erinnern sie daran, daß die Gläubigen Mut und Vertrauen auch in den schwersten Prüfungen bewahren sollen. An der unteren Seite stellte ein anderer Streifen die Erde als eine blumenübersäte Wiese dar, die wahrscheinlich von kleineren Tieren bevölkert war, von denen uns nur zwei Hasen erhalten sind. Der Streifen ist durch das ständige Schleifen auf dem Fußboden, sowie auch durch zu häufiges Auf- und Abnehmen nur äußerst unvollständig erhalten ...

Je länger sich im übrigen die Arbeit hinzog, um so mehr bemühte man sich, die Qualität zu steigern. Die ersten Szenen haben allesamt einen einfarbigen Hintergrund. Einige von ihnen, besonders jene, in der Christus das Schwert, das Symbol der durchdringenden Kraft seiner Lehre, im Mund hat, verdanken dieser Schlichtheit ihre Großartigkeit und sie gehören zu den gelungensten Partien des Teppichs überhaupt. In anderen Fällen verleiht diese Schlichtheit dem Ganzen ein wenig Monotonie. Um dieser Schwäche ein wenig abzuhelfen, ließ man sich einfallen, um die großen Figuren teils große Blumen zu gruppieren, teils fügte man Schmetterlinge hinzu, deren Flügel mit den Lilien des Herzogs, oder mit dem Hermelin der Herzogin Marie de Bretagne bemalt waren. Zwischen den Figuren wucherte eine üppige Flora mit mehr oder weniger dichtem Blätter- und Blütenwerk ...

Noch weitaus bemerkenswerter als die Verschiedenartigkeit des Hintergrundes ist die Kunstfertigkeit, mit der die Künstler die Körperhaltungen des Apostels Johannes veränderten. Man findet ihn in jeder kleinen Szene, wo er teils an der Handlung teilnimmt, sich teils aufs Zuschauen oder Zuhören beschränkt. Er neigt sich vor oder blickt gen Himmel, er kreuzt die Arme oder hebt sie empor, er faltet die Hände oder streckt einen Finger aus. In seinen Gesichtszügen drücken sich die verschiedensten Empfindungen aus: Gelassenheit, Neugierde, Ratlosigkeit, Angst, Betroffenheit oder Schrecken, Mitleid, Verachtung oder Ekel, Freude und Heiterkeit, schließlich Verzückung beim Anblick des neuen Jerusalem.«[106]

Auch wenn es unmöglich ist, die einzelnen Szenen ohne Kenntnis ihrer Textvorlage zu verstehen, so hindert dies nicht den Genuß einer vertieften Betrachtung: Genuß am Reichtum der künstlerischen Ausdrucksformen, am Prunk der Gewänder und der Hintergründe, Genuß am beredten Ausdruck der Figuren und ihrer Gebärden, vor allem aber an der unerschöpflichen Phantasie, mit der erzählt wird (Farbt. 33).

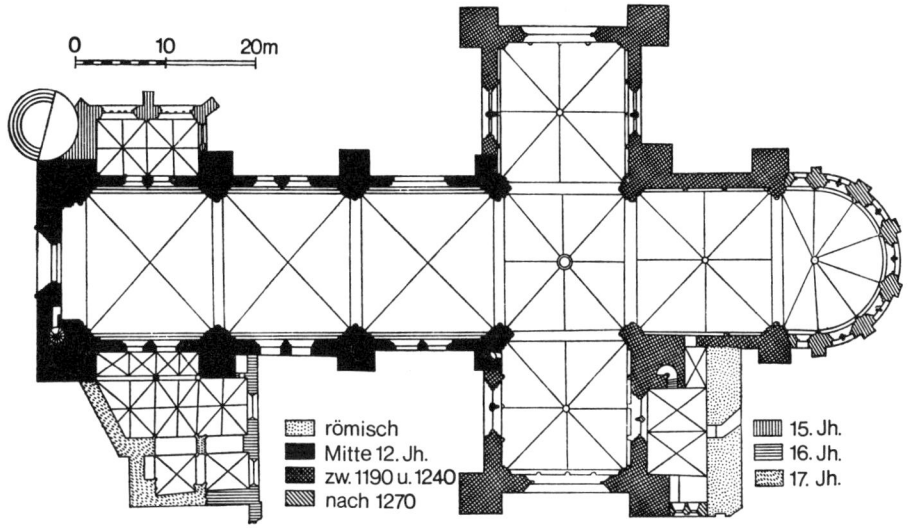

römisch
Mitte 12. Jh.
zw. 1190 u. 1240
nach 1270

15. Jh.
16. Jh.
17. Jh.

Angers, Grundriß der Kathedrale

Bei den Erdarbeiten für die Ausstellungshalle stieß man auf die Kapelle Sainte-Geneviève und Saint-Laud, die Schloßkapelle der Grafen von Anjou aus der Zeit um 1140, und auf den Rest eines Eckturms der römischen Ummauerung vom Ende des 3. Jahrhunderts. Die Architekturfragmente wurden sichtbar belassen.

Das Schloß bewahrt ebenfalls eine Anzahl prächtiger Wandteppiche des 15. und 16. Jahrhunderts (Abb. 175). Sie sind in der Kapelle (teilweise nach Kriegszerstörungen erneuert), im königlichen Wohngebäude und im Gouverneursgebäude zu sehen.

Mehrere Vorgängerbauten gingen der KATHEDRALE SAINT-MAURICE vorauf. Eine Kirche des 4. Jahrhunderts weihte der hl. Martin von Tours zu Ehren des hl. Mauritius und seiner Gefährten. Als Reliquie schenkte er ein Fläschchen mit Blut dieser heiligen Märtyrer.

Das einschiffige Langhaus der heutigen Kathedrale, das nur aus drei Jochen besteht, gehört der Mitte des 12. Jahrhunderts an. Das Querschiff und das Chorjoch errichtete zwischen 1190 und 1240 der Baumeister Étienne d'Azé. Nach 1270 entstand das Chorhaupt.

Den AUSSENBAU beherrscht die Doppelturmfront des 12. Jahrhunderts, neben dem Schloß ein zweiter markanter Akzent im Stadtbild. Eindrucksvoll ist der Aufstieg vom Maine-Ufer auf die Turmfront zu. Durch sie führt ein einziges PORTAL ins Innere, das zu den bedeutendsten gotischen Kircheneingängen Frankreichs gehört; es steht in unmittelbarem Zusammenhang mit dem Westportal der Kathedrale von Chartres und dürfte in die Zeit 1155/1160 gehören. Das Gewände zeigt alttestamentliche Figuren, von denen (rechts außen) Moses mit den Gesetzestafeln und (links) David mit der Harfe zu deuten sind. Die asketischen Gestalten tragen Gewänder mit strenglinearen fein-gliedrigen Falten (Abb. 177); eine der Frauen hebt mit Eleganz ihr Kleid, und so-gleich entsteht ein kunstvoll ausgedachtes Faltenspiel, das einem Strudel gleicht. Über den Figuren sind Engel und vier Apostel, in den Archivolten weitere Engel und apoka-lyptische Greise dargestellt. Im spitzbogigen Tympanon erscheint die Majestas Domini mit den Evangelistensymbolen. Die Tür war ursprünglich durch einen Trumeaupfeiler untergliedert. Er verschwand samt Türsturz mit den restlichen acht Aposteln im 18. Jahrhundert, weil er bei feierlichen Einzügen in die Kathedrale hinderlich war. Ein-zelne Partien des Portals wurden im 19. Jahrhundert erneuert, so der Kopf Christi.[107]

Zwischen den beiden Türmen, deren Helme ebenfalls aus dem 19. Jahrhundert stam-men, zieht sich unter Baldachinen eine Galerie von Kriegerstatuen hin, die Gefährten des hl. Mauritius. Es sind Kopien der ursprünglichen Figuren von 1537. Der Mittel-turm über den Kriegern ersetzt seit 1540 einen hölzernen Glockenturm, der wenige Jahre zuvor verbrannte.

Riesige kuppelige Rippengewölbe auf kräftig vortretenden Wandvorlagen überspan-nen den INNENRAUM, der überaus plastisch erscheint und den Eindruck erweckt, als dehne er sich aus. Die Kathedrale besitzt einen großen Schatz an *Glasmalereien* ver-schiedener Jahrhunderte: in den Fenstern auf der linken Seite des Langhauses aus dem 12. Jahrhundert, im Chor aus dem 13. Jahrhundert (Abb. 174), im Querschiff aus dem 15. Jahrhundert. Zu den Kostbarkeiten der Ausstattung gehören Tapisserien des 16.–18. Jahrhunderts. In der SCHATZKAMMER, die in der linken Seitenkapelle des westlichen Langhausjoches eingerichtet ist, werden alte Stoffe, Krümmen von Bischofsstäben, Gold-schmiedearbeiten und dgl. gezeigt. Die Kapelle gegenüber, Notre-Dame de la Pitié, war ursprünglich Pfarrkirche.

Bei einem Gang um die Kathedrale fesselt dem Chor gegenüber das sog. ADAMHAUS, ein stolzes viergeschossiges Fachwerkgebäude aus dem 15. Jahrhundert mit köstlichen Schnitzereien auf dem Holzwerk (Abb. 173).

Die reichen Stadtpaläste zweier Bürgermeister von Angers aus der Renaissance sind heute Museen. Das HÔTEL DE PINCÉ in der Rue Lenepveu, erbaut 1523–35 für Jean de Pincé, beherbergt das Musée Turpin de Crissé mit einer Sammlung von antiken Ge-fäßen, Elfenbein- und Emailgegenständen aus dem Mittelalter, von europäischer und japanischer Druckgraphik, sowie von Kunst aus China und Japan.

Im LOGIS BARRAULT (Rue du Musée), das Ende des 15. Jahrhunderts für Olivier Bar-rault, den Schatzmeister der Bretagne und Bürgermeister von Angers, errichtet wurde, ist das MUSEUM DER SCHÖNEN KÜNSTE untergebracht. Seine Gemäldegalerie enthält ne-ben einer Reihe mittelalterlicher Tafelbilder eine reichhaltige Sammlung von franzö-sischen Gemälden des 18. Jahrhunderts, darunter Watteau, Pater, Lancret, Boucher, Chardin, Fragonard. Hauptbestand des Museums ist das Werk des aus Angers gebür-tigen Bildhauers Pierre Jean David d'Angers (1788–1856), der durch eine lange Reihe von Porträtstatuen, Büsten, Reliefs und Porträtmedaillons berühmt wurde. Sobald er neue Plastiken beendet hatte, überließ er dem Museum davon Gipsabgüsse, für die 1839 eine besondere Galerie, das Musée David d'Angers, eingerichtet wurde. In der französischen Bildhauerkunst der ersten Hälfte des 19. Jahrhunderts war David d'Angers' Schaffen entwicklungsgeschichtlich bedeutend, denn er löste die überlebten kraftlosen Formen des Klassizismus durch Realismus ab. Seine Kunst sollte auf die breite Masse des Volkes wirken. Mit Nachdruck betonte er die nationale und moralische Mission seiner Werke, deren theatralisches Pathos in der Enge des Museums mitunter belustigend wirkt.

Ein beherrschendes Bauwerk in der Nachbarschaft des Logis Barrault ist der Turm der ehemaligen BENEDIKTINERABTEI SAINT-AUBIN aus dem 12. Jahrhundert, der zugleich als Glockenturm und als Donjon des Klosters diente. Die Abteikirche verschwand um 1800. Das ehemalige Abteigebäude aus dem 17. Jahrhundert ist heute Präfektur. Seinen Hof schließt ein Gitter ab, das vom Chor der Abteikirche in Fontevraud stammt. Der Pförtner zeigt reich skulptierte Arkaden des ehemaligen Kreuzgangs aus dem 12. Jahrhundert. An einem der Bögen hat sich figürliche Malerei des 13. Jahrhunderts erhalten (Anbetung der Könige, Kindermord von Bethlehem). Man gewinnt eine Vorstellung, wie prunkvoll mittelalterliche Schmuckarchitektur im Zusammenklang mit ihrer Fassung wirkte.

Die Kirche der alten ABTEI TOUSSAINT (um 1235; Chor 1725) nahe dem Logis Barrault stürzte 1815 ein und steht seitdem als Ruine. – Auch die baugeschichtlich interessante KIRCHE SAINT-MARTIN im Hof des Externats Saint-Maurille (Rue Saint-Martin) verlor ihr Langhaus 1828 durch Einsturz. Erhalten sind das Querschiff mit gekapptem Vierungsturm des 11., der Chor des 11. und späten 12. sowie an der Nordseite des Chores die schmale Engel-Kapelle des frühen 13. Jahrhunderts mit einem besonders schönen Anjou-Gewölbe (zwecks Besichtigung wende man sich an die Conciergerie).

Äußerlich unansehnlich ist die KIRCHE SAINT-SERGE, die ebenfalls zu einer ehemaligen Abtei gehörte. Ihr ursprünglich einschiffiges Langhaus mit einem Flankenturm stammt aus dem 15. Jahrhundert; die Seitenschiffe entstanden aus angebauten Kapellen, die im 19. Jahrhundert durchbrochen wurden. Das Querschiff gehört im Kern dem 11. Jahrhundert an, wurde jedoch im 13. Jahrhundert erneuert. Berühmt ist die Kirche allein wegen ihres CHORES aus der Zeit um 1200 (Abb. 176). Er ist das reichste und formal reifste Beispiel des angevinischen Stils. Der Raum ist eine dreischiffige vierjochige Halle. Im Osten schließt er mit einem viereckigen Chorjoch in der Breite des Mittelschiffs. Seitlich an die Halle sind zweijochige niedriger gelegene Nebenchöre angegliedert, der südliche mit halbkreisförmiger Apsis. Auf eleganten dünngliedrigen Säulen sind die Gewölbe wie straff geblähte Segeltücher verspannt, von stabartigen Rippen unterlegt. Das Raumbild wirkt transparent und schwerelos. »In einer geradezu verschwenderischen Fülle breitet sich in den dreizehn Gewölbefeldern an über hundert Schlußsteinen und Rippenkonsolen ein Zyklus aus, dessen Grundthema das Jüngste Gericht bildet.

1. Passionslamm
2. Maria
3. Johannes der Täufer
4. Marienkrönung
5. Gerichtschristus
6. Abraham
7. Johannes der Evangelist
8. Bartholomäus
9. Simeon
10. Barnabas
11. Jakobus
12. Paulus
13. Andreas
14. Tamburinspielerin
15. Philippus
16. Erzengel Michael
17. Petrus
18. Christus Rex
19. Passionslamm
20. Apostel
21. Christus als Philosoph
22. Apostel
23. Christus mit Kreuzstab
24. Symbol des Evangelisten Markus
25. Symbol des Evangelisten Lukas
26. Petrus

a.–b. Dreiviertelfiguren
c.–e. Engel
f.–i. Engel mit Kronen
j. Maria Sponsa
k. Passionsengel mit Kranz
l. Passionsengel mit Kreuz
m. Passionsengel mit Dornenkrone
n. Maria mit Schriftband
o. der Reiche Mann
q. der Arme Lazarus
p. der Reiche Mann
r. der Arme Lazarus
s. Johannes der Evangelist im Öl
t. Rettung des Johannes
u. Kaiser Domitian
v.–y. Kluge Jungfrauen

z.–cc. Törichte Jungfrauen
dd. Sponsus mit Palmzweig
ee. Sponsa
ff. Hockender
gg. Mönch
hh. Verkündigung
ii. Begegnung
jj. Zacharias
kk. Hirte
ll. Harfner
mm. Dudelsackspieler
nn. Flötenspieler
oo. Lautenspieler
pp. Geigenspieler
qq. Salome
rr. Johannes d. T. im Kerker
ss. Hockender
tt.–uu. weibliche Köpfe
vv. Christopherus (?)
ww. Adamskopf
xx. Evakopf
yy. Jünglingskopf
zz. Frauenkopf
a3. hockender Mann
b3. Steinigung des Stephanus
c3. Steiniger
d3. Petrus an der Himmelspforte
e3. Figur mit Schriftband
f3. Engel mit Buch
g3.–h3. singende Engel
i3.–n3. Köpfe
o3. Engel
p3.–s3. Köpfe
t3. Königskopf
u3. Königinnenkopf
v3. Jünglingskopf
w3. Baumeister oder Steinmetz
x3. Maria
y3. männliche Halbfigur
z3. männlicher Kopf
a4. Frauenkopf
b4. männlicher Kopf

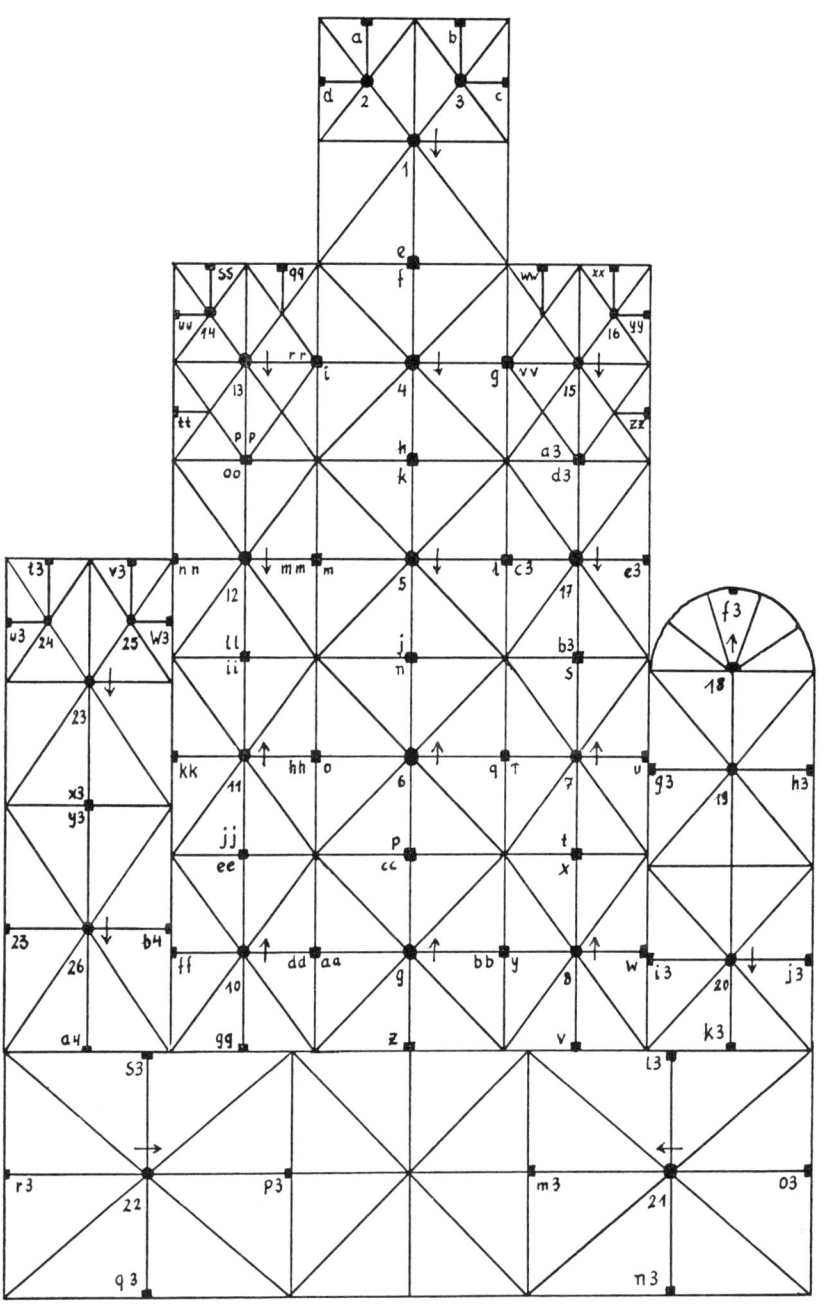

267

Entrückt in die Dunkelheit hoher kuppeliger Gewölbe, nur vom optischen Auge in der ganzen herrlichen Reichhaltigkeit an Ideen und bildnerischer Kraft erkennbar, ist hier oben, hoch über den sakralen Orten, ein Himmel dargestellt, nicht nur in der Abbildlichkeit der Gewölbe sinnlich faßbar, sondern vergegenständlicht und beinhaltet mit der Ausbreitung zahlloser biblisch-himmlischer Figuren und Geschichten als Hinweis und Rahmen für die zweite Wiederkunft am Jüngsten Tag.«[108]

In der französischen Baukunst der frühen Gotik finden sich solche Gewölbezyklen nur in Bauwerken des angevinischen Stils. Saint-Serge besitzt eines der geschlossensten und umfangreichsten Bildprogramme dieser Art. Für den Besucher hat es den Vorteil, daß er es unbeschwerlicher ablesen kann als die vergleichbar reichhaltigen Programme in den Kirchen von Candes oder Le Puy-Notre-Dame. – Drei der Chorfenster (2. und 3. links, 2. rechts) zeigen noch ihre ursprüngliche Grisaille-Verglasung.

Das Stadtviertel auf dem anderen Ufer der Maine hat den Namen ›la Doutre‹, eine Verkürzung des französischen Begriffs für ›Jenseits des Flusses‹. Es bestand schon im Mittelalter, war wie die Kernstadt befestigt (anstelle der Befestigung seit dem 19. Jahrhundert auch hier Boulevards) und wurde seit dem 16. Jahrhundert von Adelsfamilien des Anjou bewohnt, die in den Wintermonaten von ihren Landsitzen in die Stadthäuser überwechselten. Nachdem die Französische Revolution sie vertrieben hatte, verlor das Viertel seinen Glanz. Ein Ensemble schöner alter Häuser bewahrt noch die Place de la Laiterie. Weithin sichtbares Wahrzeichen des ›Doutre‹ ist die einschiffige DREIFALTIGKEITSKIRCHE aus dem 12. Jahrhundert mit einem Glockenturm des 16. Jahrhunderts über der Vierung.

Im Norden des Viertels hat sich ein wichtiges Denkmal für die Geschichte des mittelalterlichen Hospitalbaus erhalten: das HÔPITAL SAINT-JEAN, eines der ältesten seiner Art im westlichen Abendland, die noch bestehen. 1153 gründete es der Seneschall Étienne de Marchay, der selbst auch die Verwaltung übernahm, während der Hospitaldienst Kanonikern oblag.

Die mittelalterlichen Hospitäler entstanden aus der Idee der christlichen Nächstenliebe. Sie waren keine medizinischen Heilkliniken sondern Pflegestätten für Hilfsbedürftige aller Art. »Die Pfleger nahmen sich in erster Linie der Seelen der Insassen an. Während der Körper verfiel, suchten sie die Seelen zu stärken und für das Leben nach dem Tode vorzubereiten.«[109]

Der Hospitalsaal, der Hauptbau der Anlage, in dem die Pflegebedürftigen dahinsiechten, ist eine dreischiffige achtjochige Halle, gegliedert durch hohe Säulen, auf denen geschmeidig in Spitzbögen hochgeführte Kreuzrippengewölbe mit grazilen Rippen ansetzen. Der geistig-religiöse Sinngehalt der Architektur wird in den Bauformen der Sakralarchitektur deutlich. »In der Auffassung der damaligen Zeit war der Hospitalsaal als Kirche die natürliche Unterkunftsstätte der Armen mit ihren Schmerzen.«[110] Mit der Aufnahme ins Hospital war der Bedürftige aus dem weltlichen Leben ausgeschieden und ganz dem geistlichen Reglement unterworfen. Sinnbild für die Allgegenwart des göttlichen Trostes war der Altar im Mittelschiff des Raumes, den die Insassen auf ihren quer zur Längsachse in den Seitenschiffen aneinandergereihten Betten stets vor Augen hatten.

Der Laubengang des 15. Jahrhunderts vor dem Portal des Hospitalsaals ersetzt einen romanischen Säulengang, der auch die Längsseiten des Gebäudes umfaßte und an der Vorderfront mit einer sechsseitigen Brunnenkapelle verbunden war. Er diente als Wandelgang und offene Liegehalle.

Im späten 12. Jahrhundert fügte die Hospitalbruderschaft für ihre eigene Nutzung eine Kapelle an, die vom Kreuzgang an der Rückfront des Hospitalsaals aus zugäng-

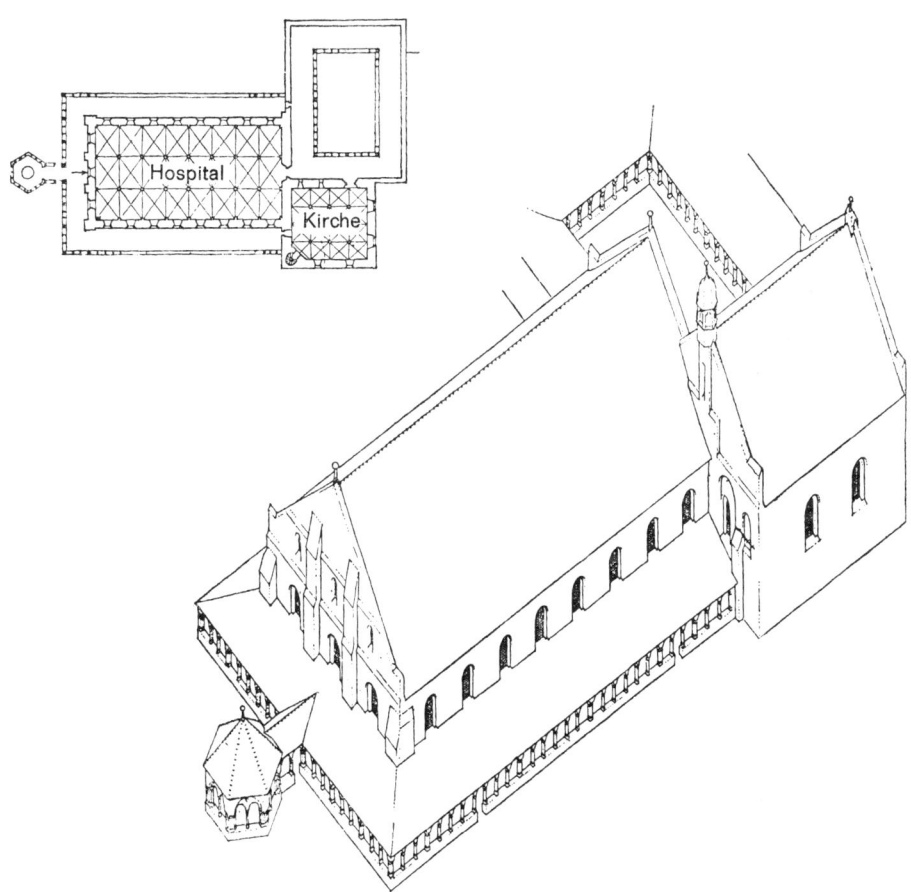

Angers, Hospital Saint-Jean. Rekonstruktion des ursprünglichen Zustands (nach Craemer)

lich ist, nicht aber unmittelbar mit dem Hospital in Verbindung steht. Vom romanischen Kreuzgang sind zwei Flügel erhalten; der gegenüber der Kapelle stammt aus der Renaissance, ein vierter verschwand mit den angrenzenden Konventsgebäuden.

Noch bis ins 19. Jahrhundert wurden im Hospitalsaal die Kranken gepflegt. Heute gibt er den Rahmen ab für die monumentale *Teppichfolge* ›Chant du Monde‹ von Jean Lurçat, eine moderne Apokalypse in feuerwerkartiger Farbgestaltung auf schwarzem Grund, inspiriert durch die Apokalypse im Schloß, ausgeführt 1957–1966.

Zum Gebäudekomplex des Hospitals gehört ein mächtiger Kornspeicher aus dem 12. Jahrhundert, dessen Untergeschoß, ein Weinkeller, aus dem Felsen gehauen wurde. Hier ist heute ein WEINMUSEUM eingerichtet, das viel Atmosphäre besitzt und vor Augen führt, welch gewichtige Rolle das edelste aller Getränke von jeher im ›Garten Frankreichs‹ gespielt hat.

»Ihr müßt jedes Jahr hierherkommen, um mit uns zusammen den Wein zu trinken, von dem wir in Fülle haben und der ein trauriges Herz erquickt«, schrieb um 1100 der Abt Baudri von Bourgueil.

Anmerkungen und Literaturhinweise

1 Jules Romains, Ein königliches Tal, in: Merian, 10. Jg., Heft 2, S. 4.

2 Auguste Rodin, Die Kathedralen Frankreichs, Berlin o. J., S. 27 ff.

3 Zit. nach der Goldmann-Taschenbuchausgabe, Bd. 2520/21, München o. J., S. 82 f.

4 Pierre Gaxotte, Über die Gartenhecke, in: Merian, 10. Jg., Heft 2, S. 32.

5 Einen vollständigen Katalog der Loire-Schlösser enthält der Band ›Merveilles des châteaux du Val de Loire‹, Paris 1964 (Neudruck 1974).

6 Heinrich Lützeler, Nördliches Frankreich (Athenäum-Kunst-Reiseführer), Bonn 1957, S. 107.

7 Ebenda, S. 109.

8 Ebenda, S. 99.

9 Ebenda, S. 110.

10 Zit. nach: Jean-Joseph Martin, Die Valois, Lausanne 1969, S. 238.

11 Leben des Benvenuto Cellini, übersetzt von Goethe, Frankfurt 1965, S. 302.

12 Hans u. Irmgard Koepf, Bildnisse und Schicksale aus dem großen Weltgeschehen, München 1973, S. 175.

13 Bernard Champigneulle, Loire-Schlösser, 3. Aufl., München 1971, S. 29.

14 Val de Loire (Les guides du Livre de Poche), Paris 1974, S. 290.

15 Carl J. Burckhardt, Sullys Plan einer Europaordnung, in: Vier historische Betrachtungen, Zürich 1953, S. 22 f.

16 Louis Martin, Le Château de Sully-sur-Loire, Édition du Château de Sully (o. J.), S. 8.

17 Jules Banchereau, L'Église de Saint-Benoît-sur-Loire et Germigny-des-Prés (Petites Monographies des Grands Édifices de la France), Paris 1947, S. 63.

18 Hans Eckstein, Der Turm des Gauzlinus und die Gestalt der Vorhallentürme, in: Architectura 5, 1975, S. 18 ff.

19 Henri Focillon, L'art des sculpteurs romans, Paris 1931, S. 146.

20 Willibald Sauerländer, Gotische Skulptur in Frankreich 1140–1270, München 1970, S. 104 f.

21 Banchereau (s. Anm. 17), S. 89.

22 Wilhelm Messerer, Karolingische Kunst, Köln 1973, S. 98 ff.

23 Eines der Kernländer des Frankenreiches, zwischen Schelde und Loire gelegen.

24 Wie auch die folgenden Stellen der Annalen zit. nach: Paul Clemen, Die romanische Monumentalmalerei in den Rheinlanden, Düsseldorf 1916, S. 55, Anm. 111.

25 Ebenda.

26 Peter Bloch, Das Apsismosaik von Germigny-des-Prés – Karl der Große und der alte Bund, in: Karolingische Kunst (= Karl der Große, Lebenswerk und Nachleben, Bd. 3), Düsseldorf 1965, S. 260 f.

27 Ebenda, S. 261.

28 Jacques Levron, Schlösser an der Loire, Würzburg/Wien 1963, S. 34. – Über die Stadt: Roger Secrétain, Orléans (Villes de France), Paris 1962.

29 ›Eine Reise ins Limousin‹, 3. Brief, 1663.

30 Jacques Houlet, Le Château de Talcy, hrsg. von der Caisse Nationale des Monuments Historiques, Paris 1966, S. 73.

31 Champigneulle (s. Anm. 13), S. 33 f.

32 Ebenda, S. 33.

33 Ebenda, S. 42.

34 Jean Chavigny, Le Château de Ménars – un des joyaux du Val de Loire, Paris 1954, S. 46.

35 Zit. nach: Jacques Levron, Ludwig XV. – Der Vielgeliebte, Stuttgart/Berlin 1967, S. 198.

36 Chavigny (s. Anm. 34), S. 64 f.

37 Zit. nach: ›Merveilles des châteaux‹ (s. Anm. 5), S. 29.

38 Zit. nach: Frédéric Lesueur, Le Château de Blois, Paris 1970, S. 63.

39 Jacques Androuet Du Cerceau, Le seconde volume des plus excellents Bastiments de France, Paris 1607, S. 3.

40 ›Eine Reise ins Limousin‹, 3. Brief, 1663.

41 Zit. nach der Goldmann-Taschenbuchausgabe, Bd. 2520/21, München o. J., S. 88 ff.

42 Jacques Androuet Du Cerceau, Le premier volume des plus excellents Bastiments de France, Paris 1576, S. 3.

43 Grundlegend: François Gébelin, Les châteaux de la Renaissance, Paris 1927, S. 68 ff.

44 Zit. nach: Thérèse Imbert, Chambord (Petites notes sur les Grands Édifices), hrsg. von der Caisse Nationale des Monuments Historiques et des Sites, Paris 1974, S. 9.

45 Champigneulle (s. Anm. 13), S. 66.

46 Pierre Gascar, Chambord, Luzern/Frankfurt 1965, S. 59.

47 Ebenda, S. 49.

48 Ebenda, S. 77.

49 Zit. nach: Champigneulle (s. Anm. 13), S. 106. – Grundlegend zum Schloß: Du Cerceau (s. Anm. 39), S. 7. – Gébelin (s. Anm. 43), S. 53 f.

50 Champigneulle (s. Anm. 13), S. 106 f.

51 Ebenda, S. 108.

52 Ebenda, S. 95. – Grundlegend zum Schloß: Magdeleine Blancher – Le Bourhis, Le Château de Cheverny (Petites Monographies des Grands Édifices de la France 89), Paris o. J.

53 Zit. nach: Champigneulle (s. Anm. 13), S. 148 f.

54 Du Cerceau (s. Anm. 39), S. 3.

55 Pierre de Vaissière, Le Château d'Amboise, Paris 1935, S. 56. – Grundlegend ferner: Gébelin (s. Anm. 43), S. 37 ff.; Frédéric Lesueur, Le Château d'Amboise (Petites Monographies des Grands Édifices de la France), Paris 1935.

56 Zit. nach: Marie Luise Gothein, Geschichte der Gartenkunst, Bd. 2, Jena 1926, S. 3.

57 Werner Sombart, Liebe, Luxus und Kapitalismus, München 1967, S. 12.

58 Champigneulle (s. Anm. 13), S. 183.

59 Zit. nach: Kenneth Clark, Leonardo da Vinci in Selbstzeugnissen und Bilddokumenten, Reinbek 1969, S. 167 f.

60 Zit. nach: Champigneulle (s. Anm. 13), S. 202 f. – Grundlegend: Gébelin (s. Anm. 43), S. 81 ff.; Charles Terrasse, Le Château de Chenonceau (Petites Monographies des Grands Édifices de la France), Paris 1928; Jean Guillaume, Chenonceaux avant la construction de la galerie – Le château de Thomas Bohier et sa place dans l'architecture de la Renaissance, in: Gazette des Beaux-Arts, 6. Periode, Bd. 73, 1969, S. 19 ff.

61 Champigneulle (s. Anm. 13), S. 192.

62 Zit. nach: Champigneulle, S. 194 f.

63 Ebenda, S. 196.

64 Ebenda, S. 200.

65 Lützeler (s. Anm. 6), S. 110.

66 Otto Demus u. Max Hirmer, Romanische Wandmalerei, München 1968, S. 149.

67 Jean Orieux, Talleyrand – Die unverstandene Sphinx, 3. Aufl., Frankfurt 1973, S. 349.

68 Ebenda. – Grundlegend zum Schloß: Gébelin (s. Anm. 43), S. 176 f.; R. Crozet, Le Château de Valençay (Petites Monographies des Grands Édifices de la France), Paris 1930; R. P. Raoult, Guide historique de Valençay, Valençay 1973.

69 Orieux (s. Anm. 67), S. 349.

70 Ebenda, S. 408.

71 Paul Vitry, La Pitié de Nouans, in: Gazette des Beaux-Arts, 74. Jg., 1932, S. 254 ff.

72 Paul Wescher, Jean Fouquet und seine Zeit, Basel 1945, S. 55.

73 Demus/Hirmer (s. Anm. 66), S. 148.

74 Champigneulle (s. Anm. 13), S. 218. – Grundlegend über die Stadt und ihre Denkmäler: Jean Vallery-Radot, Loches (Petites Monographies des Grands Édifices de la France 29), Paris 1926 (greifbar eine verbesserte Neuauflage o. J.).

75 Martin (s. Anm. 10), S. 165 f.

76 In: ›Die Lilie im Tal‹.

77 Champigneulle (s. Anm. 13), S. 251. – Grundlegend zum Schloß: Gébelin (s. Anm. 43), S. 51 ff.; Henri Guerlin, Les Châteaux de Touraine (Petites Monographies des Grands Édifices de la France), Paris 1928, S. 66 ff.

78 Champigneulle (s. Anm. 13), S. 255.

79 Zit. nach der Goldmann-Taschenbuchausgabe, Bd. 2301/02, München o. J., S. 30.

80 Gregor von Tours, Zehn Bücher Geschichten, Bd. 1, Darmstadt 1967, S. 97.

81 Francis Salet, La Cathédrale de Tours (Petites Monographies des Grands Édifices de la France), Paris 1949, S. 59.

82 Lisa Schürenberg, Die kirchliche Baukunst in Frankreich zwischen 1270 und 1380, Berlin 1934, S. 43 f.

83 Grundlegend: Hans Sedlmayr, Saint-Martin de Tours im elften Jahrhundert, München 1970.

84 Guerlin (s. Anm. 77), S. 13.

85 Champigneulle (s. Anm. 13), S. 246 f.

86 Ebenda, S. 245. – Grundlegend zum Schloß: Guerlin (s. Anm. 77), S. 24 ff.

87 Zit. nach: Champigneulle (s. Anm. 13), S. 240.

88 Champigneulle (s. Anm. 13), S. 260. – Grundlegend zum Schloß: Gébelin (s. Anm. 43), S. 172 f.; Guerlin (s. Anm. 77), S. 45 ff.

89 Champigneulle (s. Anm. 13), S. 273.

90 Demus/Hirmer (s. Anm. 66), S. 146.

91 Umfassend: Eugène Pepin, Champigny-sur-Veude et Richelieu (Petites Monographies des Grands Édifices de la France), Paris o. J.

92 Zit. nach: ›Die Legenda aurea‹ des Jacobus de Voragine, aus dem Lateinischen übersetzt von Richard Benz, Heidelberg o. J., S. 869 f.

93 Levron (s. Anm. 28), S. 178.

94 André Mussat, Le Style gotique de l'ouest de la France (XIIe–XIIIe siècles), Paris 1963, S. 382.

95 Sauerländer (s. Anm. 20), S. 189.

96 Umfassend: Michel Melot, L'Abbaye de Fontevrault (Petites Monographies des Grands Édifices de la France 90), Paris 1971.

97 Erwin Panofsky, Grabplastik, Köln 1964, S. 63.

98 Ludwig Schreiner, Die frühgotische Plastik Südwestfrankreichs – Studien zum Style Plantagenet zwischen 1170 und 1240 mit besonderer Berücksichtigung der Schlußsteinzyklen, Köln 1963, S. 71.

99 E. Viollet-le-Duc, Dictionnaire raisonné de l'architecture française du XIe au XVIe siècle, Bd. 4, Paris 1875, S. 465 ff.

100 Ebenda, S. 477 ff.

101 Duc de Brissac, Brissac – Notice historique et descriptive (Monographies des Châteaux de France), Paris 1957, S. 17.

102 Zit. nach: ›Merveilles des châteaux‹ (s. Anm. 5), S. 175. – Gundlegend zum Schloß: Gébelin (s. Anm. 43), S. 170 f.

103 Ausführlich zur Decke: Duc de Dalmatie,
    Le Plessis-Bourré, Notice historique et
    descriptive (Monographies des Châteaux
    de France), Angers o. J., S. 27 ff.
104 Pierre Verlet, La maison du XVIIIe
    siècle en France, Paris 1966, S. 246. –
    Das Inventar von Montgeoffroy ist bei
    Verlet S. 260–269 veröffentlicht.
104a Ausführlich: Wilfried Hansmann, Die
    Apokalypse von Angers, DuMont Ta-
    schenbücher 104, Köln 1981.
105 Monique Stucky, Les tapisseries de l'Apo-
    calypse d'Angers, Lausanne 1973, S. 9.
106 René Planchenault, Die Wandteppiche
    von Angers, hrsg. von der Caisse Natio-
    nale des Monuments Historiques et des
    Sites, Paris 1974, S. 6 ff. – Zum Schloß
    allgemein: Henri Enguehard, Le Château
    d'Angers (Petites Monographies des
    Grands Édifices de la France 92), Paris
    o. J.
107 Sauerländer (s. Anm. 20), S. 82 f.
108 Schreiner (s. Anm. 98), S. 86 f.
109 Ulrich Craemer, Das Hospital als Bau-
    typ des Mittelalters, Köln 1963, S. 8.
110 Ebenda, S. 20.

Außer der Literatur, die in den Anmerkungen
genannt ist, führen weiter:
Guide du Val de Loire mystérieux, 3 Bände
    (Loiret, Indre/Loir-et-Cher, Indre-et-Loire/
    Maine-et-Loire), Paris 1966. –
Val de Loire (Les Guides Bleus), Paris 1970. –
Bernard de Montgolfier, Dictionnaire des
    Châteaux de France, Paris 1969. –
Michel Florisoone, Dictionnaire des Cathé-
    drales de France, Paris 1971. –
Dom Bénigne Defarges u. andere, Val de Loire
    roman, Paris (Zodiaque) 1965. – Dom
    Willibrord Witters u. andere, Touraine ro-
    mane, Paris (Zodiaque) 1965. – Pierre
    d'Herbécourt u. Jean Porcher, Anjou ro-
    man, Paris (Zodiaque) 1959. –
Wolfram Prinz u. Ronald G. Kecks, Das
    französische Schloß der Renaissance, Ber-
    lin 1985.

Mancherlei Ratschläge und Hinweise, vor allem zu historischen Fragen, gaben mir meine
liebe Frau Dr. Aenne Hansmann und Herr Dr. Gisbert Knopp. In den Dank an sie
schließe ich alle ein, die mir an Ort und Stelle die Welt der Loire-Schlösser nahegebracht
haben.

W. H.

Fotonachweis

Archives photographiques, Paris   Abb. 15
R. Arsicaud, Tours   Abb. 102, 105, 119, 121
Edition Arthaud, Grenoble (Foto Paillasson)
   Abb. 21, 57, 147
Bibliothèque Nationale, Paris   Ft. 14;
   Abb. 73, 74, S. 2, 107, 132
Editions C.A.P.-Théojac Réunies, Panazol
   Abb. 104
C.E.D.R.I., Paris (Candelier-Brumaire)
   Einband Vorderseite
Ray Delvert, Villeneuve-sur-Lot   Abb. 60
J.-F. Doré, Blois   Abb. 93
Walter Dräyer, Zürich   Ft. 33
J. Evers, Angers   Abb. 162, 169, 170, 171,
   172, 175
Photographie Giraudon, Paris   Einband
   Rückseite; Ft. 1, 13, 24; Abb. 3, 20, 45, 71,
   78, 95, 100, 122, 136, 178
S. Griggs, London-Adam Woolfitt   Ft. 26
R. Henrard, Paris   Abb. 4
Hirmer-Fotoarchiv, München   Ft. 7
Kinkelin, Worms (Foto C. L. Schmitt)
   Ft. 17, 31
Klammet & Aberl, Ohlstadt   Ft. 2
Sylvain Knecht, Tours   Abb. 16, 26, 40, 52,
   53, 67, 69, 97, 111, 128, 153
Herbert Kreft, Minden   Abb. 70
Musée de Rennes   Abb. 72
Léo Pélissier, L'Hay-les-Roses   Einband
   Innenklappe; Ft. 5, 8, 10, 15, 18, 19, 20, 22,

25, 27, 30, 35; Abb. 11, 35, 38, 39, 54, 55,
80, 86, 87, 89, 90, 91, 103, 106, 130, 150,
151, 154, 156, 157, 161, 174
Alain Perceval, Paris   Ft. 3
H. Roger Viollet, Paris   Abb. 1, 2, 18, 33, 36,
   44, 56, 58, 61, 88, 101, 108, 112, 129, 149,
   152, 163, 165
Jean Roubier, Paris   Abb. 5, 9, 12, 13, 17, 29,
   42, 43, 46, 47, 50, 51, 59, 64, 66, 79, 99, 135,
   138, 139, 155, 176
Royal Library, Windsor Castle (Copyright
   reserved)   Abb. 63
SCALA, Antella/Firenze   Ft. 12; Abb. 37, 62
Toni Schneiders, Lindau   Ft. 4, 6, 32; Abb. 82
TOP Agence, Paris (Foto R. Bonnefoy)
   Abb. 94, 107, 164, 181
–, (Foto César)   Abb. 132
Cliché Valoire, Blois   Ft. 23; Abb. 25, 98
Agence VLOO, Paris   Ft. 16; Abb. 75, 76,
   133
ZEFA, Düsseldorf (Foto R. Everts)   Ft. 21,
   34
–, (Foto Toni Schneiders)   Ft. 29
–, (Foto Streichan)   Ft. 28
Zodiaque, St. Léger-Vauban   Abb. 7, 8, 110,
   140, 141–144

Alle übrigen Aufnahmen stammen aus den
Archiven des Verfassers und des Verlages

Namensverzeichnis

A = Architekt, B = Bildhauer, M = Maler
Bei Künstlern und bedeutenden Persönlichkeiten, die in
diesem Buch von besonderer Wichtigkeit sind, wurden
die Lebensdaten hinzugefügt, bei den wichtigsten Herr-
schern Lebens- und Regierungsdaten.
Kursive Seitenzahlen bedeuten nähere Einzelheiten.

Orts- und Sachverzeichnis

Sind mehrere Seitenzahlen angegeben, bedeuten kursive Ziffern ausführliche Beschreibungen.

Autor und Verlag bemühen sich darum, die Praktischen Reiseinformationen aktuell zu halten, können aber keine Gewähr für die Richtigkeit jeder einzelnen Angabe übernehmen –
Anschriften wie Telefonnummern, Öffnungszeiten wie Währungskurse etc. ändern sich oft
kurzfristig. Wir bitten um Verständnis und werden Korrekturhinweise gerne aufgreifen
(DuMont Buchverlag, Postfach 10 04 68, 5000 Köln 1).

Praktische Reisehinweise

Auskünfte

Auskunft zu Fragen, die mit einer Reise ins Tal der Loire zusammenhängen (neueste Hotelverzeichnisse, Prospekte etc.), gibt in Deutschland das
Französische Fremdenverkehrsamt,
6000 Frankfurt a. M., Westendstraße 47,
und Auskunftsbüros
6000 Frankfurt a. M., Kaiserstraße 12,
✆ 0 69/75 60 83-0 und
4000 Düsseldorf, Berliner Allee 26,
✆ 02 11/8 03 75;
in Österreich das
Französische Fremdenverkehrsamt,
A-1030 Wien, Hilton Center 259,
Landstrasser Hauptstraße 2,
✆ 02 22/75 70 62,
in der Schweiz das
Französische Fremdenverkehrsamt,
CH-8022 Zürich, Bahnhofstraße 16,
✆ 01/2 11 30 85-86,
CH-1201 Genève (Genf), 2 rue Thalberg,
✆ 0 22/32 86 10.

In Frankreich informiert der Verkehrsverein (Syndicat d'Initiative) eines jeden Ortes. Dort erhält man auch Prospekte, Stadtpläne und Hotelverzeichnisse. Gegebenenfalls wird gegen eine geringe Gebühr telefonisch eine Unterkunft vermittelt.

Reisezeit

Schönste Jahreszeit für eine Loire-Reise ist der Frühling, der dank des milden at-lantischen Klimas ab Ende März die Fluren mit Blüten und frischem Grün überschüttet. Der Himmel ist von berauschender Helligkeit. Von Palmsonntag an öffnen viele Schlösser ihre Pforten. Vor allem Ostern und Pfingsten drängen sich wahre Besucherströme durch die Schlösser.

Der Sommer an der Loire ist heiß, doch weht vom Atlantik her eine leichte Brise, die den Aufenthalt angenehm macht. Juli und August sind für den, der geruhsam zu den Kunststätten reisen möchte, nicht empfehlenswert. Massen von Besuchern sind unterwegs, die Hotels überfüllt.

Stimmungsvoll ist der Herbst an der Loire. Ein zauberhaftes Licht breitet sich aus, vor allem, wenn sich der Morgennebel über dem Flußtal hebt. Das Klima bleibt mild bis zum Oktober. Von der zweiten Hälfte des Septembers an hat der Besucher oft das Gefühl, die Loire-Schlösser gehörten ihm. Die Zeit des Massentourismus ist vorüber.

Der Winter an der Loire ist kurz und keineswegs streng; doch spricht man von der »mauvaise saison«. Viele Schlösser sind in dieser Zeit nicht zugänglich.

Durchschnittliche Temperaturen: Mai 16°, Juli 24°, August 22°, Oktober 19°.

Anreise

Mit dem Auto
Das Eingangstor ins Tal der Loire im Osten ist die Stadt Orléans. Man erreicht sie bequem von Paris aus über die Auto-

bahn A 10 (ca. 115 km). Sie führt weiter über Blois nach Tours.

Man kann eine Loire-Reise auch in Angers beginnen. Von Paris aus nimmt man die Autobahn A 11 bis Chartres. Es empfiehlt sich, hier die Reise für einen Besuch der Kathedrale zu unterbrechen. Weiterfahrt über die Nationalstraße 23 über Le Mans nach Angers. Entfernung Paris–Angers ca. 300 km.

Eisenbahnverbindungen
Von Paris (Gare d'Austerlitz) nach Orléans, Blois und Tours. Von Paris (Gare Montparnasse) nach Angers. Von Tours nach Saumur und Angers.

Ohne Auto im Tal der Loire
Wer möglichst viele Kunststätten an der Loire besuchen will, sollte mit dem Auto reisen. Man kann jedoch auch mit Bussen von Orléans, Blois, Tours und Angers aus Rundreisen zu den wichtigsten Schlössern buchen. Auch ein längerer Paris-Aufenthalt läßt sich mit einer Fahrt ins Tal der Loire verbinden. Es werden Busreisen von einem und mehreren Tagen zu den namhaftesten Schlössern angeboten.

Auskünfte und Buchungen bei den örtlichen Verkehrsvereinen und Touristikbüros.

Reiseformalitäten

Zur Einreise ist ein gültiger Personalausweis oder Reisepaß erforderlich. Kinder unter 16 Jahren benötigen einen Kinderausweis oder müssen im Familienpaß eingetragen sein.

Ausländische Währungen und Reiseschecks können in unbegrenzter Höhe eingeführt werden. Auch die Ein- und Ausfuhr von französischen Banknoten ist nicht limitiert.

Scheckkartenbesitzer können Euroschecks (>ec<) bis zu einer jeweiligen Höhe von DM 400,– in Landeswährung einlösen.

Unterkunft

Das Tal der Loire bietet seinen Besuchern eine vielfältige Palette an Unterkunftsmöglichkeiten, vom einfachen preisgünstigen Gasthof bis zum luxuriösen Schloßhotel. Außerhalb der Hauptreisezeit Juli/August sind Vorbestellungen nicht unbedingt notwendig. Man wird rasch eine Bleibe finden. Die Städte Orléans, Blois, Tours, Saumur und Angers bieten das reichste Angebot an Hotels. Man sollte sie als Stammquartiere wählen und von hier aus Sternfahrten zu den umliegenden Kunststätten unternehmen. Zu bedenken ist, daß in Frankreich ein Doppelbettzimmer mit dem berühmten »grand lit« für zwei Personen erheblich günstiger ist als ein Doppelzimmer. Für den, der eine Schlösserfahrt mit adäquatem Wohnen verbinden will, stehen vornehme – nicht billige – Schloßhotels zur Verfügung, z. B. Château d'Artigny in Montbazon, Domaine de Beauvois in Luynes, Château de Marçay bei Chinon, Le Prieuré in Chênehutte-les-Tuffeaux bei Saumur.

Ausführlich über die Hotels in Frankreich informiert der jährlich neu erscheinende >Guide Michelin<.

Programmgestaltung

Wer alle Kunststätten mit Muße genießen will, die in diesem Buch behandelt sind, benötigt mit dem Auto etwa fünf Wochen. Um einen ausreichenden Überblick über Schlösser und Kirchen im Tal der Loire zu gewinnen, sollte man eine Autoreise von wenigstens zehn Tagen planen. Sie reichen aus zum Besuch von: Saint-Benoît-sur-Loire, Germigny-des-Prés, Talcy, Blois, Chambord, Cheverny, Amboise, Chenonceaux, Villandry, Langeais, Azay-le-Rideau, Loches, Chinon, Saumur, Fontevraud, Montgeoffroy, Angers.

Tagesfahrten von wichtigen Städten aus (mit dem Auto)

Orléans: 1. Gien / Sully-sur-Loire / Saint-Benoît-sur-Loire / Germigny-des-Prés

2. Cléry-Saint-André / Beaugency / Talcy

Blois: 1. Talcy / Ménars / Chambord

2. Beauregard / Cheverny / Chaumont

Tours: 1. Amboise / Chenonceaux

2. Luynes / Langeais / Villandry / Azay-le-Rideau

Loches: Le Liget / Montrésor / Nouans-les-Fontaines / Valençay / Saint-Aignan-sur-Cher / Montrichard

Saumur: 1. Ussé / Chinon / Tavant / Champigny-sur-Veude

2. Candes / Fontevraud / Montsoreau / Montreuil-Bellay

Angers: Cunault / Brissac / Le Plessis-Bourré / Montgeoffroy

Öffnungszeiten

Über die Öffnungszeiten der Schlösser, Kirchen, Abteien und Museen im Tal der Loire unterrichtet ein Prospekt, der jedes Jahr auf den neuesten Stand gebracht wird. Er ist zu beziehen über das Französische Fremdenverkehrsamt (S. 285). Man sollte ihn unbedingt vor einer Loire-Reise anfordern und bei der Programmplanung sorgfältig berücksichtigen.

Schlösser und Museen sind in der Regel ab 9 Uhr (im Winter oft erst ab 10 Uhr) geöffnet. Zwischen 12 und 14 Uhr ist Mittagsruhe; auch die Kirchen sind zumeist in dieser Zeit geschlossen. Die Schließungszeiten am Nachmittag schwanken zwischen 16 und 19 Uhr. Dienstags hat das Schloß- und Museumspersonal in der Regel seinen Ruhetag.

Von Schloß zu Schloß

Man erreicht die Schlösser mit dem Auto über gutausgebaute, wenn auch manchmal enge Straßen. Wegweiser und Hinweisschilder führen den Ortsunkundigen sicher zum Ziel. Als zusätzliche Orientierungshilfe empfehlen sich die ›Michelin‹-Karten (1 : 200 000) Nr. 63, 64, 65, 67, 68.

Grundsätzlich sind die Loire-Schlösser nur im Rahmen einer Führung gegen Eintrittsgeld zugänglich. Nur in wenigen Schlössern kann sich der Besucher frei bewegen, so in Chambord und Chenonceaux. Die Schloßführer sprechen in der Regel kein Deutsch. Für ausländische Besucher halten sie manchmal jedoch maschinenschriftliche Kurzführungen in der jeweiligen Landessprache bereit. Die Führer erwarten nach beendetem Rundgang ein Trinkgeld.

Rundflüge über die Schlösser
Es besteht die Möglichkeit, von den Flugplätzen Orléans (15 km nordwestlich), Blois-le-Breuil (16 km nordwestlich), Tours-Saint-Symphorien (5 km nordöstlich), Saumur (3 km westlich) und Angers-Avrillé (nordwestlich vor der Stadt)

Rundflüge über die Loire-Schlösser zu unternehmen. Auskünfte über Flugzeiten und -routen erteilen die jeweiligen Flugplätze.

Son et Lumière
›Klang und Licht‹ ist ein Schauspiel, das im Tal der Loire geboren wurde. In Sprechszenen mit melodramatischer Untermalung und phantastischen Beleuchtungseffekten werden um und in den Schlössern (z. B. in Blois, Chambord oder Chenonceaux) Ereignisse nachgestaltet, die sich einst hier abspielten. Über Spiel- und Anfangszeiten sowie über die Programme unterrichte man sich an Ort und Stelle.

Feste und Festspiele

Saint-Benoît-sur-Loire: Mitternachtsmesse am Heiligen Abend und große Osterfeier in der Benediktiner-Abteikirche.

Châteauneuf-sur-Loire: Rhododendronfest, Pfingstsonntag.

Orléans: Fest zur Erinnerung an Jeanne d'Arc, 7./8. Mai. Feuerwerk, folkloristische und historische Umzüge, Beleuchtung der Kathedrale, Festhochamt in der Kathedrale.

Tours: ›Fêtes musicales en Touraine‹, Ende Juni/Anfang Juli. 1964 von dem russischen Pianisten Svjatoslav Richter ins Leben gerufen. Sie finden unter Beteiligung weltbekannter Künstler statt in der Scheune (›la Grange‹) von Meslay, die der Abt von Marmoutier zu Beginn des 13. Jahrhunderts errichten ließ. Die eigentümliche Atmosphäre des Raumes mit einem Gebälk aus Kastanienholz des 15. Jahrhunderts und die schwebende Akustik haben Richter zu dem Ausspruch veranlaßt: »Nie wieder werde ich in einem Marmorpalast spielen.« Man erreicht Meslay von Tours aus über die Nationalstraße 10 in Richtung Paris (Fahrtzeit ca. 15 Minuten). Auskunft beim Office de Tourisme, place Gare, 37000 Tours.

Saumur: Dressurveranstaltungen (›Carrousel de Saumur‹) des ›Cadre Noir‹, Frankreichs Elitereiter, zweite Julihälfte. Die Kavallerieschule von Saumur gilt als das französische Gegenstück zur Spanischen Hofreitschule in Wien. Von Oktober bis Juni sind jeden Freitagmorgen Zuschauer in der Reithalle zugelassen. Karten zum ›Carrousel de Saumur‹ müssen wegen der großen Nachfrage schon Monate vorher geordert werden. Auskunft beim Office de Tourisme, 25 rue Beaurepaire, 49400 Saumur.

Angers: ›Festival d'Anjou‹. Theaterfestspiele, Juni/Juli. – Prozession ›Grand Sacre‹, zum ersten Mal Anfang des 12. Jahrhunderts durchgeführt, Sonntag nach Fronleichnam.

Königlich speisen

Königlich zu speisen, ist gute Tradition im ›Garten Frankreichs‹. Jede seiner Landschaften hat ihren besonderen Küchenzettel. Wer Typisches sucht, sollte folgendermaßen wählen.

Im Orléanais:

Coq au sang (kurze Zeit am Spieß gebratenes Hähnchen); terrine de grives (Krammetsvögelpastete) aus Gien; warme Champignonpastete; andouillettes (kleine Würste aus Kaldaunen, Speck und Schweinefleisch) aus Jargeau; gigot de mouton (Hammelkeule); Wild aus der Sologne; frinot (Käse aus Kuhmilch) von Olivet; croquets (Honigkuchen) aus Sully; cotignacs (eingemachte Quitten) aus Orléans.

Im Blésois:

Coq au sang (wie im Orléanais); brochet rôti (gebratener Hecht, eine Spezialität vor allem der Sologne); rillons (Schweinegrieben, die nach Balzac den Geschmack von gekochten Trüffeln haben); Lerchenpastete; rillettes d'oie (feingehacktes Gänsefleisch); chèvre (Ziegenkäse) aus Vendôme und Villebaron; pistoles (eingemachtes Obst) und Schokoladenkuchen aus Blois.

In der Touraine:

Rillettes (feingehacktes Schweinefleisch, in Schmalz gebraten und in Töpfen aufbewahrt, eine der Lieblingsspeisen Balzacs, am besten zubereitet in Tours und Vouvray); andouillettes (wie im Orléanais, ausgezeichnet in Tours, Vouvray und Cormery); carpe marinière (gefüllter Karpfen in Weißwein); aloses de Loire grillées (geröstete Alsen oder Maifische); filets de lapereau (Kaninchenfilets) aus Vouvray; chèvre (Ziegenkäse) aus Ligueil, Loches und Sainte-Maure; Dörrpflaumen aus Tours, Makronen aus Cormery; Herzpfirsiche aus Tours, Melonen aus Langeais.

Im Anjou:

Brochet au beurre blanc (Hecht in weißer zerlassener Butter); sandre au beurre blanc (Zander); Brasse und Maifisch, gefüllt; matelote d'anguilles de Loire au vin vieux (Aal nach Matrosenart mit scharfer Weinsauce); volaille à l'angevine (Geflügel angevinisch); poularde aux herbes fines (Masthühnchen mit Kräutern); gogues (mit Kräutern gewürzte Blutwurst); artichauts farcis (gefüllte Artischocken); salade au gruyère (Salat mit Schweizer Käse); chouée (Grünkohlherzen gedünstet und mit Butter zubereitet); soupe aux piochons (Grünkohlsuppe); Birnen- und Pflaumenkuchen; köstliche Liköre aus Saumur und Angers.

Wein in Fülle

»Loire-Weine reisen nicht gern«, sagt ein französisches Sprichwort. Man sollte sie an Ort und Stelle trinken, denn frisch schmecken sie am besten. Eines haben alle Loire-Weine gemeinsam: Sie sind leicht, geschmeidig, fast weich. Eine Weinreise loireabwärts beginnt – anders als eine Fahrt zu den Kunststätten – südöstlich von Gien in Pouilly-sur-Loire und Sancerre. POUILLY-SUR-LOIRE produziert einen Weißwein, den ›Blanc fumé de Pouilly‹, mit würzigem Bukett und nachhaltigem Feuersteingeschmack. Er harmoniert vorzüglich mit Krebsen, Fisch, Geflügel und Ziegenkäse. – In SANCERRE herrscht der Weißwein aus der Sauvignon-Traube vor. Er hat ein reiches würziges Bukett und eignet sich zu allen Mahlzeiten. Entscheidend ist jedoch das Weinjahr. Hat ein Sancerre zu wenig Sonne erhalten, schmeckt er langweilig.

Einer der bekanntesten Weinorte an der Loire ist VOUVRAY. »Je réjouis les cœurs« (Ich erfreue die Herzen) liest man im Wappen der Stadt, und wer würde hierbei nicht an die Weißweine von Vouvray denken. Sie sind weich oder trocken, mit

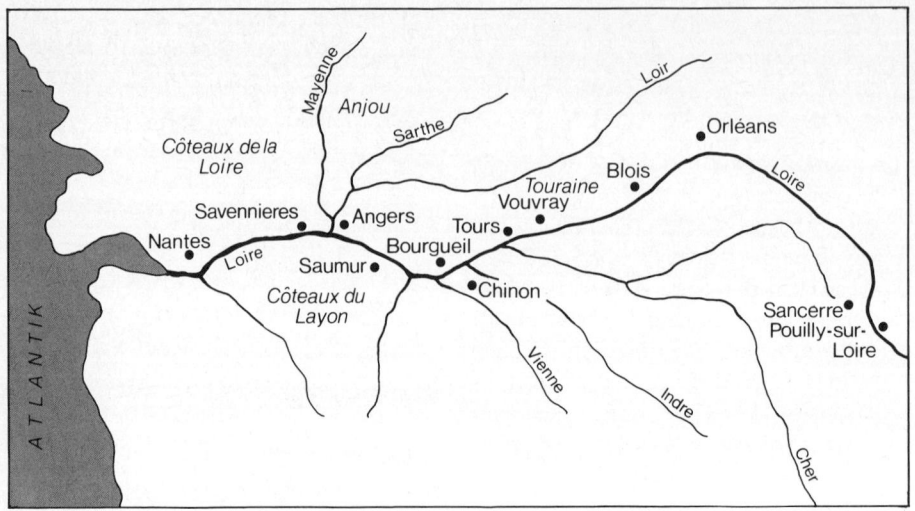

feinem ausgeprägten Bukett. Große Jahrgänge haben den Charakter von Likör. Allerdings ist Vorsicht geboten: Einen echten guten Vouvray zu finden, bedarf einiger Mühe und Kennerschaft, seitdem man wegen der großen Nachfrage versucht hat, weniger gute Lagen auf ›Vouvray‹ zu veredeln. Neben ›stillen‹ Weißweinen werden Perl- und Schaumweine produziert.

Um CHINON und BOURGUEIL gedeihen die frischen Rotweine der Cabernet-Rebe. Der Weinkenner schwört auf ihre Fruchtigkeit, ihren vollen, abgerundeten Geschmack. Man trinkt sie kühl. Sie schonen den Magen und steigen nicht zu Kopf.

Das ANJOU ist stolz, die vielseitigste Weinlandschaft der Loire zu sein. Vorherrschend ist mit 55% die Produktion des berühmten Rosé; 15% entfallen auf den Rot-, 30% auf den Weißwein, der sich durch seine Frische auszeichnet. Seinen vol-

len Geschmack, der lange auf der Zunge bleibt, bezeichnet man als ›queue de paon‹ (Pfauenschwanz).

Wo sollte man im Anjou Station machen?

Zuerst in SAUMUR. Seine Weißweine mit eigenartigem Steingeschmack sind frisch und trocken. Saumur-Champigny ist ein Rotwein mit feinem Himbeergeschmack. An Rosé trinkt man Rosé d'Anjou, Cabernet d'Anjou, Cabernet de Saumur. Daneben gibt es Perl- und Schaumweine.

Mittelpunkt eines wichtigen Anbaugebietes für Weißwein und Rosé ist SCHLOSS BRISSAC. Nach einem Rundgang durch seine Räume wird zur Weinprobe gebeten.

Eine andere bedeutende Weingegend des Anjou sind die CÔTEAUX DU LAYON. Ihre Weißweine sind halbtrocken oder likörartig, kräftig und von ausgeprägtem Geschmack. Eine Besonderheit ist der Quartde-Chaume, der aus edelfaulen Trauben hergestellt wird.

Nördlich dieses Gebietes, auf der anderen Seite der Loire, liegen die CÔTEAUX DE LA LOIRE. Ihre Weißweine von Savennières, La Coulée de Serrant und La Roche-aux-Moines gelten als die Spitzenerzeugnisse des angevinischen Weinbaus.

Das Mündungsgebiet der Loire um NANTES beherrscht der blaßgelbe Muscadet, ein spritziger, leichter und trockener Wein, der vorzüglich zu Seefischen und Austern schmeckt. Er soll kühl getrunken werden. In den letzten Jahren ist er zu einem der populärsten Weine Frankreichs geworden.

»Wenn aus irgendeinem Grund alle Weinberge Frankreichs bis auf drei zerstört werden müßten, welche drei möchten Sie verschont wissen?« Auf diese Frage antwortete ein Weinkenner aus dem Loire-Tal:

»Wenn ein solches Unglück über uns hereinbrechen würde, ginge es in erster Linie darum, bei Laune zu bleiben. Also würde ich ohne zu zögern die Weinberge von Vouvray retten, denn schon zwei oder drei Schluck ihrer Weine bewirken, daß sich die schwärzeste Melancholie verflüchtigt, sie lösen die Zunge und schärfen den Blick. Sodann liefe ich schnurstracks nach Chinon, dann nach Bourgueil. Ich pfeife auf die berühmten Lagen! Zuerst kommt die Liebenswürdigkeit. Der Wein von Chinon riecht nach Veilchen, der von Bourgueil nach Himbeeren. Von solchen Düften eingehüllt, geht man singend durchs Leben und fühlt sich wie im Schlaraffenland.« (Zit. nach Edouard Kressmann, Der französische Weinführer, München 1971, S. 235.)

Charakteristische Mitbringsel

Aus Gien: Artikel der Fayencemanufaktur. Viele noch heute von Hand bemalt.

Aus Villaines-les-Roches (südwestlich von Saché): Korbwaren aus Weidengeflecht. Auch von Honoré de Balzac geschätzt und erworben.

Aus der Gegend von Saumur und Angers: Kunsthandwerkliche Artikel aus Rebenholz wie Beistelltischchen, Lampenfüße, Leuchter, Korkenzieher etc.

Das Tal der Loire und seine berühmtesten Dichter

Guillaume de Lorris/ Jean Clopinel de Meung

Sie sind die Verfasser eines im Mittelalter viel beachteten Werkes, des ›Rosenromans‹ (Roman de la Rose). Es ist die Geschichte einer Rose von besonders lieblichem und starkem Duft – Frankreichs Beitrag zur Minne-Allegorie. Guillaume de Lorris verfaßte zwischen 1225 und 1240 4068 Verse, in denen er das Paradies der Liebe öffnet; hier möchte ein leidenschaftlicher Ritter die vielgeliebte 'Rose' pflücken. Der von Amor gesprochene Vers »Wahr ist's, daß keinem Leid entgeht, wer in dem Lieben selber steht« enthält die Quintessenz dieser Dichtung: Lust und Qual ist eins. Um 1280, vierzig Jahre nach dem Tode de Lorris', erweiterte Jean Clopinel de Meung das Werk um nicht weniger als 1800 Verse, wobei er zwar in lüsterne Zweideutigkeiten ausartete, aber auch den riesigen Erfolg des ›Rosenromans‹ bestimmte.

François Villon
Holzschnitt von Pierre Level aus der Erstausgabe der Werke 1489

François Villon

eigentlich F. de Montcorbier oder F. de Loges (geb. um 1431 in Paris, gest. nach dem 5. Januar 1463)

Er gilt als der Inbegriff eines zügellosen Vagantentums. Aus ärmlichen Verhältnissen stammend, nannte er sich nach seinem Gönner, dem Kaplan Guillaume de Villon, der ihn an der Pariser Sorbonne studieren ließ. Im Streit um eine Frau

tötete er 1455 einen Priester. Mit einer Gruppe von Banditen beraubte er 1456 die Kasse der theologischen Fakultät der Sorbonne. 1461 sperrte ihn der Bischof von Orléans für einige Monate in den Turm von Meung-sur-Loire, und er wäre fast gehängt worden, wenn ihn nicht der eben gekrönte König Ludwig XI. begnadigt hätte. 1463 verurteilte man ihn in Paris wegen einer Rauferei zum Tode durch den Strang; aber das Urteil wurde in 10 Jahre Verbannung umgewandelt. Weiteres Schicksal und Todesjahr verlieren sich im dunkeln.

Villons ausschließlich lyrisches Werk ist nicht umfangreich. Es umfaßt ›Das Vermächtnis‹ (320 Verse), die bekenntnishafte Dichtung ›Das Testament‹, sein Hauptwerk (2023 Verse), sechzehn kleinere Gedichte und einige schwerverständliche Gedichte im Jargon einer Diebesbande, der ›Coquillards‹.

Villons lyrische Form ist vornehmlich die Ballade. Seine Dichtungen spiegeln in kühnen, oft derben Bildern und in schonungsloser Offenheit sein stets dem Abgrund nahes Leben. Man lese die ›Ballade von der dicken Margot‹ aus dem Bordellmilieu oder die grausige ›Ballade der Gehängten‹, unter dem Eindruck der eigenen Verurteilung geschrieben. Tod und Vergänglichkeit, Liebe und Haß sind die Motive Villonscher Dichtung.

Zwar folgte Villon technisch und sprachlich der literarischen Tradition, er vermochte aber seinen Erlebnissen und Erfahrungen Ausdruck zu geben, wie dies an Schärfe und Unmittelbarkeit, an Zynismus und Derbheit, an Witz und zarten Empfindungen bisher niemandem gelungen war. So wurde er zum ersten großen Lyriker Frankreichs und zum persönlichsten Dichter des Mittelalters. – An die frech-zynische, aber auch erschütternd aufrichtige Dichtung des Franzosen knüpfte Bert Brecht an; Teile aus Villons Balladen übernahm er in die ›Dreigroschenoper‹.

François Rabelais (geb. wohl 1494, gest. am 9. April 1553 in Paris)
Sohn eines wohlhabenden Advokaten, wurde er auf dem väterlichen Landgut La Devinière, 8 km südwestlich von Chinon, geboren. Das Gutshaus des 15. Jahrhunderts steht noch und ist heute Museum mit Erinnerungsstücken an den Dichter.

Als Drittgeborener wurde er für den geistlichen Stand bestimmt und verbrachte fast sechzehn Jahre als Franziskaner zuerst im Kloster La Baumette bei Angers, später im Kloster Fontenay-le-Comte (Vendée). Hier begeisterte er sich für das Studium antiker, besonders griechischer Texte. Die Verbindung mit Humanisten brachte ihn in Konflikt mit seinem Orden; so trat er 1524 mit päpstlicher Genehmigung zu den Benediktinern über, bei denen seinen humanistischen Studien, die bei den Franziskanern verboten waren, nichts im Wege stand. 1527 wurde er Weltgeistlicher. 1530 schrieb er sich in Montpellier als Student der Medizin ein. 1532 begegnet er uns als Stadtarzt in Lyon. Hier gab er medizinische und juristische Schriften heraus, korrespondierte mit Erasmus von Rotterdam, verband sich eng mit dem dortigen Humanistenkreis und begann seine eigene dichterische Tätigkeit. Seinen Gönner, den Botschafter des Königs, Jean Du Bellay, begleitete er

1534 als Leibarzt nach Rom, sodann ein zweites Mal 1535, als Du Bellay zum Kardinal ernannt worden war. 1537 wurde er in Montpellier in das Kollegium der approbierten Doktoren aufgenommen und hielt medizinische Vorlesungen. 1540 trifft man ihn in Turin im Dienst des Guillaume Du Bellay, Seigneur de Langey, Gouverneur von Piemont. 1547 ist er Stadtarzt in Metz und reist zum dritten Mal nach Rom. Kardinal Du Bellay verschaffte ihm 1551 die Pfründen von Meudon bei Paris und Saint-Christophe-de-Jambet (Diözese Mans), auf die er wenige Monate vor seinem Tode verzichtete.

Der Ruhm Rabelais' als einer der größten Dichter Frankreichs beruht auf seinem fünfbändigen Romanwerk von dem Riesen Gargantua und seinem Sohn Pantagruel. Mit der Geschichte Pantagruels, seiner Geburt, seiner Erziehung und seinen Kriegstaten schuf Rabelais eine universelle, mit Humor, Witz und Drastik durchsetzte Zeitsatire, in die das gesamte Bildungsgut der französischen Frührenaissance eingeflossen ist.

In der Beschreibung der von Gargantua gegründeten utopischen Abtei ›Thélème‹, in der sich Männer und Frauen nach der Devise finden ›Fais ce que voudras‹ (Tu, was du willst), entwirft Rabelais das Idealbild eines Loire-Schlosses – »hundertmal prächtiger als Bonivet, als Chambourg (Chambord), als Chantilly«. Mit ›Thélème‹ sind Azay-le-Rideau, Amboise, Chambord und andere Schlösser zu einem einzigen, ins Riesenhafte erhobene Phantasiegebilde zusammengefaßt.

Pierre de Ronsard (geb. am 11. September 1525 auf Schloß La Possonnière bei

Vendôme, gest. am 27. Dezember 1585 in der Priorei Saint-Côme bei Tours)
Den Zeitgenossen galt er als König der Dichter; er war aber auch der Dichter der Könige. Sohn eines Adeligen und früh schon im Dienste des königlichen Hofes, hätte er gerne wie sein Vater die militärische Laufbahn eingeschlagen. Aber ein Gehörleiden hinderte ihn daran. So widmete er sich dem Studium der griechischen und lateinischen Sprache. Bald reifte der Plan, die französische Sprachkunst nach dem Vorbild der Antike zu reformieren. Mit geistesverwandten Dichtern schloß er sich zu einer Schule zusammen, die sich ›Pléiade‹ nannte und als deren Haupt Ronsard ohne Einschränkung anerkannt wurde.

Das erste Werk des Dichters, die ›Oden‹ (1550/55), sind von Pindar und Horaz inspiriert. Gleichzeitig entstanden Liebessonette in der Nachfolge des Petrarca: ›Die Lieben der Cassandra‹, die ›Sonette an Marie‹ und ›Sonette an Hélène‹. Es sind gefühlvolle Dichtungen, die Ronsards Bindung an die heimische Landschaft, seine Liebe zu den Frauen und seine Vorliebe für das Bukolische zum Ausdruck bringen.

Bei Hofe stieg er zum ›prince des poètes‹ empor. Überzeugt, daß die Rolle des Dichters die eines Führers der Könige und des Volkes sei, verfaßte er Diskurse gegen staatsfeindliche Elemente. Der Versuch, ein Nationalepos ›Franciade‹ zu schreiben, mißglückte. Seine stärksten und lebendigsten Schöpfungen blieben die Liebessonette.

Auf der Fahrt zu den Loire-Schlössern begegnen wir Ronsard in Talcy, »wo Cassandra Salviati lebte, seine erste Muse, die er nie vergaß. Sie war eine Schönheit von 15 Jahren, Tochter eines reichen Florentiner Bankiers, eines Cousins der Medici, der gute Geschäftsbeziehungen zum König von Frankreich unterhielt. Das Schloß Talcy mit seinem viereckigen Bergfried, hinter dessen hohen, abweisenden Mauern sich ein Schloßhof verbirgt, war wie geschaffen, um darin von Liebe zu sprechen: ein alter Brunnen, den eine schuppenförmige Kuppel überwölbt, eine geschlossene Arkadengalerie, ein Taubenschlag, eine Kelter und ein Garten, in dem vielleicht der Dichter seine zärtliche Aufforderung an die Geliebte sprach: ›Cueillez, cueillez votre jeunesse...‹ (Pflücke, pflücke die Blüten der Jugend...). Aber Cassandra widerstand seiner Werbung, sie zog es vor, die Grausame zu spielen. »Die Grausamkeit schöner Damen hat mindestens so viele poetische Ergüsse verursacht wie ihre Schönheit.« (André Bourin)

Hatte Ronsard bereits 1543 die Tonsur empfangen, womit sich ihm die Möglichkeit eröffnete, mit kirchlichen Pfründen belehnt zu werden, so erhielt er seit 1564 dank der Protektion des Kanzlers Michel de L'Hospitale drei Abteien, darunter die von Saint-Côme bei Tours. Hier starb er und hier wurde er begraben.

Honoré de Balzac (geb. am 20. Mai 1799 in Tours, gest. am 18. August 1850 in Paris)
Balzac, »der unermüdlichste Werkmann, den die Weltliteratur kennt« (Stefan Zweig), ist ein Sohn der Touraine. Wer das Wesen dieser begnadeten Landschaft und ihrer Menschen auf unterhaltende Weise erfassen will, greife zu Balzacs Romanen wie ›Der Pfarrer von Tours‹, ›Der ruhmreiche Gaudissart‹, ›Die Frau

Honoré de Balzac

von Dreißig‹, ›Die Lilie im Tal‹ oder zu den ›Tolldrastischen Geschichten‹.

Balzacs Leben ist bewegt wie das vieler seiner Gestalten. Nach einer liebeleeren Kindheit studierte er Jura, praktizierte bei einem Rechtsanwalt und einem Notar und gab mit 20 Jahren das Studium auf, um sich als Schriftsteller zu betätigen. Eine Zeitlang stand er unter dem Einfluß seiner 22 Jahre älteren Geliebten Laure de Berny. Um zu Geld zu kommen, wurde er Verleger und betrieb eine Buchdruckerei. Doch Konkurs und Liquidation des Unternehmens stürzten ihn in Schulden, die ein Leben lang auf ihm lasteten. Erst dem Dreißigjährigen war der Durchbruch zu literarischem Ruhm beschieden. Er fand Zugang in die mondänen Gesellschaftskreise und führte das Leben eines Dandy. Doch zwangen ihn seine Schulden zu einer rauschhaften Produktion, und schließlich starb er an Erschöp-

fung. – Wenige Monate vor seinem Tode hatte er die polnische Gräfin Evelina Hanska geheiratet, mit der er seit 1832 im Briefwechsel gestanden hatte.

Balzac setzte sich zum Ziel, die ganze Gesellschaft seiner Zeit in einem umfassenden Bild der Kräfte und Leidenschaften darzustellen, dem er den Titel ›La Comédie humaine‹ (Die menschliche Komödie) gab. Geplant war ein literarisches Gesamtkunstwerk von mehr als hundert Bänden; nur etwa zwei Drittel konnten verwirklicht werden. »Diese Welt, die kompletteste und vielgliedrigste Halluzination, die je da war, ist wie geladen mit Wahrheit. Ihre Körperhaftigkeit löst sich dem nachdenklichen Blick in ein Nebeneinander von unzähligen Kraftzentren auf, von Monaden, deren Wesen die intensivste, substantiellste Wahrheit ist. Im Auf und Ab dieser Lebensläufe, dieser Liebesgeschichten, Geld- und Machtintrigen, ländlichen und kleinstädtischen Begebenheiten, Anekdoten, Monographien einer Leidenschaft, einer seelischen Krankheit oder einer sozialen Institution, im Gewirr von beinahe dreitausend menschlichen Existenzen, wird ungefähr alles berührt, was in unserem bis zur Verworrenheit komplizierten Kulturleben überhaupt einen Platz einnimmt. Und fast alles, was über diese Myriaden von Dingen, Beziehungen, Phänomenen gesagt wird, strotzt von Wahrheit« (Hugo v. Hofmannsthal).

Häufig war Balzac zu Gast bei Madame und Monsieur de Margonne auf Schloß Saché. Niemand, der sich in die Lebens- und Arbeitswelt des Dichters hineinversetzen will, wird versäumen, diesen Landsitz – heute Balzac-Museum – aufzusuchen.

Kleines Glossar

Hundertjähriger Krieg
Der Hundertjährige Krieg, das erbitterte Ringen zwischen Frankreich und England um den französischen Königsthron, ist das gewaltigste Staatenduell, das die Geschichte der germanisch-romanischen Völker kennt. Nach dem Aussterben der männlichen Kapetinger kam die französische Krone 1328 kraft des von den Ständen anerkannten salischen Erbrechts an Philipp VI. aus dem Haus Valois, das sie mit seiner Nebenlinie Angoulême und Orléans bis 1589 tragen sollte. Der gleichzeitig vom englischen König Eduard III. (durch seine Mutter ein Enkel Philipps des Schönen) erhobene Anspruch auf den französischen Königsthron führte 1338 zum Ausbruch des Krieges.

Die erste Periode war überschattet von schweren Niederlagen des französischen Königs, zu denen innere Unruhen und Machtkämpfe hinzukamen. Im Frieden von Bretigny 1360 fiel der gesamte Südwesten Frankreichs bis zur Loire und bis zu den Cevennen an England. Nach längerer Ruhezeit erneuerte der englische König Heinrich V., mit dem Herzog Johann von Burgund verbündet, 1415 den Krieg. Dem französischen Königtum drohte die Vernichtung, dem Land die englische Oberherrschaft. Im Vertrag von Troyes (1420) wurde Heinrich V., vermählt mit der Tochter des französischen Königs Karl VI., als Regent und Thronerbe anerkannt. Ganz Frankreich nördlich der Loire mit Ausnahme des Anjou, der Touraine und Orléans' unterstanden England und Burgund. Das Auftreten der Jeanne d'Arc, des siebzehnjährigen Bauernmädchens aus dem lothringischen Domrémy, brachte 1429 die Wende. Göttlicher Eingebung folgend, an das Nationalgefühl appellierend, befreite sie das belagerte Orléans (1429) und führte Karl VII. zur Krönung nach Reims. Die Engländer verloren 1435 ihren Führer Bedfort durch Tod. Ihr Bundesgenosse Burgund schied durch den Frieden von Arras aus. 1436 fiel Paris. Um die Mitte des 15. Jahrhunderts fand der Krieg ohne förmlichen Friedensschluß sein Ende. Nur Calais und die normannischen Kanalinseln blieben in englischem Besitz.

Religionskriege
Mehr als die Lehre Luthers hatte die Calvins in Frankreich breite Schichten des Bürgertums und Teile des Adels ergriffen. In den Reihen der Hugenotten (seit 1560 allgemein die Bezeichnung für die französischen Protestanten) konzentrierte sich zugleich die ständisch-aristokratische Opposition gegen die absolutistischen Tendenzen des Königtums. Sie hatten Anton von Bourbon, dessen Bruder Louis de Condé und den Admiral Gaspard de Coligny für sich gewinnen können. Die Königinmutter Katharina von Medici, die für den noch unmündigen Karl IX. die Regierung führte, suchte mit dem von ihrem Kanzler M. de L'Hôpital verfaßten Edikt von Saint-Germain (1562) eine Lösung der Staats- und Kirchenkrise zu erreichen. Der Gegensatz zwischen den mit England im Bunde stehenden Hugenotten und den Herzögen von Guise, die ihrerseits von Spanien unterstützt wurden, entlud sich in den über drei Jahrzehnte hinweg andauernden Religionskriegen. Auslösendes Moment war das von François de

Guise am 1. 3. 1562 veranstaltete Blutbad von Vassy. Nachdem die Führer der Adelsparteien François de Guise und Louis de Condé ermordet waren, setzten Henri de Guise und Admiral Coligny den Kampf fort. Im Frieden von Saint-Germain erhielten die Hugenotten vier Sicherheitsplätze. Der Versuch Colignys, den König für den Calvinismus und zum Kampf gegen Spanien zu gewinnen, wurde 1572 mit der BARTHOLOMÄUSNACHT vereitelt: Katharina nahm die Hochzeit ihrer Tochter mit Heinrich von Navarra zum Anlaß, Coligny und die Hugenotten zu beseitigen (Ermordung von ca. 20000 Hugenotten; 3000 in Paris). Erst dem Hugenottenführer Heinrich von Navarra gelang es als Heinrich IV. – nach dem Aussterben des Hauses Valois (1589) Erbe des französischen Thrones – die Religions- und Bürgerkriege zu beenden. Durch seinen Übertritt zum katholischen Glauben 1593 (»Paris ist eine Messe wert«) erlangte er allgemeine Anerkennung. Im EDIKT VON NANTES (13. 4. 1598) gewährte er den Hugenotten einen festen Rechtsstatus als konfessionelle Minorität.

Donjon (aus lat. ›domus dominationis‹ = Haus der Herrschaft)
Bezeichnung für den zentralen wehrhaften Hauptturm besonders französischer Burgen, der dem Bergfried deutscher Burgen entspricht. Im Gegensatz zu diesem war der Donjon aber zu dauerndem Wohnen eingerichtet (vgl. Beaugency, Abb. 27; Loches, Abb. 98 und Textabb. S. 170).

Flamboyant-Stil
Stilbezeichnung für die spätgotische Baukunst Frankreichs und Englands, abgeleitet von der flammenden Form des Maßwerks (flamboyant = frz. flammend). Den Begriff prägte um 1830 der Archäologe Auguste Le Prévost.

Lukarne
Dacherker, meist mit reicher Fensterrahmung und Giebelkontur. Lukarnen kommen hauptsächlich in der Schloßbaukunst der französischen Spätgotik (Blois, vgl. Abb. 36, 37) und Renaissance (Chambord, Azay-le-Rideau, vgl. Abb. 46, 101) vor.

Plantagenet-Stil
Stilbezeichnung für die spätromanische-frühgotische Baukunst Westfrankreichs (etwa zwischen 1150 und 1250), besonders in den Gebieten Anjou, Poitou und Touraine. Den Begriff prägte um 1840 der Archäologe Victor Godard-Faultrier aus Angers nach der englischen Königsfamilie Plantagenet (Geoffroy d'Anjou, der Vater Heinrichs II., wurde ›Plante Genest‹ = Ginsterpflanze genannt), die in diesen Gebieten herrschte.

Der Plantagenet-Stil (oft auch ›style angevin‹) zeichnet sich durch eine besondere Ausbildung des Grundrisses, der Fassade, der Wand und der Wölbung aus, wobei ein ausgeprägtes Interesse an der Eigenbedeutsamkeit und dem Raumgehalt der Gewölbe charakteristisch ist (hochbusige, von acht Rundstabrippen unterlegte Gewölbe auf zumeist zierlichen Stützen; an Rippen und Schlußsteinen ein oft reicher Plastikzyklus, vorherrschend das Jüngste Gericht).

Raum für Ihre Reisenotizen